Seite 1

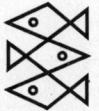

Die 70er – das sind Plateausohlen, Clearasil gegen Pickel, Knautschlack-Jacken und Indienkleider, Hosen mit Schlag, Boots und Parka, Smile-Buttons und »Atomkraft-Nein-Danke«-Aufkleber. Die 70er – das sind Olympiade in München und Deutscher Herbst, Sonntagsfahrverbot und Ford Capri, Ottifanten und Enterprise in Farbe. Die 70er – das sind Suzi Quatro und Gary Glitter, Slade und David Bowie, Dieter Thomas Heck und Ilja Richters »disco«: Licht aus – Spot an!

Die Autoren haben tief in die Erinnerungskiste gegriffen und erzählen hier in zahlreichen Bildern und nostalgischen Erinnerungen von der Musik dieser Zeit und dem Lebensgefühl, den Träumen und Wünschen derer, die sie hörten.

**Ulli Engelbrecht,
Jürgen Boebers**

Licht aus – Spot an!
Musik der 70er Jahre

Fischer Taschenbuch Verlag

Für die Taschenbuchausgabe gekürzte Fassung   **Seite 4**
Veröffentlicht im Fischer Taschenbuch Verlag GmbH,
Frankfurt am Main, März 1998

Lizenzausgabe mit freundlicher Genehmigung
des Klartext Verlags, Essen
© Klartext Verlag, Essen 1995, 1998
Gestaltung: Katja von Ruville
Gesamtherstellung: Clausen & Bosse, Leck
Printed in Germany
ISBN 3-596-13806-X

Für Karin und Renate

Vielen Dank:
Ulrich Monschke, Klaus Boebers, Happo, Erich, Dieter, Reinhard, Winni & Monika, Klaus Dreske, Jörg Ulbrich, Eric Clapton, Ulli Tiemann, Frank Porrmann, Wolf-Rainer und Ulrike Borkowski, Gregor Reike, Wolfgang, Sigi, Manni und Uli aus Wetzlar, Gerd Goga, Sabine Göttel, Bodo Schwabe, Neil Young, Achim Meyer, Dietmar Lödorf und Andreas Veitschegger, Karin & Thomas Hester, Birgit Garbe, Wolfhard Niesel, Greg Stratmann, Petra Gerlach, Ulla Gärtner, Peter Haupt aus Essen, Keith Emerson, allen Session-Kollegen und den Musikern der Bands Graif (Meinolf, Frank, Reinhard, Michaela, Ina), Peg Leg Annie (Micha, Benny, Emil), Die Henri's (Klaus und Roland), Greg Lake, Metzi aus Marl, Peter Pippich und seinen Geschwistern, Carl Palmer, Hillu fürs Zuhören, Pink Floyd, Detlev Kreimeier für Repros, den TERZ-Enthusiasten Carsten, Björn, Stefan und Eberhard, Hartmut Pastewka, John McLaughlin, Familie Engelbrecht und Mutter Maria

Inhalt

Ulli Engelbrecht / Jürgen Boebers

Vorwort

Dieses Buch handelt von der Musik, von denen, die sie machten, und von denen, die sie hörten. Es erzählt von Zuständen und Gefühlen aus einer Zeit, die längst vorbei ist. Dieses Buch handelt von alten Hüten, kaltem Kaffee, von Dingen, die passé, aber noch lange nicht vergessen sind. Es ist ein Buch für jene, die in den 70er Jahren groß geworden sind, und die die Erinnerung daran noch heute im Kopf mit sich tragen.

Jeder kennt die sentimentalen Anflüge, die einen beim Anschauen der frühen, schlecht kolorierten Polaroid-Fotos packen können. Und jeder den magischen Sog, der einen zum Lautstärkeregler zwingt, wenn im Radio was von Sweet oder Mungo Jerry gespielt wird.

Jeder hat seine eigenen Geschichten drauf von damals. Und die meisten von ihnen verbinden sich mit der Musik der Zeit, auch wenn sie sich um Partys ohne Eltern, den ersten Plattenspieler, Kino, Konzerte und Feten im Jugendheim drehen. Dieses Buch erzählt unsere Geschichten. Und weil wir nie die einzigen waren, erzählen sie immer auch von anderen, die zur gleichen Zeit in dieser Ecke des Universums anfingen, zu sich selbst zu finden. Durch einen einheitlichen Soundtrack sind wir alle über ein paar Ecken miteinander bekannt. Wenn man mit Emerson, Lake & Palmer, Smokie und Suzi Quatro groß geworden ist, zu *Jenny Jenny* und *Rock Your Baby* in der Tanzschule tanzte und zu den Klängen von *Morning Has Broken* oder *Angie* die ersten Zungenküsse ausprobiert hat – so etwas verbindet.

Über Musik und Jugendkultur (auch der 70er Jahre) sind viele schlaue Bücher geschrieben worden, die mit empirischer Akkuratesse ihr Thema beackern, aber nach deren Lektüre immer so ein schaler Geschmack zurückbleibt. Denn das, worum es sich eigentlich dreht – das Lebensgefühl der Zeit –, ist eben nicht mit dem formalistischen Instrumentarium zu knacken. Wenn man über die 70er Jahre redet, geht es immer auch um Emotionen. Und Gefühle entziehen sich nun mal der wissenschaftlichen Analyse.

Deshalb ist unser Buch keine musiktheoretische Abhandlung und keine Lifestyle-Dokumentation geworden und auch keine soziologische Untersuchung oder gar ein Lexikon. Vielmehr ein Lesebuch, das nicht belehren und aufklären, sondern zum Schmökern auffordern und Spaß machen will. Halt ein Buch von Fans für Fans.

Wir haben uns oft ein Lesebuch gewünscht, das Teenager-Anekdoten versammelt und uns 'was von unserer Zeit erzählt, auch wenn es nichts Neues wäre. Weil wir nirgends fündig wurden, haben wir selbst eines geschrieben.

Verrückt, verloren, vergessen?

Die Seventies in Kurzfassung

Gestern mußte ich mit Heinrich zusammen 'was besorgen, ist egal, was. Wir hatten schon eine Weile herumgehockt und konnten uns nicht so richtig aufraffen. Bärbel und Frank waren auch da. Wir rührten im kalt gewordenen Kaffee, alberten herum. Plötzlich guckt Heinrich auf seine Uhr, erinnert sich schlagartig, daß wir ja los wollen, springt auf und sagt zu mir:

Seite 13   *Are you ready, Steve?*

Sage ich:

Andy?

Sagen Frank und Bärbel wie aus einem Mund:

Mick? Okay!

Sagen alle:

Alright fellas, let's gooooooo ...

Ran an den Baß – fertig – los. Die wilde Suzi Quatro aus Detroit kommt uns auf die harte Tour.

Und dabei trommeln wir rhythmisch auf dem Tisch herum, als wären wir wildgewordene Stallhasen.

Was will uns diese Episode sagen?

Nun, wenn man zufällig gerade nicht zwischen 1955 und 1965 geboren ist, versteht man die kleine Geschichte vielleicht wirklich nicht. Also: All diese Zitate, die stammen aus dem Song *Ballroom Blitz*, mit dem The Sweet anno 1973 einen massiven Hit landeten. Das ist lange her, aber das war damals echt komisch. Da fing nämlich eine Platte mal nicht mit Musik an, sondern mit so einem hoppelnden Klopfen auf der Snare-Drum plus Auszählung der Gruppenmitglieder. Der da fragte, war Brian Conolly, der Sänger von Sweet. Und die, die antworteten, waren Steve (Priest, der Bassist), Andy (Scott, der Gitarrist) und Mick (Tucker, der Schlagzeuger). Und nach ihrem heulenden *Let's Gooooo!!!!!!* legten The Sweet tatsächlich richtig los, nicht gerade wie der geölte Blitz, aber für ihre Verhältnisse schon ganz schön flott. Und überdies ganz schön erfolgreich.

Wenn ich's mir recht überlege, ist *Ballroom Blitz* viel mehr als nur irgendeine alte Platte. Irgendwie ist sie einer der Standardsongs der Seventies geworden: Kürzlich gab's sogar einen gesampelten House-Mix davon. Wer hätte das damals gedacht, daß ausgerechnet *Ballroom Blitz* einmal Kult werden könnte? Kein Mensch. Seite 14

Ja, ja, die Siebziger. Viele reden wieder von ihnen, aber trotzdem scheint es sich um eine Dekade zu handeln, die von der Zeit vergessen worden ist. Das übellaunige, fröhliche, abstoßende und faszinierende Jahrzehnt. Es bescherte uns die Willy-Wählen-Anstecker und Brandts Rücktritt nach dem Guillaume-Skandal, die Schlachten zwischen der Staatsmacht und aufmüpfigen Demonstranten um die Kernkraftwerke in Brokdorf und anderswo, Mark Spitz mit sieben Goldmedaillen bei der Olympiade 1972 und Raumschiff Enterprise endlich in Farbe.

Die siebziger Jahre waren voller Entführungen und Attentate und voller Berufsverbote und Bespitzelungen. Sie stehen für Sonntagsfahrverbot wegen Benzinknappheit und der ersten Fernsehshow mit Otto Waalkes. Vom Himmelslabor Sky-

lab, vom Waldsterben, Hot Pants, Renn-
quintett, Smog-Alarm, Lotto am Mittwoch,
der Entdeckung der Schwarzen Löcher, Smile-
Buttons, der Muppet-Show, den Atomkraft-Nein-
Danke-Aufklebern und vom Ford Capri ganz zu schwei-
gen.

Es war irgendwie eine reichlich schläfrige Dekade. Ihre ersten fünf Jahre verbrachte man damit, die Folgen der 60er ab-
zuschütteln, und die letzten fünf mit der Frage, wie wohl die
80er werden würden. Als wir wach wurden, war das Jahrzehnt
vorbei.

Mit Sicherheit gibt es keine Ära, deren Ablauf so herbeigesehnt
wurde wie die der 70er. Alles an ihnen war zu heftig, zu schrill, zu
grell – wie zehn Jahre Überstunden, ohne Pause zwischendurch. Sie
waren einerseits verschlafen, andererseits krempelten sie das Leben so radikal um wie kaum eine andere Zeitspanne. Was die
70er hervorbrachten, machten sie gründlich. Sie erfanden die
Hochhäuser neu und betonierten damit die Städte, bis man
sie nicht mehr wiedererkannte. Sie erfanden die Autobahnen

neu und asphaltierten die Republik bis in den letzten Win-
kel. Sie erfanden die Pauschalreise neu und machten aus
Palma de Mallorca ein zweites Oktoberfest. Sie erfanden den
Rock'n'Roll nicht neu, taten aber so, als könne er auf einmal
auch gute Unterhaltung, sogar Kunst bedeuten: So kamen wir
an all die langweiligen, ereignislosen, aufgeblähten Platten wie
»The Lamb Lies Down On Broadway« von Genesis, die »Windows-
Suite« von Eberhard Schoener und Deep Purple, das Dreifach-Al-
bum »Yessongs« und »Frampton Comes Alive«.

Was haben uns die 70er Jahre an verrücktem Zeugs beschert!
Kork-Sohlen, Plateau-Absätze und Knautschlack-Lederjacken.
Clearasil gegen Pickel und Tampax-Tage, die man nicht spürt.
Jogging, Digital-Uhren, den Exorzisten, Windsurfing und
die Disco-Welle.

Und wie man damals aussah! Noch heute sind in abertau-
send Fotoalben Aufnahmen konserviert, die modische
Irrungen und Wirrungen zeigen: taillierte, schreiend
bunte Hemden, Jeans-Hosen mit Schlag, enorm
große Halskragen, kurze, dicke Krawatten
in den unmöglichsten Mustern, Pullunder

und Rollis aus Synthetiks (die Haare standen einem zu Berge), Schlabberjeans und Parka
mit der Friedensrune auf dem Oberarm, Fönfrisu-
ren, fette Backenkoteletten und toupierte Haare.
Zu alledem spielte die Pop-Musik ihr Lied und präsentierte ganz neue Gesichter: Daisy Door *(Du lebst in deiner
Welt)*, Medicine Head *(One And One Is One)*, Gilbert O'Sul-
livan *(Clair)* und Dan the Banjo Man. Und Slade und David
»Ziggy Stardust« Bowie und T. Rex und Gary Glitter. Vor allem
Gary, the Glitter, den Erfinder des Glitzer-Rocks.
Es war 1972, als sein *Rock'n'Roll Part II* zum erstenmal aus dem
Radio stampfte. Keine schlechte Platte! Man war ja förmlich alar-
miert, schon wenn man dieses Intro hörte: wummernder Baß,
donnernde Drums, minutenlang. Dann die Slide-Gitarre, die das
Riff 'runterzockt, dann der kehlige Refrain: *Rock'n'Roll rock,
Rock'n'Roll, Rock'n'Roll rock, Rock'n'Roll – Hey!* Die Band, die
Glitter-Band, war grotesk ausstaffiert, absolut verrückt, so-
gar für damalige Verhältnisse: alle in hochhackigen Glitzer-
Stiefeln, der Gitarrist mit einer Glitzer-Gitarre, die wie ein
Stern aussah, zwei Drummer an glitzernden Schlagzeugen,
im Hintergrund Männer in glitzernden Anzügen mit glitzernden Saxophonen vor dem Mund. Und die produzierten
diesen stampfenden, trommelnden Sound. Gary selbst stand
in der Mitte, hielt das Mikrofon fest und beschränkte sich auf
ein paar röhrende *Heys!* oder *Rock'n'Roll, rocks!* zwischendurch.
Diese verrückte Pop-Musik in den 70er Jahren. Echt originell waren
die Wombles, eine Gruppe von mausähnlichen Puppen, deren Lieder
die Kinder zum Umweltschutz erziehen sollten. Oder die Bay City
Rollers mit ihren weißen Anzügen und karierten Applikationen;
die erfolgreichsten Teen-Stars. Oder KISS in ihrer selten däm-
lichen Maskerade. Oder auch Fox, eine Gruppe, die 1975 *Only
You Can* sang. Ihr Aushängeschild war eine tuberkulös ausse-
hende Sängerin, die angeblich Noosha hieß. Sie hatte wirres
Haar, schläfrige Augen und trug wallende Gewänder. Ihr
Gesang war mehr ein feenhaftes Hauchen: »Only you ca-
han, aha-ahaha, only you huhu«. Viel besser war die
Rückseite *Out Of My Body*, eine langsame Nummer,
zu der man sehr gut Blues tanzen und knutschen
konnte.

Glitzert genauso blank
wie ein polierter Motorrad-
Auspuff: Gary Glitter.

Die Teenie-Stars Bay City Rolers
stellen auf der Bühne ihren
Schottenstolz durch karierte
Klamotten aller Art zu Schau.

Aaah, all diese erinnerungsträchtigen Feten in den sturmfreien Buden bei allen möglichen Schulbekanntschaften! Diese Nachmittage voller hastig gerauchter Zigaretten und peinlich-nervöser Zwiegespräche (»Ist Dir auch so warm hier?« »Vielleicht könnten wir ja unsere Pullis ausziehen ...«)

Weniger spirrig als die Noosha, vielmehr kompakt und echt solide wirkte Suzi Quatro, die 1973 auftauchte. Suzi Q. aus Detroit, Michigan. Das war ein Erlebnis! Sie sah aus wie eine Kreuzung aus Motorradbraut und Barbarella; sie war eingezwängt in einen schwarzen Lederoverall, dessen Reißverschluß bis zum Dekolleté offenstand. Sie hatte meistens ein Halstuch um und kam uns auf die ganz harte Tour. Wüst wie ihr Image waren ihre Hits: *Can the Can, 48 Crash, Devil Gate Drive, Daytona Demon.* Hart, hart, hart.

Man wußte nie, ob man Suzi nun einfach gern haben durfte oder doch eher Angst vor ihr haben muß. Daran änderte auch der legendäre Starschnitt in der Bravo nichts, der es möglich machte, daß die wilde Frau in Leder plötzlich in Originalgröße von der Zimmertür lächelte: 1,58, so klein wie Jörgs jüngere Schwester ...

Hits, Hits, Hits. Tausende müssen es gewesen sein. 96 Nummer-1-Hits bescherten die 70er Jahre allein der deutschen Hitparade. Los ging's mit *Na Na, Hey Kiss Him Good-Bye* von The Steam Anfang Januar 1970. Ihm folgten zehn bunte, lange Jahre voller Musik, Ereignisse, Fakten und Erinnerungen, die heute wie in einem Super-Kaleidoskop durcheinanderpurzeln: Die Klassenfahrt zum Hermannsdenkmal 1971, der Tod von Jimi Hendrix 1970, der erste Kuß 1973, *This Town Ain't Big Enough For Both Of Us* von den Sparks 1973, das Jahr der Frau 1975, der Sommerurlaub auf Norderney 1974, die Gurtpflicht für Autofahrer 1976, der Führerschein 1979 und 1972 das glorreiche 5:0 von Schalke 04 im Pokal-Finale gegen Kaiserslautern.

Vielleicht sind das alles Nebensächlichkeiten, und vielleicht ist all' das längst vorbei. Vielleicht aber auch nicht.

Apropos: *Maybe* – Vielleicht – hieß auch der Titelsong einer 70er Fernsehserie namens »Der Mann aus den Bergen«. Sie handelte von einem

Waldläufer oder Trapper, dessen bester
Freund ein ausgewachsener Grizzly war. Immer
wenn es ernst wurde für den Mann aus den Wäl-
dern, tauchte Meister Petz auf und machte den Bär: Er
stellte sich, vernehmlich brüllend, auf die Hinterbeine
und verscheuchte alle Strolche. Das Lied zur Serie sang ein
gewisser Thom Paice. Es war Ende Dezember 1979 der letzte
Nummer-1-Hit der 70er Jahre.

Was sonst noch geschah...

Schlagzeilen aus aller Welt (1970 / 1971)

1970

– In der DDR erhalten ab sofort alle Jugendlichen zwischen 16 und 18 Jahren eine vormilitärische Ausbildung durch die »Gesellschaft für Sport und Technik«.

– Thor Heyerdahl gelingt es, mit seiner »Ra 2«, einem nach altägyptischen Vorbild gebauten Papyrusboot, und einer acht Mann starken Besatzung den Atlantik zu überqueren. Die Fahrt dauert zwei Monate und führt vom marokkanischen Safi aus nach Barbados. Das sei der Beweis, meint der Forscher, daß es bereits vor mehreren tausend Jahren möglich war, vom Mittelmeer aus mit derartigen Booten Amerika zu erreichen.

– Die »Europäische Naturschutzkonferenz« tagt in Straßburg. Dringlichstes Thema: Rettung der Natur, da »die Inanspruchnahme und Zerstörung der Naturlandschaften bereits den kritischen Punkt erreicht haben, an dem menschliches Leben gefährdet ist«.

Seite 20

– Der Etat des US-Verteidigungsministeriums beläuft sich auf 70 Mrd. Dollar. Für Gesundheit, Erziehung und Wohlfahrt gibt's nur 21 Mrd. Dollar.

– Eine UNESCO-Studie hat ergeben: Jedes vierte Buch in der Welt wird in der Sowjetunion hergestellt.

– Der Hersteller des Schlafmittels Contergan will eine Summe von 110 Millionen Mark für die Entschädigung der sogenannten Contergan-Kinder bereitstellen. Eltern sollen ihre Ansprüche geltend machen, über die ein Expertengremium entscheiden soll.

– In den deutsch-deutschen Beziehungen kommt es trotz scheinbar unüberbrückbarer Ausgangspositionen zum ersten Treffen. Es findet zwischen Willy Brandt und Willi Stoph in Erfurt statt, wo Brandt von den Bürgern frenetisch begrüßt wird. Der Gegenbesuch findet in Kassel statt. Die DDR-Parteispitze bezweifelt trotz dieser historischen Treffen den politischen Nutzen.

– Das aktive und passive Wahlalter wird herabgesetzt. Nun können Bundesbürger mit 18 wählen und mit 21 gewählt werden.

– Eddy Merckx, belgischer Ausnahme-Rad-
profi, gewinnt die Tour de France.
– Zwei Jugendidole sterben früh: Jochen Rindt,
Führender in der Automobilmeisterschaft, verun-
glückt beim Großen Preis von Italien in Monza töd-
lich. Auf mysteriöse Weise kommt Gitarrist Jimi Hendrix
ums Leben. Die These von einer Überdosis Drogen als
Todesursache kann zunächst nicht bestätigt werden.
– Nach dem Tod von Abd el-Nasser, der in einer grandiosen
Trauerfeier beigesetzt wird, wird sein bisheriger Stellvertreter
Anwar as-Sadat zum neuen Präsidenten Ägyptens nominiert und
mit 90 Prozent der Stimmen gewählt.
– In Chile wird Salvador Allende zum Staatspräsidenten gewählt.
– Willy Brandt kniet nieder zu einer historischen Geste: Bei seinem
Polenbesuch im ehemaligen Warschauer Ghetto kniet er am
Mahnmal für die Opfer des Nationalsozialismus, was noch
mehr Bedeutung erlangt als die Unterzeichnung eines Vertra-
ges über die Normalisierung der deutsch-polnischen Bezie-
hungen.

– Der Literaturnobelpreis geht an Alexander Solschenizyn.

1971

– Die bislang größte Katastrophe im britischen Fußballsport
ereignet sich in Glasgow: Beim Einsturz der Stadion-Tribüne
sterben 60 Menschen, hunderte werden verletzt.
– Bundeskanzler Willy Brandt erhält den Friedensnobelpreis.
– Die Auto-Traditionsfirma Rolls-Royce meldet Konkurs an. Die
britische Regierung beschließt, einen Teil des Unternehmens zu
verstaatlichen.
– Das DDR-Ministerium für Post- und Fernmeldewesen richtet
je zehn Telefonleitungen zwischen Ost- und West-Berlin ein.
Dafür zahlt die Bundesrepublik jährlich 30 Mio. DM als Aus-
gleichzahlung an die DDR-Post.
– Der größte kommerzielle Nachrichtensatellit, »Intelsat
IV«, wird gestartet und in einer Höhe von 35.800 Ki-
lometern über dem mittleren Atlantik positioniert.
Seine Kapazität beträgt etwa 9.000 Fernge-
spräche oder 12 Fernsehprogramme.

»Licht aus – Spot an!«
Ilja Richter und die »disco«

Ach du liebe Güte, Ilja Richter! Was fällt mir zu dem Namen wohl ein außer dem einen Satz: »Licht aus! Womm! Spot an! Jaaaa!« Eigentlich nichts. Reichlich wenig für einen, der mich die 70er Jahre über begleitet hat.

Wie war es möglich? Diesen Menschen habe ich von 1971 bis 1979 wahrgenommen, so lange moderierte er nämlich die Sendung »disco«, die im ZDF lief und anfangs so etwas sein Seite 22 wollte wie die populäre Konkurrenz zum progressiven Beat-Club von Radio Bremen. Neun Jahre lang war er einer meiner treusten Begleiter, wenn man von Leuten, die im Fernsehen auftreten, überhaupt von Begleitern sprechen kann, denn sie begleiten einen ja nicht wirklich, das können nur lebendige Menschen. Ilja Richter ist kein lebendiger Mensch. Jedenfalls war er es damals für mich nicht. Lebendig waren die Menschen, die jeden Tag um mich herum waren, Nachbarn, der Kohlenhändler, meine Oma. Ilja Richter war nur eine Figur, eine Fernseh-Marionette wie der Hase Cäsar, die alle paar Wochen auftauchte, und mit der ich mich für 45 Minuten abgab, wenn ich nicht vergaß, einzuschalten.

Ich weiß noch, wann ich ihn das erste Mal bewußt gesehen habe. Das heißt, ich weiß nicht mehr genau, zu welchem Datum das war, aber wir schrieben auf jeden Fall das Jahr 1972. Ich hatte ihn zuvor schon mal gesehen, aber da ist er mit seiner Sendung irgendwie noch an mir vorbeigerauscht. »disco '72« hieß die Sendung, mit der ich mich auf die Richter-

Skala einließ, und sie wurde eines Samstag
abends ausgestrahlt, nachdem ich gerade geba-
det hatte. Ich saß vor dem Fernseher, meine Finger
waren noch runzelig vom Badewasser, und meine
Haare rochen nach Apfelshampoo, da habe ich Ilja
Richter zum erstenmal deutlich gesehen. Er hatte einen
dunklen Anzug an und trug eine Krawatte, das machte ihn
mir eigentlich schon verdächtig, weil ich bereits als Kind eine
Abneigung gegen Schlipse hatte. Andererseits war er irgendwie
albern, sah aus wie der Klassenclown oder ein zappelnder Harle-
kin, was zum einen an seinem Haarschnitt lag (halblang, geschei-
telt, toupierte Fön-Welle), andererseits natürlich von seinem Ge-
sichtsausdruck her rührte. Ilja Richter hatte nämlich kein Gesicht,
er trug eine Grimasse. Es sah aus, als ob er grinsen wollte, aber die
hochgezogenen Mundwinkel und die zusammengekniffenen
Lippen mit den emporgehobenen Augenbrauen – das sah nicht
lustig, sondern einfach nur dämlich aus. Wie der dumme August im Zirkus eben, dem alles mißlingt, was er anfängt, und
über den die Leute aus genau diesem Grund immer lachen

müssen. Ich war zu diesem Zeitpunkt 12, aber ich weiß noch,
wie ich mich damals schon fragte, was so eine Figur in einer
Sendung macht, in der Gruppen wie Deep Purple auftreten
konnten. (Das ist überhaupt der einzige Grund, warum ich
mich an meine erste »disco«-Sendung anno 1972 erinnere: Weil
da Deep Purple auftraten und *Never Before* spielten.)
Seltsam, seltsam. Die Sendung »disco« (mit kleinem D!) kam relativ

Ilja Richter als Tanzbär mit adretten Hupfdolls. Der schönste Satz
seiner »disco«-Show kommt
immer am Schluß: Tschüß, Euer
Ilja!

**Dank »disco« weiß man endlich,
wie die Rubettes aussehen.**

regelmäßig, und ich habe nach diesem Debüt eigentlich kaum eine
Folge verpaßt. Seltsam, seltsam, wo mir der Moderator doch offensichtlich überhaupt nicht zusagte. Aber so waren eben die Zeiten,
damals: Die »disco« war über Jahre eine der wenigen Fernseh-
beiträge zum Thema Pop & Rock. Wir hörten *Maggie May*,
Tak' Me Bak' Ome, *Ballroom Blitz* und *Radar Love* den ganzen
Tag über, aber in den »disco«-Sendungen konnten wir endlich auch mal sehen, wie Rod Stewart, Slade, Sweet und Gol- Seite 24
den Earring überhaupt aussahen. Das ist ein nicht zu un-
terschätzendes Kriterium, warum man die »disco« immer
wieder einschaltete, obwohl sie eigentlich unerträglich war.
Wenn sie nicht mit den Jahren immer mehr auf deutsche Schlager und zweitklassige Produktionen gesetzt hätte, hätte man der
Sendung auch ihren Moderator verziehen. Aber so, wie sich die Dinge
entwickelten, konnte alles nur in Abscheu enden.
Wenn man heute an die Folgen von, sagen wir mal, »disco '73«, »disco '74«, »disco '75« etc. zurückdenkt, dann fällt einem immer nur
das bekannte Bild von Ilja Richter im Smoking ein, der die oben
erwähnte, signifikante Aussage trifft. Darüber kann man leicht
vergessen, daß es in der »disco« auch mal anders zuging. Es
gab zum Beispiel 1971 Folgen, da war der Moderator noch
ein ganz junger Kerl, der zwischen seinem Publikum um-
herspazierte, als gehörte er wirklich dazu, und der die
auftretenden Interpreten einfach ansagte und sich
dann dezent zurücknahm. Wenn dann Show-
größen wie Edison Lighthouse, Dave Edmunds
oder Neil Diamond ihre Lieder sangen, stak-

ste der junge Ilja durch die Kulisse, setzte
sich irgendwohin und war sichtlich gutgelaunt.
Und das Publikum tanzte, ganz wie in der »richtigen« Diskothek.
Das war auch so ungefähr die einzige Zeit, in der man
die Sendung ansatzweise ernst nehmen konnte. Genaugenommen nur ein Jahr lang, 1971 bis Frühjahr 1972 eben.
Damals stellte der Ansager Ilja Richter Stars und Sternchen
vor, und das war's. Hinterher wurde aus dieser Musikbox in bewegten Bildern eine Ilja-Richter-Personality-Show, zu der brav
dahockende, brav applaudierende Teenies als Statisten herhalten
mußten. Das ist der Unterschied, der die »disco« hinterher unerträglich machte.
Das Problem war offenkundig. Ilja Richter hielt sich für einen Schauspieler, einen Mimen der Theo-Lingen-Tradition, Typ: komische
Person also. Er hatte sein Talent in zweifelhaften Film-Komö-
dien erprobt; und irgendwer (wer weiß, vielleicht sogar er
selbst?) hat dann die Idee gehabt, solche Possen und Scherze

**Als die farbige Gruppe The Jackson Five
immer berühmter wird, setzten
amerikanische Show-Strategen auf die
Macht weißer Popstars: Die Osmonds.**

in die »disco«-Sendungen einzuarbeiten. In selbstgeschriebenen Sketchen parodierte Ilja Richter fortan Künstler-Kollegen oder machte sich über Dinge wie Zirkus oder Theater lustig.

Schwer zu sagen, ob es halbwegs objektive Manöverkritiken nach den Sendungen gab (das war für den gemeinen Zuschauer ja überhaupt noch nie nachzuvollziehen, wie es so zugeht hinter den Kulissen des Fernsehens) oder ob alle immer nur Beifall klatschten, weil die Richter-Witzchen ja angeblich so großen Erfolg beim Publikum hatten. Tatsache ist, daß eine solche Kritik in unserer Clique ziemlich schlecht ausgefallen wäre. Man hielt diese biedere Schauspielerei weder für komisch noch für originell, sondern einfach nur für blöd. Man bedauerte die Verschwendung von Sendezeit für diese Richter-Selbstdarstellungen, weil man während dieser endlos langen Minuten doch lieber mehr Musik hätte bringen können. Ich weiß noch, wie Jörg Ulbrich gesagt hat, es wäre doch toll, wenn es irgendwann am Fernseher einen Knopf gäbe, mit dem man Sendungen vorspulen kann, so wie beim Cassettenrecorder. (Ich schwör's: Das hat er während eines Richter-Sketchs in einer Folge von »disco '75« gesagt.)

Seite 26

Das Problem mit diesen I.R.-Witzecken war, daß sie alle durchschaubar waren. Man wußte vom ersten Bild an, wie sie enden würden (meist mit einem Slapstick-Effekt: Torten klatschen in Gesichter, Wassereimer entleeren sich über prominenten Mitspielern etc.). Das andere Problem war der Hauptdarsteller selbst. Ilja Richters Mimik hatte die ausgeprägte Wandlungsfähigkeit von Schneckenfühlern: entweder sind sie eingerollt oder ausgestreckt, aber nie miteinander verknotet. Will sagen: Zwei Gesichtsausdrücke machen noch keinen Schauspieler. Entweder blickte er uns mit einem treuherzigen Dackelblick an oder eben mit der besagten Grimasse des dümmlichen Harlekins. Daß er zu allem Überfluß immer öfter dazu sang, machte die Sache nur noch schlimmer. Bei durchschnittlich fünf Sketchen pro Sendung und durchschnittlich neun »discos« pro Jahr kann man sich leicht ausrechnen, wann der Sättigungsgrad mit dieser Art von Unterhaltung erreicht war (jedenfalls, wenn man sich 'was auf einen IQ einbildet, der höher als 67 liegt).

Die popmusikalische Holland-Invasion beginnt mit dem Damen-Dreier Pussycat, die den *Mississippi* besingen.

Aber berühmt gemacht haben Ilja Richter nicht die betulichen Sketche und auch nicht seine flapsige Darstellung des adretten, netten Jungen von nebenan, sondern der eine, der einzige Satz: »Licht aus! Womm! Spot an! Jaaaa!« Ihn brachte er immer ungefähr zur Mitte der Sendung, wenn der- oder diejenige vorgestellt wurde, die bei der Quiz-Frage gewonnen hatte (»In welchem Land wurde Howard Carpendale geboren?«). Das Licht-aus-Spielchen suggerierte Zuschauer-Nähe, weil der oder die SiegerIn jedesmal im Studio anwesend war, was überhaupt erst den Richter-Kernsatz möglich machte. Denn eigentlich war es ja nur das Ende einer Litanei, die so begann: »Und hier ist sie also« ... (Kunstpause, das Publikum kichert) ... »Heute bei uns in der ›disco‹« (Kunstpause) ... »die ab-so-lute Hauptgewinnerin des ersten Preises« (Kunstpause) ... »Licht aus! Womm!« (Das Saallicht verlöscht, das jugendliche Publikum kreischt.) »Spot an! Jaaa!« (Ein Spotlight flammt auf und reißt ein verschwitztes, meist verpickeltes Gesicht aus der Dunkelheit) ... »Helga Kleinschmitt aus Ilsede!« (prasselnder Applaus für eine sichtlich verlegene Gewinnerin).

Diese Masche perfektionierte Ilja Richter im Laufe der Jahre bis zur Sterilität. Vergleicht man heute einzelne »disco«-Folgen, lassen sie sich, zumindest in diesem Punkt, alle deckungsgleich übereinanderlegen: Artikulation, Tempo, Betonung, Rhythmus des Vortrags, Kopfbewegung, Handhaltung beim Applaus: Alles jeweils ab-so-lut identisch, alles standardisiert, wie DIN-genormt, ohne Emotion, nichts als leere Hülle, Show. Mehr als alles andere hat diese kalkulierte, durchschaubare Pose das Bild zementiert, wonach Ilja Richter gar kein Mensch ist, sondern die besagte Fernseh-Marionette, der Pinocchio der TV-Unterhaltungsindustrie.

Ein Abziehbildchen jugendlicher Alpträume. So kommt er einem heute vor. Die Inkarnation der 70er Jahre; eine Figur, die es so nur zwischen 1971 und 1979 geben konnte; mit noch nichtmal 30 schon ein Fossil der Seventies, das die 80er Jahre wegkickten wie eine tote Taube auf dem Gehweg. Wie man hört und liest, hat Ilja Richter heute mit seiner Vergangenheit nicht mehr viel am Hut. Er versteht sich als ernstzunehmender Schauspieler und sieht sich nicht als Repräsentant dieser quietschbunten Dekade. Auch weist er alle Behauptungen, vor 20 Jahren eine Integrationsfigur für viele gewesen zu sein, weit von sich. Er kommt einem heutzutage zorniger vor als früher; vielleicht, weil er all die freundlichen Harmlosigkeiten seiner Jugendjahre in Talk-Shows und abends vor dem Einschlafen bis zum Überdruß für sich und andere wiederkäuen mußte. Wie auch immer: Für die Art der seichten Fernseh-Unterhaltung, wie sie Ilja Richter seinerzeit entwickelte, gibt es bis heute keinen Seite 28 adäquaten Preis (das »RTL-Bambi« wäre dafür viel zu grazil). Deshalb der Vorschlag: Wir kreieren einfach einen neuen. Voilà! Und überreichen den »Goldenen Schmidtchen Schleicher« an den schlaksigen Berliner, dessen schönster Satz stets der letzte seiner Sendung war: »Tschüß, Euer Ilja!«

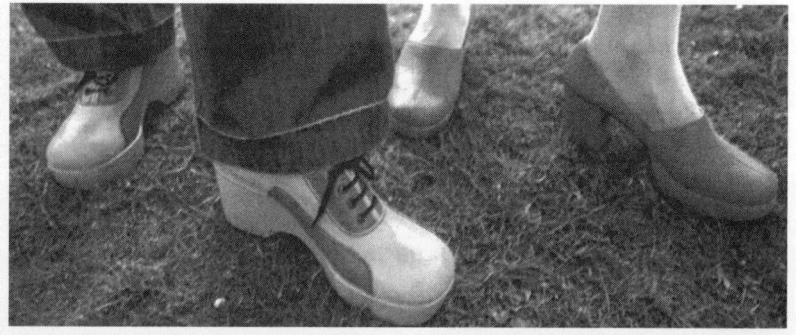

Rosinen im Musikbrei

Wie wichtig war ABBA
fürs Erwachsenwerden?

Seite 29

Die Sommerferien, ach was: alle Ferien hätten auf immer gerettet sein können, wenn ich seinerzeit der Glückliche gewesen wäre, der ABBA den Goldenen Bravo-Otto überreicht. Einmal Anni-Frid und Agnetha, den beiden einzig wahren Pop-Schönheiten der 70er Jahre, leibhaftig in die Augen blicken zu dürfen, vielleicht sogar einen zarten Kuß auf die Wange des nervösen, zappeligen Fans zu erhaschen – mein pubertäres Herz wäre, ich schwör's, in tausend Stücke zersprungen. Ich weiß nicht, wie oft ich damals von Anni-Frid und Agnetha geträumt habe; ziemlich oft. Sie waren, alle beide, meine Traumfrauen.

Wie soll man das heute noch jemandem erklären, ohne sich lächerlich zu machen? Heute, wo allgemein bekannt ist, daß alles an ABBA klarstes Kalkül und kälteste Berechnung war. Denn als Anni-Frid, Benny, Björn und Agnetha 1974 in Brighton den Grand Prix d'Eurovision de la Chanson gewannen und mit ihrem *Waterloo* schlagartig in ganz Europa bekannt wurden, da hätten wache Geister gleich merken können, was mit diesen vieren eigentlich los war. So wie die sich präsentierten (zwei Schönheiten im Vordergrund, zwei erdmännchenhaft grimassierende Wesen dahinter), so wie die angezogen waren (paradiesvogelhaft, in glänzenden, samtigen Hosenanzügen mit Paillettenbesatz), so wie die sich in Szene setzten (viele Augenaufschläge, immer lächelnde Gesichter, kleine, aufreizende Bewegungen), überhaupt: so wie sie sangen und tanzten – da hätte man

Warum mögen schöne Frauen erdmännchenhaft grimassierende Wesen?

wissen müssen: Da steckt System dahinter. Der originelle   Seite 30
Gruppenname, zusammengesetzt aus den Anfangsbuch-
staben ihrer Vornamen, hätte gleichfalls Verdacht erregen
können. Und dann erst dieses Konstellation der Gruppenmitglieder, diese seltsamen Paarbindungen: hier die rotbraune,
schlanke Anni-Frid mit den hohen Wangenknochen und den
Mandelaugen, ganz Tänzerin und Elfe; und neben ihr der gemütliche
Benny mit dem runden Gesicht, der zu Fettansatz neigte und aussah
wie der tapsige Portos aus »Die drei Musketiere«. Da die wasser-
stoffblonde, langhaarige Agnetha, mit den blauesten Augen aller
Zeiten, die so feenhaft, so zerbrechlich wirken konnte; und um
sie herum der immer lustige Björn, der immer nur grinste, eine
Fönfrisur trug, die wie eine zu groß geratene Perücke aussah,
und der um die Kinnpartie stets unrasiert daherkam.
Diese den tatsächlichen Liebesbanden erwachsene Konstellation hätte sich Hollywood nicht besser ausdenken
können, und das wußte keiner besser als Stig Anderson, der Mann hinter ABBA, der schwedische Ty-
coon mit dem eisgrauen Bart und der Statur
des wilden Mannes aus jenen Stämmen, die

heute noch rund um den Polarkreis leben.
Stig war als Musikverleger ein Profi, der die
schwedische Popszene seit den 60er Jahren schon
ziemlich fest im Griff hatte, was aber hierzulande
noch keiner wußte, und der sah natürlich zu, daß seine
vier Zuckerpüppchen sich so ins Rampenlicht stellten,
daß man gar nicht anders konnte, als hingucken. Ja, es ist
wahr: die Mini-Röcke, die Anni-Frid und Agnetha beim
getanzten Vortrag von S.O.S. trugen und die bei jeder flotten
Drehung die Spur ihrer Höschen ahnen ließen – das alles war geplant! Sie hatten es exakt so ausgemessen, daß eben dieser Hauch,
diese fürs Fernsehen gerade noch duldbare Prise Sex-Appeal zu
erhaschen war. Für Live-Auftritte in eher prüden Landstrichen –
Sizilien – hatten die zwei Midi-Röcke, die bis weit unters Knie reichten, in der Garderobe. Wahr ist auch, daß alle vier, die Frauen besonders, immer wie die begehrenswerten, aber unerreichbaren
Schulbekanntschaften daherkamen, sich tatsächlich aber
schon 1975 in Sphären bewegten, die nicht nur von meinem
kleinen Leben so weit weg waren wie der Mond.

»ABBA verdienen an einem Tag 60.000 Mark, soviel wie
Bundeskanzler Schmidt in drei Monaten«, schrieb der
»Stern« damals, und weiter: »Trotzdem haben die vier Goldkehlchen Probleme: die ersungenen Millionen müssen sofort
wieder investiert werden. Bei einem Steuersatz von 85 Prozent
wäre nämlich sonst Schwedens Fiskus der lachende Dritte. In
dem Pokerspiel mit Millionen haben sich die Schweden zu cleveren
Geschäftsleuten entwickelt. Ihre geschickten Spekulationen veranlaßten die Stockholmer Tageszeitung ›Aftonbladet‹ zu der Überschrift ›Wann kauft ABBA Schweden auf?‹«
Vielleicht haben wir das alle gewußt, irgendwie. Aber irgendwie
war es auch egal. Wer sagte, daß Geldverdienen falsch war? Wer
hat je danach gefragt, was Pop-MusikerInnen eigentlich verdienen? Ich liebte sie eben, diese seltsame Gruppe mit diesen beiden perfekten Sängerinnen, aber vor allem liebte
ich ihre Musik. Und Liebe, wahre Liebe, fragt niemals
nach einem Wieso und Warum.
Dafür waren sie aber auch einfach zu schön, die
Songs, die ABBA für uns sangen, regelmäßig
arbeitend wie ein Schweizer Uhrwerk, alle

paar Monate mit einer neuen, noch viel
glänzenderen Aufnahme auftrumpfend. Es gibt
keine passenden Worte für das Gefühl, wenn dein
Leben gerade wirklich anfängt und du zum ersten
oder zweiten Mal mit deiner ersten oder zweiten Freundin nachts im Stadtgarten auf der Wiese am Gondelteich
liegst, Küsse tauschst und über dir ist nichts mehr als der
zartblaue Sommerhimmel mit den glitzernden Sternen und
aus dem Cassettenrecorder säuseln die Anfangstakte von *Fernando*: »Can you hear the drums, Fernando / I remember long
ago another starry night like this ...« In so einem Moment wird so
eine Platte zu purer Magie, zu etwas, das weit über die Bedeutung
eines einfachen Liedes hinausgeht; genauso übrigens wie es schon
Chiquitita kurz zuvor gewesen war, und ein paar Jahre früher hätte
dieselbe Magie vielleicht *Let It Be* und noch ein paar Jahre früher
Only You verströmt. Aber ich hatte eben *Fernando*, und es ist
ewig schade, daß niemand versteht, was das wirklich bedeutet,
der es nicht selbst erlebt hat.
Musikalisch hat ABBA nie enttäuscht; alle, auch die
schwächeren Aufnahmen, waren schimmernde Perlen unter
den zahllosen Glasmurmeln, die daneben die Hitparaden be-
setzten. Der ABBA-Sound hatte, bei aller Vielschichtigkeit
was die Orchestrierung, die Melodiefindung und die klang-
liche Farbigkeit angeht, stets etwas Gleichförmiges an sich.
Egal, um welche Platte es sich handelt; egal, ob so unterschiedliche Größen wie das rockige *Ring Ring* oder das melancholische
Slipping Through My Fingers: Du weißt gleich – das ist ABBA. Es muß
ABBA sein. Niemand sonst hatte diesen Sound aus Zuckerguß zu
bieten, niemand sonst diese genial-verkitschten Texte um Liebe,
Liebe, Liebe und Liebesleid so selbstverständlich zu veräußern.
Und niemand sonst konnte das alles so zwingend mit äußerst
eingängigen Melodien auspolstern wie dieses Quartett aus
dem kalten, dunklen Schweden. ABBA-Musik war Musik
zum Träumen, für uns Heranwachsende immer auch der
Soundtrack für ungeheure Versprechungen; es waren
Lieder von unverfälschter Güte. Wir waren jung und
bereit, uns gefangennehmen zu lassen von allem,
was damit zusammenhing. ABBA hing damit
zusammen.

Und dann kamen die, die es immer schon
besser gewußt hatten; die Pickelgesichter, denen die großen Geschwister erzählt hatten, was
angeblich wahr war und was falsch. Wahr war, nach
deren krudem Musik-Verständnis, nur die ernstzuneh-
mende Musik, Genesis, Yes, Pink Floyd, solche Sachen,
und sie konnten deren niemals endenden Akkord-Zersplit-
terungen, all die Harmoniebrüche, diese ganzen Synkopen
und verstörenden Kakophonien nach dem Abendbrot stundenlang und ohne Ende diskutieren; und mittags, auf dem Schulhof,
da steigerten sie sich in einen selbstgefälligen Rausch, während sie
von ihren Plattenspielern mit den Quadro-Stereo-Boxen schwärm-
ten, vor denen sie selbst an warmen Nachmittagen hockten und ihre
Räucherstäbchen abfackelten.

Diese Sorte Mensch, die einen musikalischen Qualitätsbegriff
dogmatisch über einen bestimmten Grad von Abstraktheit und
Ernsthaftigkeit definiert, war mir schon damals suspekt. Ern-
ste Musik! Was hieß das denn überhaupt? Sie hatte in jedem
Fall nicht kommerziell zu sein – ein glattes Schimpfwort –,
Seite 33 sie hatte nicht eingängig zu sein, und tanzbar schon gar
nicht. Lange, endlos lange Gitarrensoli, die galten innerhalb
dieser elitären Jugendzirkel alles; Melodien, je schräger, je
besser, und vor allem Texte, die jeden Bezug zur eigenen
Wirklichkeit verloren haben mußten. *Siberian Khatru* von Yes,
schon den Titel des Stückes verstand kein Schwein; oder *The
Lamb Lies Down On Broadway* von 1975, das letzte Opus von Genesis
vor Peter Gabriels Weggang, das so verstiegen war, daß man die
Handlung dieser verdrehten Rock-Oper auch im bekifftesten Kopf
nicht enträtseln konnte. Da lobte ich mir statt dessen Anni-Frid,
Benny, Björn und Agnetha, die daherkamen, als hätte sie der
Wind herbeigeweht, und die die Sache, um die es wirklich ging,
schlicht und ergreifend auf den Punkt brachten:

You can dance
You can jive
Having the time of your life
See that girl
Watch that scene
Dig in the Dancing Queen

Neben der einen Botschaft (»Liebe, Liebe, Liebe«) und der anderen (»Liebe kann auch Schmerzen bereiten, und sehr, sehr weh tun«) gab uns ABBA noch eine dritte. Sie war genauso schlicht wie die beiden anderen und genauso schnell zu begreifen. »Du bist jung, und Du kannst die Zeit Deines Lebens haben, wenn Du nur willst, also tanze.« Wenn kein Mensch jemals – abgesehen von den betont intellektuell sich gebärdenden, in die Jahre gekommenen, studentenbewegten Bob-Dylan-Exegeten vielleicht – jemals ein Wort von all dem Schmock der Genesis und Floyd und Yes verstanden hatte: Diese message, die ABBA-Botschaft, verstanden die Pubertierenden in Irland, England, Schweden, Deutschland, ja selbst die in Benelux oder wo immer ABBA jemals einen Nummer-Eins-Hit gehabt haben mag, immer auch ohne Lexikon oder literatur- und musikwissenschaftlichem Grundstudium. Denn diese Botschaften hatten mit ihnen selbst zu tun; ABBA konnten Geschichten erzählen, die jede/r erlebt hatte oder zumindest ganz gerne auch mal erlebt hätte. Sie gaben uns das Gefühl, mit unseren Gefühlen nicht allein zu stehen, und eben deshalb liebten wir sie und sangen ihre Lieder aus tiefstem Herzen und voller Sympathie mit: *The Way Old Friends Do.*

Schlager funktionieren nie um ihrer selbst willen, sondern haben immer mit dem Umfeld zu tun, in dem sie gesungen und gehört werden. Es stimmt: Heute, aus der Distanz von fast zwanzig Jahren, wären ABBA nicht mehr zu denken. Weder für mich, der sie nicht mehr braucht, weil das Leben weitergegangen ist, noch für die Pop-Musik, die heute ganz andere Interessen und Absichten hat. Jede Dekade hat ihre aus ihr selbst entsprungenen Gewächse; die Beatles oder Dylan gehören in die Sechziger wie die Fernsehbilder von John F. Kennedy oder der Mondlandung. ABBA gehören in die Siebziger wie das TV-Ekel Alfred Tetzlaff oder die Anti-AKW-Demos. Dieser kontinuierliche Prozeß: Die Zeit und ihre Menschen werden reif für nachfolgende Phasen, nicht nur die ihres Lebens, sondern auch für die der Popularmusik. Der kometenhafte Aufstieg der unbekannten Band aus Jonköping/Schweden zur »Super-Trouper«-Gruppe ist vollzogen. Das Ende ist nicht nah, sondern erreicht. ABBA ist tot.

Liebe, Liebe, Liebe und Liebesleid: Björn, Agnetha, Anni-Frid und Benny (v.l.n.r.) wissen, was des Käufers Herz begehrt.

Nur manchmal, wenn eine kenntnisreiche Musikredakteurin in einem Anflug von Nostalgie in ihrem Schallplattenarchiv stöbert; und wenn sie dann mit sicherem Griff eine Rosine aus dem über die Jahre schal gewordenen Musikbrei fischt; und wenn du dann kurz darauf zum Radio gehst, um es lauter zu stellen, weil dich bezaubert, was du da hörst: Achte mal darauf, wie oft es ein Stück von ABBA ist.

Ein Diamant
im Bunkerdreck

**Pink Floyd
und die große Liebe**

Mißmutig zog ich an meiner Kippe, köpfte gerade die dritte Pulle
Bier, langte kräftig zu, rülpste und war sauer. Von Annette keine
Spur.

Ich blinzelte angestrengt in die Ecken des verqualmten
Raums, konnte aber kaum 'was erkennen. Klar, Franz und
Willi und die anderen Typen hingen da mit ihren Frauen
'rum, da brauchte ich nicht lang' zu gucken, denn die Jungs
roch ich schon zehn Meilen gegen den Wind. Sie laberten,
spielten Karten, kippten sich die Hucke voll und stampften
mit ihren speckigen Boots schwerfällige Rhythmen in den
Teppich. Im Bunker war es heiß, stickig, verdammt laut.

Schon seit einer geschlagenen Stunde dudelte der Plattenspieler
eine nervende Gitarrenorgie vom Klampfen-Häuptling Ted Nugent.
Ich war es leid. Der Krach schlug mir aufs Gemüt, und Annette war
nicht da – zwei gute Gründe, ein neues Export zu suchen. Ich zog
meine Pulle leer, holte mir ein frisches Export und ging erstmal
aufs Klo, pissen.

Ich atmete tief ein und war eigentlich zufrieden, daß Yogie
mich angehauen hatte. Was sollte ich an diesem Samstag auch
schon anderes machen. Hartmut war weg, trieb sich an der
holländischen Küste herum. In meiner Stammkneipe fielen um diese Zeit regelmäßig die Disco-Freaks ein und
tanzten zur klebrig-matschig schmatzenden Gitarre
der Bee Gees ihren dummen Travolta:
Night Fever, Night Feveeeer ...
W-i-d-e-r-l-i-c-h!

Seite 37

Zuhause hatte es Stunk gegeben, als meine Mutter zwischen der WAZ und dem Musik-Express einen Porno fand. Sie tobte, schrie, versauter Kerl und so, und donnerte mir das Heft ins Kreuz. Ich machte mich schleunigst davon.

Mit Yogie kam ich gut klar. Er spielte Schlagzeug in einer Band, ich spielte Schlagzeug in einer Band. Yogie hatte den herrlich geräumigen Bunker gemietet, probte hier mit seiner Band. Ich ging öfters hin, trommelte mit Yogie im Duett. So zweimal im Monat organisierte er hier, in der Haldenstraße, eine Fete, lud Land und Leute dazu ein. Diese Trinker-Treffs galten als äußerst hart (Motto: Wer zuerst umfällt, darf beim nächsten Mal nicht wiederkommen) und waren nicht jedermanns Ding. Trotzdem fühlte ich mich bei Yogie und in diesem schmuddeligen Ambiente zwischen Verstärkertürmen, P.A.-Boxen, verschlissenem Sofa und den Stapeln von Bier- und Weinkisten immer wohl. Doch heute war ich wirklich nur wegen Annette hier.

Sie war sonst immer und überall dabei und wurde ständig angemacht. Doch Annette blieb cool, ließ keinen an sich 'ran, suchte sich ihren Typen lieber selber aus. Ich traf sie häufiger im U-BO und im Treffpunkt. Wir süppelten Bier, redeten über Gott und die Welt. Es war wie verhext, ich bekam es nicht auf die Reihe, mit ihr mal ganz alleine zu sein. Ständig hingen die Freaks aus ihrer Clique an ihrem Rockzipfel. Sie ließ sich wieder und wieder einlullen, verschwand plötzlich. Ich kriegte es nicht in die Birne, warum sie von den Schwachköpfen so angetan war.

Junge, Junge, ich war herbe verknallt. Sie sah ja auch super aus: Das lange braune Haar reichte ihr bis zum Po und paßte gut zu ihren großen Augen. Sie trug mit Vorliebe knallenge rote Cordjeans, dazu einen verwaschenen blauen Pulli und meistens eine kurze Parkajacke. Annette war in Ordnung, und Yogie hatte mir gesteckt, daß sie heute abend hier sei.

Ich schlurfte 'rüber zum Kiosk in die Zechenstraße, kaufte ein Milky Way, trabte zurück, entriegelte die schwere Stahltür und ging hoffnungsfroh die Treppe hinunter. Warmer Schweiß und Bierdunst lagen in der Luft, ich brauchte einige Zeit, bis ich mich an das trübe Licht gewöhnte.

Roger Waters, Nick Mason, Dave Gilmour
und Rick Wright gucken ernst in die Welt.
Kein Wunder, denn noch geben sich Pink
Floyd sehr viel Mühe mit ihrer Musik.

I've got a Silver Machine …

Seite 39

Mein Gott, jetzt waren die schon bei Hawkwind angelangt.
Ich preßte mir die Hände auf die Ohren und drängte mich an
fünfzehn Gestalten vorbei zum Plattenstapel. Es ging hoch
her, die Horde schwenkte Pullen, grölte aus vollem Hals den
Refrain. Aus purer Lust am Leben oder sonst etwas wurden
plötzlich Gläser, Flaschen, brennende Kerzen und Aschenbecher an
die Wand geworfen. Ich duckte mich. Franz torkelte mir entgegen
und glotzte mich an. Seine glasigen Augen tränten.
Er rülpste, verschluckte sich und grinste blöde. Irgend jemand
stellte ihm ein Bein, Franz schlug lang hin, japste und kotzte ausgiebig. Ich zog angeekelt weiter, suchte mir ein frisches Bier
und wühlte in Yogies Platten.

We are born to go, we are born to run …

Der Hawkwind-Space-Rock nahm noch immer kein
Ende, immer noch skandierten die Suffköppe den
Refrain und johlten mit Schreihals Lemmy um
die Wette. Ich beugte mich näher ins Licht

**Klampfenhäuptling Ted Nugent
hypnotisiert seine Opfer
mit langen und lauten Soli.**

über den Plattenstapel. Sieh' da: Floyds »Wish you were here«
und Zeppelins Vierte. Nicht schlecht. Ich wollte mich gerade
ins Cover einlesen, als mich Annette mit sanftem Druck bei- Seite 40
seite schob und mit einer eleganten Bewegung ein Bier aus
der Kiste fingerte. Sie guckte mich an, lächelte und formte
ein tonloses »Hallo«. Mein Herz raste.
Ich murmelte ein undeutliches »Hi«. Flugs erinnerte ich mich
an ihre musikalische Vorliebe, zeigte ihr die Floyd-Scheibe. Sie
nickte interessiert. Ich unterbrach die Hawkwind-Rocker in ihrem
jämmerlichen Tun, stoppte abrupt den Spieler und handelte mir sofort Buhrufe und Schläge-Androhungen ein. Yogie sprang auf, hielt
die Großmäuler zurück. Wagemutig schmiß ich Gilmour, Waters
und Co. auf den Teller, drehte den Lautstärkeregler hoch und
fläzte mich mit Annette in die Ecke, wo die Boxen standen.
Noch immer murrten die Kollegen, doch sie waren schon zu
besoffen, um aufzustehen.

> *Come in here, dear boy, have a cigar.*
> *You're gonna go far, fly high.*
> *You're never gonna die,*
> *you're gonna make it if you trie;*
> *they're gonna love you …*

Der einschmeichelnde, weiche Sound von
Have A Cigar lähmte sie oder nahm sie gefangen, ich wußte es nicht. War mir auch egal. Auf
jeden Fall wurde es nun still, auffallend still.
Ich hatte den Tick, zuerst die Rückseite der Platte zu
hören, da die A-Seitentitel *Shine On You Crazy Diamond*
und *Welcome To The Machine* etwas Besonderes waren. Diese
zwei Songs wollte und konnte ich nur zusammen mit einem
Mädchen hören. So wie jetzt. Da saßen wir also und strahlten
uns an. Ich gestand, daß ich nur ihretwegen hier sei. Annette
lächelte, schaute mich aufmerksam an. Ich verschüttete Bier und
rutschte auf dem Boden 'rum. Annette legte ihren Kopf an meine
Schulter und sagte nichts.

> *So, so you think you can tell,*
> *heaven from hell, blue skies from pain.*
> *Can you tell a green field*
> *from a cold steel rail?*
> *A smile from a veil?*
> *Do you think you can tell ...?*

Seite 41

Wish You Were Here kannten wir auswendig und sangen es
mit. Die Jungs hatten sich gefangen, stiegen nun voll auf Pink
Floyd ein. Alles wippte, schunkelte, erste Zweiergrüppchen
verzogen sich von den Tischen. Die Platte klang aus, ich stand
auf, drehte sie um.
Das flauschige Keyboardgesäusel im Intro des Aufmacherstückes
schwebte im Raum und schaffte eine friedvolle Atmosphäre. Ich
ließ mich wieder auf den Boden fallen, kurbelte uns schnell zwei
Kippen, rückte die Kerze näher und betrachtete im flackernden
Schein Annettes feingeschwungene Lippen.
Sie rauchte langsam, paffte ab und an kleine Ringe in die
Luft. Annette bemerkte meinen forschenden Blick, zog die
Beine an, umschlang sie mit ihren Armen, legte den Kopf
ein wenig schief auf die Knie und lächelte wieder: lang
und lieb. Ich war hin und weg. Ihr Körper wog
sich im Rhythmus der magischen Melodie. Meinen Dank an Dave Gilmour, sein überaus sanftes Gitarrensolo machte mich mutig. Ich

beugte mich zu ihr herunter, streichelte ihr
zärtlich die Wange. Annette hob den Kopf, sagte
etwas, was ich aber akustisch nicht auf die Reihe
bekam.

Ta-Ta-Ta-Taaa ...

Gilmours Riff surrt durch den Raum, und Willi, schon leicht
hinüber, springt auf, reißt die Hände hoch und hackt ekstatisch
in die Saiten seiner imaginären Gitarre. Die Jungs johlen:

Ta-Ta-Ta-Ta, Ta-Ta-Ta-Ta, Ta-Ta-Ta
bam-bam-bam-bam-bam ...

Nun setzt die Combo ein: Trommeln donnern, der Baß wummert
und Rick Wrights Orgel atmet satte Mollakkorde. Die Musik
geht mir durch und durch, keine Frage. Ich lege meine Hände
auf Annettes Schulter, ziehe meine Traumfrau eng an mich
heran.

Remember when you were young,
you shone like the sun.
Now there's a look in your eyes,
like black holes in the sky.
Shine on you crazy diamond ...

Ich starre gebannt in ihre wunderschönen Augen. Sie hält den Blick,
und mir rieselt's kochendheiß den Rücken 'runter.

You reached for the secret too soon,
you cried for the moon.
Shine on you crazy diamond.
Threatend by shadows at night,
and exposed in the light.
Shine on you crazy diamond ...

Mein verrückter Diamant streicht sich die Haare
aus dem Gesicht und drückt mir einen zarten
Kuß auf den Mund. Ich versinke in ein

wohliges Meer aus Musik und Mief, meine
Beine wackeln, in meiner Hose tobt der Bär.
Ganz ruhig, Junge, denke ich, ganz ruhig.
Doch umsonst: Das Saxophon übernimmt nun die
Melodieführung und zeigt mir, wo's langgeht. Ich fühle
mich augenblicklich wie ein junger Gott. Aber in der
Hocke schmusen, ist nicht leicht. Wir kippen seitlich auf
den Teppich, zerquetschen uns fast. Annette reibt ihre kleinen Titten an meinem Bauch und stöhnt leise. Mein Schwanz
schlägt Purzelbäume, pulsiert mit dem bluesigen Rhythmus um
die Wette.

Welcome, welcome to the machine ...

Das monotone Gestampfe und der quietschende Synthie-Sound
machen uns heiß, lassen uns hemmungslos werden. Ich presse
mein Bein zwischen ihre Schenkel und reibe wie doll. Annette
wird hektisch. Ihre Hand krallt sich in meinen Oberschen-
kel, rutscht aber ab. Sie will nachfassen und kriegt meine

Seite 43 Latte in die Finger.

> *You've been in the pipeline,*
> *filling in time,*
> *provided with toys and ›Scouting for Boys‹,*
> *you bought a guitar to punish your ma ...*

Ich verspüre nur noch ein gieriges Zittern. Weiß ich, was der da
singt? Unsere Zungen diktieren ein Tempo, da kommt Pink Floyd
nicht mehr mit. Wir rollen umher, drücken, wippen, stoßen, sind
ein Körper, ein Geist, eine Seele. Wir haben plötzlich tausend
Hände und nur noch einen Wunsch. Roger Waters singt immer
noch von jenem jungen Mann, der sich eine Gitarre kauft, um
seine Mutter zu bestrafen.

Welcome to the machine ...

Ein klirrendes Geräusch neben unseren Köpfen
bringt uns in die Wirklichkeit zurück. Annette
zuckt hoch, schreit leise auf und zeigt hinter

meinen Rücken. Ich drehe mich unwillig um und sehe den versoffenen Franz, wie er gerade eine Zwei-Liter-Flasche Lambrusco über uns ausgießt. Er wankt beachtlich, stiert uns fies an. Ich rappele mich auf, schlage ihm blitzschnell die Flasche aus der Hand und hau' ihm eine 'runter. Franz kippt weg, findet keinen Halt und knallt volles Pfund in den Plattenspieler. Mit Getöse bricht Floyds Klanggemälde auseinander. Franz lallt und schreit und lamentiert. Großes Hallo auf einmal, die Jungs werden wach, und plötzlich fliegen die Fetzen.

Als hätte jeder nur darauf gewartet, werden nun Tische umgeschmissen, Lampen zerdeppert, Stühle zertrümmert. Annette springt wild gestikulierend auf, flüchtet sich ins Treppenhaus. Ich hab's noch gar nicht richtig begriffen, was hier los ist, als mir Willi einen Hocker vor die Schulter schleudert. Damit die Randale Schwung bekommt, fingert einer der besoffenen Spaßvögel eine Bad-Company-Scheibe aus dem Stapel, rückt die Anlage halbwegs zurecht, und los geht's. Nichts für uns. Ich greif' mir fix unseren Tabak und die Joppen, und dann:

R-A-U-S.

Annette drängt, wir hasten die Stufen hoch und werfen einen letzten Blick zurück im Zorn.

Was sonst noch geschah...

Schlagzeilen aus aller Welt (1971 / 1972)

1971

– Die ersten Aussiedler aus Polen treffen in der Bundesrepublik ein.

– Generalmajor Idi Amin übernimmt die Macht in Uganda. Er löst das Parlament auf, verbietet die politischen Parteien des Landes und macht sich selbst zum Staats- und Regierungschef.

– Zwei berühmte Franzosen sterben: Der Komiker Fernandel und die Modeschöpferin Coco Chanel.

– Kindermörder Jürgen Bartsch, angeklagt wegen Mordes in vier Fällen, wird zu zehn Jahren Jugendstrafe verurteilt und anschließend lebenslang in eine Heil- und Pflegeanstalt eingewiesen, da es keine Chance gibt, ihn ohne Gefährdung in die Gesellschaft zurückzuschicken.

– Erich Honecker wird nach dem altersbedingten Rücktritt von Walter Ulbricht zum neuen SED-Chef gewählt. Honecker ist seit 1922 KPD-Mitglied und hat nach der Gründung der DDR den Mauerbau maßgeblich mitorganisiert.

– Zwei Tage nach seinem 71. Geburtstag stirbt der Jazztrompeter Louis Armstrong, genannt Satchmo.

– Der Film *Love Story* mit Ali MacGraw und Ryan O'Neal bricht alle Kassenrekorde und führt zum Verbrauch von kiloweise Taschentüchern.

– Willy Brandt trifft sich ohne Absprache mit dem sowjetischen Parteichef Leonid Breschnew auf der Krim in entspannter Urlaubsatmosphäre. Man diskutiert aktuelle Probleme, während daheim die bundesdeutsche Opposition schmollt.

– Rainer Barzel wird Kanzlerkandidat der CDU/CSU.

– Zwischen der DDR und der Bundesrepublik wird das Transitabkommen unterzeichnet. Es sieht Erleichterungen im Besucher- und im Güterverkehr vor.

1972

– Nach einer Statistik des internationalen Fuß-
ballverbandes FIFA treiben in aller Welt in knapp
300.000 Vereinen rund 16 Mio. Menschen aktiven
Fußballsport, darunter 42.220 Berufsspieler. Zahl der
Schiedsrichter: 243.596.

– Das niederländische Parlament begnadigt die letzten drei
Deutschen, die sich noch wegen Kriegsverbrechen in Haft
befinden.

– In Tansania wird der bislang vermutlich älteste menschliche
Fußabdruck gefunden. Experten taxieren sein Alter auf 500.000
Jahre.

– In Argentinien stirbt »Firpo«, das größte Pferd der Welt. Es war
zwei Meter hoch und 27 Zentner schwer.

– Lange Haare sind bei den Jugendlichen der letzte Schrei. Das
Bundesverteidigungsministerium veröffentlicht daher den
»Erlaß zur Haar- und Barttracht der Soldaten«.

– Nach der Entführung einer Lufthansa-Maschine nach
Aden werden die Passagiere nach einer Zahlung von 16 Millionen Mark Lösegeld wieder freigelassen.

Seite 46

– Der VW-Käfer wird das erfolgreichste Auto der Welt mit
über 15 Millionen gebauten Autos. Damit übertrifft der Käfer an Stückzahl das bisherige Erfolgsmodell, die Tin Lizzy,
das Modell T von Ford.

– Am ersten Annahmetag gibt es 14.000 Anträge für Besuche in
die DDR.

– Die RAF verübt eine Serie von Bombenanschlägen, u. a. auf das
Axel-Springer-Hochhaus in Berlin, zahlreiche Polizeiwachen und
Verwaltungen sowie Einrichtungen der amerikanischen Streit-
kräfte in Hessen und Bayern, bei denen es mehrere Verletzte und
Tote gibt.

– Spektakulärer Schlag der Polizei gegen Mitglieder der
RAF. In Frankfurt werden Andreas Baader, Holger Meins
und Jan Carl Raspe nach einer wilden Schießerei festge-
nommen. Die Inhaftierung von Gudrun Ensslin folgt
wenige Tage später in Hamburg.

– Eddy Merckx gewinnt zum vierten Mal die Tour
de France.

The Sultans of Swing

Die kunstvollen Songs
von Mark Knopfler

Mark Knopfler schrieb *Sultans Of Swing* irgendwann im Sommer 1977. Zunächst war das Stück nicht mehr als eine Sammlung loser Skizzen, nebeneinander stehender Textpassagen, die er niederschrieb, nachdem er in einem der Londoner Vorstadt-Clubs den Auftritt einer Dixieland-Band erlebt hatte. Notizen dieser Art zu machen fiel ihm leicht; er hatte als Lokaljournalist gearbeitet und wußte um die Bedeutung von unmittelbar notierten Eindrücken und Erinnerungsbruchstücken: Oft sind es die Kleinigkeiten, die Beobachtungen am Rande, die aus einem mittelmäßigen Artikel einen guten machen. Warum sollte das bei einem Rock-Song anders funktionieren?

**Ein Pop-Star der intellektuellen Art:
Mark Knopfler.**

Knopfler ist ein guter Beobachter des All-
tagslebens. Er sieht Dinge, die andere leicht
übersehen, und erkennt die Allgemeingültigkeit
gewisser Nebensächlichkeiten mit einer Schärfe, die
auch Filmregisseure auszeichnet. Von daher war *Sultans
Of Swing* gleich vom ersten Entwurf nicht nur ein gelungener Songtext, sondern auch ein gelungener Zeitungsarti-
kel inklusive erstklassiger Überschrift. Oder ein feines Stück
Tagebuch oder Drehbuch. Oder einfach ein gelungenes Beispiel
großstädtischer Pop-Literatur.

Um den sonderbaren Zauber seiner Zeilen zu verstehen, muß man
zurückgehen in die Zeit, in der sie entstanden sind. Es war 1977,
wahrscheinlich spät im Frühling oder Anfang des Sommers. Der
Text entstand in London, also in der Stadt, in der gerade das Ge-
schwür des Punk aufgebrochen war. Die Texte dieser neuen
Szene-Bands waren keine Gedichte, keine Geschichten, noch
nichtmal Stellungnahmen. Sie waren hingerotzte Meinungen,
brachiale Schreie. Trotz aller wütenden Depressivität waren
sie immer auch optimistisch; aber ihr Optimismus diente
lediglich dazu, den Frust über das Desaster der Jugendkultur Seite 48
zusätzlich zu stimulieren.

Sultans Of Swing ist gleichfalls von Optimismus durchsetzt,
aber er ist ganz anders geartet. Aus Knopflers Text sprechen
der Optimismus einer positiven Sicht der Dinge und der gute
Einfluß, den jede Art von Musik, losgelöst von gesellschaftlichen
oder ideologischen Fragen, auf die Menschen haben kann. Knopfler
ist kein Zerstörer, er vermittelt. Er war immer das exakte Gegenteil

**Als die Punks für Anarchie
sorgen, musizieren die Dire
Straits optimistische Weisen.**

der Punks: Wo sie Hoffnungen zertrümmer-
ten, klebte er sie wieder zusammen.
All das geschah in einem jugendlichen Umfeld, das
lautstark die Anarchie forderte. Aber Knopfler war
1977 schon kein junger Mann mehr. Er war Ende 20,
und vielleicht konnte er den Nihilismus der Punks gar
nicht verstehen, weil er damit einfach nichts am Hut hatte.
Tatsache ist, daß keinerlei Protest oder Revolte in seinem
Song mitschwingt; vielmehr eine abgeklärte Gelassenheit, eine
verhalten formulierte Freude über die kleinen, großen Dinge im
Leben:

You get a shiver in the dark
It is raining in the park but meantime
    South of the River you stop and you hold everything
      A band is blowing Dixie double four time
        You feel alright when you hear the music ring …

Selten ist ein Pop-Song eine derartig schlüssige Synthese

Seite 49 zwischen Text und Musik eingegangen wie *Sultans Of Swing*.
Das beschwingte, federnde Tempo, mit dem das Stück nach
einem kurzen Schlag auf die Snare-Drum wie aus dem Stand
heraus einsetzt, hat einen so genüßlichen Charakter, daß man
sich ihm nur schwer entziehen kann. *Sultans Of Swing* gehört zu
den Songs, die beim Wiederhören selbst nach Jahren noch dazu-
gewinnen. Genau deshalb konnte er zu einem der klassischsten Titel
der 70er Jahre überhaupt werden.
Schon der Text ist ein kleines Kunstwerk, aber erst durch die Verbindung mit der Musik wird aus der flüchtigen Großstadt-Skizze
ein Meisterwerk. Das geschmeidige Rollen der Melodie, die treibende Rhythmusgruppe und der seidige, etwas unterkühlte
Sound von Knopflers Stratocaster entwickeln eine Leidenschaft, die strahlt wie eine kleine, frostige Sonne. Knopflers manchmal zurückhaltender Gesang verstärkt diesen
Eindruck noch. Es ist weniger die Botschaft der Text-
Collage, die den Zauber ausmacht, sondern der Reiz
der Komposition insgesamt. Es ist, als entwickele
sie im Laufe ihrer 5:52 Minuten langen Lebens-
zeit ein Eigenleben. Man gewinnt den Ein-

druck, als müßte das ausgedehnte, sich selbst immer neu erschaffende Gitarren-Solo am Schluß des Stücks tatsächlich so ruppig ausgeblendet werden, weil es ansonsten endlos um sich weiter kreisen, endlos in einem fort jubilieren würde.

Sultans Of Swing weist als Ganzes über das hinaus, was seine Existenz einmal ausgelöst hat: Aus einem beiläufigen Alltagseindruck heraus entwickelt, steigt mit einem Mal die universelle Kraft der Musik empor.

Die Herrscher aus dem 23. Spiralnebel

Aufstieg und Fall von Emerson, Lake & Palmer

Am Samstag, 29. August 1970, dem zweiten Tag des dreitägigen Isle-of-Wight-Festivals, an dem unter anderem Joni Mitchell, The Who, Joan Baez, The Doors und Jimi Hendrix auftraten, gaben Keith Emerson (26, Keyboards), Greg Lake (22, Baß, Gesang, Gitarre) und Carl Palmer (20, Schlagzeuger) ihren Einstand vor großer Kulisse. Zwei mächtige Böllerschüsse aus einer 300jährigen Kanone verkündeten die Geburt diese neuen Gruppe.

Seite 51

Das erste »inoffizielle« Konzert der drei hatte wenige Wochen vorher unter dem Motto »Pictures At An Exhibition« im kleinen Rahmen in der Guildhall in Plymouth stattgefunden. Die knapp achteinhalbjährige Zusammenarbeit des Trios, das von Beginn an als »Supergruppe« vermarktet wurde, veränderte die Rockmusik grundlegend; nach dem Split am 30. Dezember 1978 hinterließen sie sieben Studio- und drei offizielle Live-Platten, eine unüberschaubare Zahl an Bootlegs sowie die Single-Songs *Lucky Man* (USA, Platz 48; BRD, Platz 23), *From The Beginning* (USA, Platz 39), *Jerusalem* (erreichte weltweit keine Chartposition), *I Believe In Father Christmas* (GB, Platz 2; USA, Platz 95), *Fanfare For The Common Man* (GB, Platz 2; BRD, Platz 5).

1992 machte das Triumvirat Emerson, Lake & Palmer einen Neuanfang, veröffentlichte die CD »Black Moon«, absolvierte eine umfangreiche Tournee durch Europa, Asien und Amerika und dokumentierte ihre Show auf der Doppel-CD »Live At The Royal Albert Hall«.

Bereits Ende 1994 erschien zum 25jährigen ELP-Jubiläum, das in diesem Jahr stattfand, die CD

»In The Hot Seat« und der 4-CD-Sampler »Return Of The Manticore« nebst aufwendig gestaltetem Booklet und Video. Bis auf den heutigen Tag hat das britische Trio von seiner Musik – so belegen es die Zahlen der Plattenfirma – weltweit über 30 Millionen Tonträger verkauft.

Immer dann, wenn Emerson, Lake & Palmer eine neue Platte veröffentlichten, ging ein Raunen durch die Medienlandschaft. Vom Superalbum des Jahres war die Rede, von einem gigantischen Werk, für das es keinen Vergleich gibt. Konnte es auch nicht, denn ELP selbst setzten sich ihren eigenen Maßstab.
Was ihnen die Kritiker als »hirn- und herzlose Allmachtsphantastereien« vorwarfen, war in Wirklichkeit ein schlüssig durchdachtes Stil-Konglomerat, das sich im Kern an Kompositionstechniken der klassischen Musik orientierte. Das Triumvirat kreierte nur wenige Songs, fabrizierte dafür um so lieber komplex arrangierte Suiten. Jazz-Phrasierungen kamen drin vor, leichtfüßige Popmelodien, Elemente aus der modernen Musik und ausgefallene Rhythmuswechsel.

Seite 52

Schimpfte man sie »kleine Pop-Karajans«, dann tat man ihnen ebenfalls Unrecht. Selbstbewußte Individualisten geraten meist sehr schnell ins Abseits. Keith Emerson, Greg Lake und Carl Palmer waren zweifelsohne selbstbewußt und sehr gute Musiker, die schon eine Menge Erfahrungen gesammelt hatten. Emersons Karriere erreichte bereits bei The Nice einen ersten Höhepunkt. Lake war Sänger und Bassist bei King Crimson, fühlte sich hier aber von Robert Fripp permanent unterdrückt und in seiner künstlerischen Freiheit beschränkt. Palmer trommelte zunächst bei Arthur Brown (der sich im Teufelslook mit Flammenkrone als »God Of Hellfire« gebärdete und mit *Fire* einen respektablen Hit landen konnte), später in seiner eigenen Band Atomic Rooster, die er nur ungern für das Trio verließ. Als sich die drei im Juni 1970 zusammentaten, wußten sie genau, was sie können und wie sie ihre Fähigkeiten umsetzen müssen – das zeigten sie aller Welt damit, daß sie sich nicht hinter einem wohlklingenden Bandnamen verschanzten, sondern für all das, was kommen wird, mit den Anfangsinitialen ih-

Lautstärke ist für uns kein Ziel. Keith Emerson, Carl Palmer und Greg Lake, noch jung und ideenreich, fabrizieren kammerspielartige Hör-Erlebnisse.

Seite 53 rer guten Namen geradestehen werden – E.L.P. Das war aber noch nicht alles: Die drei repräsentierten – und das war neu – einen modernen Rockmusiker-Typ: ELP hatten zwar lange Haare, waren aber findige Geschäftsleute. Machten sie auch LP-Musik, so sorgten sie stets dafür, daß es auf jeder Veröffentlichung einen charttauglichen Titel gab, der als Appetithappen das Publikum anlocken und bei Laune halten sollte.

Lucky Man war ein gutes Beispiel dafür, daß Erfolg offenbar berechenbar war. Die Debüt-LP »Emerson, Lake & Palmer« (1970) war noch nicht auf dem Markt, da spielte bereits jeder Radiosender zwischen Flensburg, London und New York diese balladeske Pop-Perle mit dem furiosen Synthesizer-Schluß, der die Membranen der Lautsprecher flattern und die Boxen auf dem Regalbrett hüpfen ließ, da die tiefen und hohen Frequenzen des elektronischen Monsters eine bis dahin noch nie gehörte Dynamik erzeugten.

ELP gründeten auch sehr bald ihr eigenes Label »Manticore«, weil sie sich ihre Sache nicht aus der Hand nehmen lassen wollten. Erfolg und Mißerfolg sei nunmal Sache des Künstlers,

nicht Sache der Plattenfirma. Sie arbeiteten
ihr Konzept bis aufs I-Tüpfelchen aus und entwickelten analog dazu und zu ihrer Musik spektakuläre Darbietungsformen. Bei soviel planerischem
Geschick konnte eigentlich nichts mehr schiefgehen.
Der Mann im Hintergrund, der ab Juni 1970 die Karriere
des Trios organisierte, war Greg Lake. Er sorgte dafür, daß
zum Beispiel die Platteninhalte klar strukturiert waren: Kla-
vierstück von Emerson, Ballade von Lake, Drum-Etüde von Palmer und ein gemeinsam komponiertes Werk. Die komplizierte
Musik überließ nichts dem Zufall, und die Musiker gönnten sich
keinen Raum für Improvisationen. Was auch nicht notwendig war,
denn die Musik folgte einer anderen Gesetzmäßigkeit. Nämlich der
von ELP. »Wir machen progressive Musik«, so die Band, die darunter
zeitgenössische klassische Musik verstand und mit dem eher jugendlichen Rock-Publikum nichts zu tun haben wollte. Die
Hits sollten für die Masse sein, die LP-Stücke allerdings ziel-
ten aufs gesetztere Publikum. Das war vielleicht eine arro-
gante und anmaßende Haltung. Aber es war die richtige Einstellung für das Trio, das angetreten war, dem Rock'n'Roll   Seite 54
mit all seiner Gestik und seinen Spielarten eine Absage zu er-
teilen, um die rockmusikalische Popularmusik völlig neu zu
definieren. Die Klangabenteuer von Emerson, Lake und Palmer verkauften keine Botschaften, sondern genügten sich selbst
und luden den Zuhörer zu noch nie gewagten musikalischen
Grenzüberschreitungen ein.
Viele internationale Rock-Rezensenten mochten das Trio nicht.
Nicht die Alben »Tarkus« (1971) und »Trilogy« (1972). Ihre
Berichterstattung beschäftigte sich selten mit der Musik, beschränkte sich mehr auf äußerliche Dinge: »ELP live ist ein rie-
siger Zirkus: Vier Tieflader transportieren 36 Tonnen Ausrü-
stung, ein Generatorenwagen sorgt für stets gleichbleibende
Stromspannung. Über 30 Techniker, Roadmanager und
Bühnenarbeiter beginnen schon zwölf Stunden vor dem
Konzert mit dem Aufbau. Der ›Dämon am Moog‹,
Keith Emerson, bringt allein dreizehn Tasteninstru-
mente mit: Mehrere Synthies, Orgeln, ein E-Piano,
ein Konzertflügel und sogar ein Cembalo. Es
gibt nicht nur viel zu sehen, sondern auch

viel zu hören, denn die Musik wird über eine
echte quadrofonische Anlage ausgestrahlt.« (So
die nahezu gleichlautende Meldung in verschiedenen Tageszeitungen zur ELP-Tournee 1973/74.)
Seriöse Kritiker aus der Klassik-Branche konnten mit
den Kompositionen mehr anfangen, sprachen von einer
»Rockmusik mit wagnerianischen Dimensionen« oder be-
scheinigten dem Trio: »ELP ist das gewaltigste Triumvirat,
daß man im Weltraumzeitalter-Rock kennt.« In Deutschland
schüttelte man sich vor diesen »Schönspielern«, die »wie Herr-
scher aus dem 23. Spiralnebel daherkommen« und eine Musik ze-
lebrieren, die »in kaltem, prachtvollem Chromglanz glänzt«. Was
war der Grund für die ablehnenden Urteile? Lag es daran, daß sie
diese neue Musik noch nicht richtig einschätzen konnten? Lag es an
dem ausgeprägten Selbstbewußtsein der Musiker, das die Kritiker schreckte? Oder lag es nur daran, daß Emerson, Lake und
Palmer einfach zu brav und zu bürgerlich waren und eben
keine spontan-kreativen Chaoten im flippigen Outfit, die
sich in philosophischem Kauderwelsch über die Welt entrü-

steten, in ihrer Freizeit Hotelzimmer demolierten, für Skan-
dalgeschichten sorgten und in den Tag hineinlebten?
Bei den dreien gab es nun mal kein Fernseherwerfen, keine
Drogen, keine Frauengeschichten, nichts dergleichen. Keith,
der Virtuose, liebte die Ruhe des Landlebens, komponierte
gerne konzentriert am Flügel; Greg, der Sanftmütige, wanderte
entspannt mit der Angelrute in der Hand durch die Yorkshire-Dales;
Carl, der Benjamin, schulte sich stundenlang an seinen Trommeln,
übte nebenbei die Kunst des Paukenspiels und der klassischen Perkussion bei den Londoner Symphonikern. Wenn sie interviewt
wurden, dann räkelten sie sich nicht gelangweilt im Sofa, sondern gaben gerne und detailliert und mit gewählten Worten
Auskunft: Parlierten über die Theorie und Praxis der Kom-
positions-Strukturen von Bach bis Stockhausen, sinnierten
über die vielfältigen Möglichkeiten elektronischer Klang-
erzeugung und wie sie mit herkömmlichen Instrumenten kombinierbar sei. Ein »Fuck you« wäre ihnen
niemals über die Lippen gekommen.
Die drei gaben sich offen und ehrlich, sagten
oft, daß sie sich nur ihrer Musik verpflichtet

fühlen. Das verdiente Geld würde nicht verjubelt, sondern ins ELP-Unternehmen gesteckt. Qualität habe eben seinen Preis, besonders in einer Zeit, »da das Ziel für uns nicht mehr die Lautstärke ist«, wie es Emerson formulierte. Was er damit meinte, wurde schnell klar. ELP-Musik bedeutete: ständige Innovation. Und dieser Erneuerungsgedanke bezog sich auf die Kompositionen und die Technik gleichermaßen.

Versatzstücke oder auch ganze Themen aus der klassischen Literatur erfuhren bei ELP eine Neudeutung. Niemals kopierten sie die Werke in der Art, wie es die holländische Formation Ekseption tat. Die Briten setzten Fugen oder Inventionen kunstvoll in einen anderen Zusammenhang, vermengten sie mit vertrackter Rhythmik. Früher Höhepunkt dieser »Bauweise«: die Interpretation von Mussorgskys Klavierwerk »Pictures At An Exhibition« (1971) mit Orgel, Synthesizer, Schlagzeug, Baß, Gesang und akustischer Gitarre.

Hatte Emerson seinen klotzigen Moog-Synthesizer zunächst mehr als geräuschvolles Effektgerät-Gimmick benutzt, so feilte er nun so lange an der brandneuen Elektronen-Technik, bis dieses Gerät für ihn zunächst einmal leichter zu bedienen war und er es außerdem akkord- und melodietechnisch ebenso universell wie seine Hammond-Orgel einsetzen konnte. Palmer interessierte sich für elektronische Perkussion, und – wie Emerson – für die Möglichkeit, elektronisch erzeugte Sounds mit Naturklängen zu koppeln oder parallel spielen zu können. Daß es auch spannend sein könnte, den Klangkörper eines Orchesters in die Trio-Musik einzubinden, war der nächste logische Schritt. Was die drei schließlich mit neuer Technik und mit Orchester an klangerweiterter, zeitgenössischer Rockmusik zustande brachten, darüber gab das vierte Album »Brain Salad Surgery« (1973) Auskunft.

Mit dem Programm dieser Platte und mit ihrem generalüberholten Equipment starteten ELP zu ihrer zweiten Welt-Tournee 1973/74, die sie von Europa über Australien und Japan nach Nordamerika führte. Die Konzerte fanden nicht mehr in Clubs, sondern nur noch in großen Hallen und Stadien statt. Zu den bereits erwähnten 36 Tonnen Gepäck

Hamburg, im April 1992. Emerson, Lake & Palmer reisen durch Europa, um ihr Comeback vorzubereiten. Es läuft nur schleppend an.

Seite 57 gehörten die voluminösen Bühnenelemente für die Installation des feuerspeienden Fabelwesens »Tarkus« (das Pappmaché-Monster war eine Kreuzung aus Panzerfahrzeug und Gürteltier). Palmers Aktionen auf dem drehbaren Schlagzeugpodest, Laserstrahl-Gewitter und akrobatische Showeinlagen rundeten den unterhaltsamen Abend ab, bei dem die Musik zwangsläufig zu kurz kommen mußte.

Für ELP waren die aufwendig inszenierten Entertainment-Shows eine zusätzliche und äußerst lukrative Einnahmequelle zu den enormen Plattenverkäufen (nach jeder Veröffentlichung gab's für das Trio Gold- und Platinauszeichnungen). Man bediente schließlich zwei unterschiedliche Hörerschichten. Die Konzertbesucher wollten action und waren nicht unbedingt die Plattenkäufer. Erstanden wurden ELP-Alben überwiegend von den Interessenten, die die erweiterten Klassikformen favorisierten. Sie sinnierten eher über kontrapunktische Formen und enharmonische Verwechslungen, goutierten die kammerspielartigen Hör-Erlebnisse lieber in aller Stille zuhause und nicht in der tosenden Masse bei einer Großveranstaltung (1972 spielten ELP im kalifornischen Ontario Speedway vor 300.000 Zuschauern). ELP glaubten felsenfest daran, daß sie ihre weltweite Rundumversorgung fest im Griff hatten und daß ihnen der vermeintlich geschickte Schachzug, zwei gegensätzliche Hörerschichten an sich zu binden, auf lange Sicht Geld und Ruhm sichern werde.

Auf der Bühne zelebrierten sie also ein mehrstündiges Spektakel voller Rasanz, angereichert mit großen Gesten aus dem reichhaltigen Fundus des Rock'n'Roll, mit dem sie eigentlich nichts zu tun haben wollten. Ein Konzertbesucher erinnert sich: »So etwas hatte ich noch nie gesehen! Der schmächtige Keith stand da in einer Art Ritterkostüm zwischen zwei Hammond-Orgeln und seinem riesigen Moog-Synthesizer, an dem die ganze Zeit über farbige Lämpchen blinkten und auf eingebauten Bildschirmen Frequenzkurven flimmerten. Dann drehte Emerson den Lautstärkeregler an Orgel und Verstärker bis zum Anschlag auf, hockte sich auf eine seiner Orgeln, ruckte sie hin und her und sah zu, daß er die eingebaute Hallspirale zum Schwingen brachte. Ein gewaltiges Krachen war die Folge, es klang so, als würde Seite 58 sich jemand mit einer dünnen Stahlblechtafel Luft zufächern – nur tausendmal lauter und schriller. Dann stellte er sich hinter das Instrument, kippte es um. Nun lag die Hammond auf seinem Bauch, und er spielte ganz locker und lächelnd und in einem irrsinnigen Tempo Bernsteins *America*. Plötzlich zog Emerson ein Messer aus der Jacke und stach wie wild auf seine Orgel ein. Und Carl Palmer trommelte zu diesem Lärm aus Musik und Rückkopplungen, während Greg Lake, bekleidet mit einem schneeweißen Anzug, immer nur das gleiche Baß-Riff dazu spielte. Das war absolut irre!«

Ein Kritiker der klassischen Zunft faßte seinen Eindruck vom gleichen Konzert in nur einem Satz zusammen: »Die Musik der drei Engländer ist zu berauschend, nachgerade eine unwiderstehliche Einladung zum Flug durch den musikalischen Raum; mehr noch, nämlich das erstaunte Erleben der Musik als eine Form der Kommunikation, die der Sprache nicht bedarf, ja sich selbst im Verstehen, Fühlen oder Begreifen genug ist, dennoch die Verbindung zwischen Vergangenheit und

Gegenwart herbeiführt, ohne die Vergangenheit zu kopieren oder die Gegenwart in einen schnörkeligen Rahmen zu zwingen, der wahr-
lich unpassend wäre und eher einem Dirndl als einem
Smoking beim Neujahrsempfang des Bundespräsiden-
ten gliche.«
Nach dieser Tournee gönnten sich Emerson, Lake und Palmer eine künstlerische Pause. Und genau in dieser Zeit, so um
1975 herum, drehte sich der rockmusikalische Wind im Lande.
Ein noch sanftes Lüftchen voll mit einfach geschlagenen, aggressiven Akkorden und frechen Texten wehte bereits durch die Mu-
sikszene und wirbelte die kunstvollen Arrangements konzertant
arbeitender Bands wie Genesis oder auch Yes und Renaissance
durcheinander. Der Pub-Rock, aus dem sich später der New Wave
entwickelte, hatte in den britischen Bars und den kleinen Sälen
seinen Ursprung. Diese mitreißende Kneipenmusik war
schlicht und einfach, brachte in den Texten Alltagsprobleme
auf den Punkt und sorgte für unbeschwerte Wochenend-Un-
terhaltung. Pub-Rock war genau das richtige Ventil für viele

Seite 59 ...Rockfans, die sich von den Art-Rock-Bands überfordert
fühlten. Und für die, die jene Combos noch nie gemocht
hatten, war Dr. Feelgood oder Brinsley Schwarz sowieso der
Beginn einer interessanteren Musik-Zeit.
Im guten Glauben, daß ihre Musik bereits Evergreen-Charak-
ter und innerhalb der zeitgenössischen klassischen Musik einen
festen Platz eingenommen habe, legten ELP im April 1977, nach
dreijähriger Pause, ihr Doppelalbum »Works 1« vor. Abgesehen von
der Dreier-Live-LP »Yessongs« (1973) und dem Doppelalbum »Ta-
les From Topographic Oceans« (erschien im gleichen Jahr) von
Yes, hatte sich sonst selten eine Band getraut, ein derart aufwen-
diges Dokument ihrer Schaffensphase mit drei Solo-Seiten
nebst zwei Gemeinschaftskompositionen auf der vierten Seite
(die Aaron Copland-Adaption *Fanfare For The Common
Man* und die dramatische Piratensaga *Pirates*) herauszu-
bringen. »Was ELP hier treiben, ist kein Stil, sondern
ein geschlossenes System von Größenwahn«, echauf-
fierte sich Jürgen Frey in der Sounds und schrieb
weiter: »Dieser Wahn vereinnahmt alle möglichen Stilrichtungen und unterjocht sie

einer faden, leeren, langweiligen Kraftmeierei.«

Wenn man allerdings in den vergangenen Jahren das Wirken von ELP verfolgt hatte, schien es doch zwangsläufig, daß solch eine Platte erscheinen mußte. Es ist die konsequente Weiterführung ihrer Grundidee, und die konnte letztlich nur in einem Projekt dieser Art münden. Emerson spielte auf »Works 1« sein erstes »richtiges« Klavierkonzert mit symphonischer Begleitung. Lake präsentierte sich einmal mehr als handwerklich versierter Singer/ Songwriter und fabrizierte für seine Plattenseite eine Handvoll stimmungsvoller Songs, die das Spektrum vom Liebeslied bis zur sentimentalen Schnulze abdeckte. Palmer indes erkundete mit seinen vielfältigen und kunstvollen Spieltechniken Prokofieff und Blues, Hardrock und Bach und präsentierte eine neue Version des Stückes *Tank* vom ELP-Debütalbum.

Für wen diese Platte bestimmt sein sollte, war klar. Doch die klassikverliebten Fans lehnten dieses Werk überraschend ab. Ein knapp 19minütiges Klavierkonzert von Emerson war ihnen wohl zu suspekt, da griff man dann doch lieber zu einem »echten« klassischen Pianisten. Wie gut nur, daß sich auf diesem Album wieder ein potentieller Hit befand, eben Coplands *Fanfare*, zu dem die Band auch erstmals ein Video erstellte. Dieser Titel hievte ELP kurzerhand in die Charts und ins Rampenlicht. Die Verkaufszahlen waren sogar so gut, daß die drei eine neue Welttournee planten.

Ein gesundes Selbstbewußtsein zu haben, ist gut. Absolute Marktbeherrschung ist aber noch besser. Das dachten sich wohl Emerson, Lake und Palmer, die die neue Musik-Entwicklung in Großbritannien nicht ganz aus den Augen verloren hatten und auch schon spürten, daß ihnen Publikum verlorenging. Bereits während ihrer Arbeiten an »Works 1« hatten sie parallel an »Works 2« gebastelt. Im November 1977 erschien diese Platte mit einer grundlegend anderen Musik. Man konnte es kaum glauben, daß es eine ELP-Platte war. Die Gruppe hatte sich von der Suiten-Musik völlig abgewandt und versuchte sich nun an äußerst sparsam instrumentierten Songs, die zunächst überraschten. »Es ist progressiver Rock mit vielen Rückblicken in

die Vergangenheit«, meinte Emerson dazu,
und stellte mit »Works 2« auch sein neues,
windschnittig konstruiertes Yamaha GX-1-Key-
board vor, ein polyphon spielbarer Kompakt-Synthe-
sizer mit vielerlei Klangeffekten und den Ausmaßen
eines Paddelbootes.

»Works 2« verunsicherte, paßte augenscheinlich nicht mehr
ins bisherige Innovations-Konzept. Statt modernistischer
Musik gab's schmissig interpretierte Swing-Stücke, tanzbare
Bigband-Etüden und flotte Ragtimes. Dieses fix entworfene
Produkt mit seinem Sammelsurium aus populären Klängen bein-
haltete außerdem in einer überarbeiteten Version das Weihnachts-
lied *I Believe In Father Christmas,* das bereits 1975 die Kassen der
Band hatte klingeln lassen und von dem sie sich abermals einen
Schub nach vorn erhofften. Doch »Works 2« war ein unent-
schlossenes Werk, und es kam auch zu spät, um auf die Schnelle
einen gänzlich neuen Hörerkreis erschließen zu können. Die
Klassik-Fans wandten sich nun erst recht ab.

Die konzertinteressierten Rock-Fans taten es spätestens mit

der letzten Tournee 1977, zu der ELP ein 70köpfiges Orche-

Spieltechnik, die begeistert.
Carl Palmer wird weltweit als
der beste Drummer gehandelt.

ster verpflichteten. Es gab keine Lasergewitter, keinen Tarkus, überhaupt kein pompöses Bühnenbild. Damit verprellten sie auch ihr Stammpublikum, das sich an die exaltierten Shows der vergangenen Jahre gewöhnt und eine Steigerung der Ereignisse erhofft hatte. Die 77er Tour aber war nicht mehr ihre Sache.

Emerson, Lake und Palmer hingen zwischen den Stühlen wie noch nie. Die Plattenverkäufe stagnierten, von der Presse wurde die Band bereits totgeschrieben, und das ELP-Unternehmen konnte nichts anderes mehr machen als dieses: die Tour als privates Freizeitvergnügen abzuhaken. Künstlerisch waren die drei zufrieden, denn endlich hatten sie konzertmäßig das erreicht, wovon sie lange geträumt hatten. »Wir wollen die Verbindung sein zwischen Rockgruppe und Orchester. Das ist unsere Zukunft«, sagte Emerson noch vor Beginn der Konzertreise, die allerdings mangels Publikumsinteresse um mehr als die Hälfte der Termine gekürzt werden mußte.

Emerson, Lake und Palmer, die selbstbewußten Planer und kühlen Rechner mußten begreifen, daß sie einer fatalen Fehleinschätzung ihres Markt- und Stellenwertes und ihres Publikums zum Opfer gefallen waren, und daß nichts, auch nicht ihre kunstvolle Musik (die sie letztmalig auf dem 1979er Album »Love Beach« dokumentierten), in irgendeiner Form Bestand hatte. Die Umsturzphase erlebten die drei eigentlich nur am Rande. Denn als die Bee Gees zum *Saturday Night Fever* aufriefen und die Sex Pistols mit ihrer bösen Queen-Schelte *God Save The Queen (The Fascist Regime)* für Schlagzeilen sorgten, hielt sich das Trio fern der Heimat im nördlichsten Kanada auf.

Seite 62

Auch ihr Publikum, das gestern noch zu *Lucky Man* den Schmuseblues tanzte oder zu *Karn Evil No 9* die Notenwerte mitzählte, stürzte sich nun mit Genuß in die neue Ära: Geküßt wurde jetzt im Disco-Takt, der Wert der Musik ergab sich nicht mehr aus kunstvoll gesetzen Noten, sondern aus dreisten Drei-Akkorde-Songs. Die erfolgreichste Gruppe der 70er Jahre fand sich plötzlich auf dem Schuttabladeplatz der Zeit wieder. Einfach so und über Nacht.

Living the Blues

Rory Gallagher:
Tod mit 46 Jahren

Seite 63

Keiner spielte den Blues so süffig, voller Lust und auf den Punkt gebracht und eben ohne Schnörkel wie Rory Gallagher. Der Mann
aus Irland war ein ungemein launiger musikalischer Geschich-
tenerzähler, ein genialer Saiten-Derwisch, der mühelos zart
gezupfte Melodien und rauh gerupfte Riffs mit den ver-
schiedensten Picking- und Slide-Techniken zusammenfügen
konnte und das Ergebnis daraus zu seiner unverwechselbaren Musik machte. Exakt im Schnittpunkt zwischen Blues
und Rock fand er schon früh seinen Weg, von dem er fast
dreißig Jahre lang nicht mehr abwich. Gallagher war ein be-
seelter und besessener Spieler. Einer, der bei seinen Konzerten
kaum zum Ende kommen wollte. Noch ein Stück und noch eine
Nummer auf der Akustischen und noch eine Zugabe auf der Mando-
line ... Und auch beim Plattenhören kam es mir immer so vor: Rory
spielte und spielte ... Noch ein Stück, noch eine Nummer ... Doch
die Toningenieure haben dann wohl irgendwann einfach den Reg-
ler heruntergedreht und gesagt: Rory, jetzt ist Schluß, es reicht,
die Platte ist fertig!
Seine Songs wie *Bullfrog Blues, Used To Be, Messin' With The
Kids, Laundromat* oder *Moonchild* entlockte er einer abgewetzten Fender-Stratocaster, deren Blessuren sicherlich
noch aus der wilden Zeit Ende der 60er stammten, als
er – 18jährig – gemeinsam mit Richard McCracken,
Baß, und John Wilson, Drums, der Welt den Blues,
besser: seinen ganz spezifischen Blues brachte.
Die Band hieß The Taste, und Rory war die

Die uralte und völlig vermackte Fender-Stratocaster war das Markenzeichen des irischen Bluesgitarristen Rory Gallagher, der weit entfernt war vom branchen-üblichen Promi-Gehabe.

treibende Kraft des erfolgreichen Unternehmens, war Sänger, Gitarrist, Harmonikaspieler und – ein guter Showman. »Es war schrecklich mit ihm. Manchmal benahm er sich, als ob wir gar nicht existieren würden. Mal spielte er drei Solonum- **Seite 64** mern hintereinander, bei anderen Gelegenheiten begann er ein zwölftaktiges Stück und improvisierte dann über neun Takte, nur um uns zu verwirren«, ärgerte sich John Wilson über Rorys diktatorisches Gehabe. Der Meister sah das anders: »Meine spontansten Einfälle habe ich bei Konzerten. Auf diesen Ideen baue ich dann weiter auf. Ich wäre nie in der Lage, mich zu wiederholen, weil es bei mir kein festes Konzept gibt.«
1971 debütierte Rory unter seinem eigenen Namen und tourte rastlos mehrmals um den Globus gemeinsam mit dem Bassisten Gerry McAvoy und dem Drummer Wilgar Campbell (später trommelten bei ihm unter anderem auch Ted McKenna und Brendan O'Neill). Rory Gallagher wurde keiner dieser Gitarristen-Stars, die sich plötzlich mit weißem Anzug unnahbar machten oder ihren Sound hin und wieder als wohlschmeckendes Dressing für fade Chart-Salate teuer vermieteten. Nie war der am 2. März 1949 in Ballyshannon, Co. Donegal, Irland geborene und in Cork aufgewachsene Gallagher anders zu denken als so: rot-weiß-kariertes Baumwoll-

hemd, Jeansjacke, Jeanshose, weiße Turn-
schuhe. Die britische Zeitung The Times:
»Gallagher ist ein Popstar der neuen Art, ein Anti-
Held, der im verwaschenen Kaufhaushemd seine
Gitarre traktiert und sich inmitten der Drogenszene lieber an ein Bierglas hält.« Er spielte und sang und soff und
war sich für nichts und niemanden zu schade. Nicht als Anheizer bei miesen Festivals mit schlechten Bands, nicht als so-
genannter Topact in drittklassigen Etablissements. Der Blues
war Rorys Lebenselixier, der ihn durch alle Höhen und Tiefen
brachte und ihn am 23. Juli 1977 sein bestes Konzert spielen ließ:
Die von Millionen Menschen am Fernsehen erlebte »Rockpalast«-
Eröffnung in der Essener Grugahalle. »Aus straffen Breaks werden
manchmal privat vor sich hin gezupfte Kadenzen«, beobachtete einst
Die Welt und hatte recht: Gallagher blieb über all die langen
Jahre der schwitzende Handwerker, der mit überbordender
Freude am Spiel und flinken Fingern aus jedem Konzert für
sich und für uns einen Premieren-Abend machte, auch dann
noch, wenn er manche seiner eigenen Titel und seine Lieb-

Seite 65   lingsstücke unter anderem von Big Bill Broonzy oder Muddy
Waters schon zum x-ten Mal gespielt hatte. Rory war schlicht
und einfach ein Musiker. Nie mehr, nie weniger.
Rory Gallagher war 46 Jahre alt, als er am 14. Juni 1995 an den
Spätfolgen einer Lebertransplantation starb.

Eine Auswahl seiner besten Platten:
Rory Gallagher (71)
Deuce (71)
Live In Europe (72)
Blueprint (73)
Tattoo (73)
Irish Tour (74)
Calling Card (75)
Photo Finish (78)

Mit *The Taste*:
On The boards (70)
Live Taste (71)
Taste Live At The Isle Of Wight (71)

Schwein im Faß

Die schlimmsten Platten
der 70er Jahre

Die 70er Jahre stehen für eine in der Geschichte der Pop-Musik wirklich gräßliche Dekade: Nie wieder wurden die Hitparaden mit so vielen faulen Stücken bombardiert. Dutzende Nummer-1-Hits werden praktisch niemals wieder im Radio gespielt, selbst nicht von den Stationen, die ausschließlich Oldies bringen.

Wohlgemerkt: Mir geht es nicht um die grundlegenden rock- Seite 66 musikalischen Erscheinungen, die uns die 70er Jahre bescherten. All die großen und kleinen Innovationen auf dem Sektor dessen, was damals »fortschrittlich« genannt wurde, seien hier mal ausgeklammert. Auch in Sachen Trendsetzung hatten die Seventies natürlich ihre Bedeutung: Glitzer-Rock, Space-Rock, Klassik-Rock, New Wave etc.

Aber schon damals existierte neben der Musik, die wirklich etwas bewegen konnte, auch so eine andere Art von Lala, etwas, das mal einer »Ergänzungsmusik« genannt und selbst damit noch Schönfärberei betrieben hat. Denn genaugenommen ist diese Musik zweiter Klasse ganz überflüssig, weil sie keine Zeichen setzt und Maßstäbe, sondern einfach nur da ist wie das aufdringliche Dröhnen des Straßenverkehrs.

Ich meine die Musik für den schnellen Tagesgebrauch. Sie wird ein paar Mal gehört und ist wieder verschwunden. Diese akustischen Trostpflaster für Menschen, die aus was für Gründen auch immer – mangelnde Bildung, schwache musikalische Sozialisation, simples Desinteresse – niemals Hendrix, Ge-

nesis, ja selbst nicht so etwas profan-schönes
wie ein Eric-Clapton-Album gehört haben,
diese Trostpflaster für die Pop/Rock-Underdogs
waren es, die damals unaufgefordert die Erinnerungen an Neil Young und Little Feat und Jackson Browne
zuklebten mit ihrem aufdringlichen, devoten Klingklang,
ihren süßlichen Melodien, die durch alle Arrangements und
Textzeilen hindurch immer nur eines zu rufen schienen: Hab
mich lieb! Hör mich! Kauf mich! (Was alles nicht gerade für ein
hoch entwickeltes Selbstwertgefühl spricht.)
Diese zu kurz gekommene Spiegelschwester der progressiven Musik hatte nichtsdestoweniger überall die Noten drin und stieß im-

Hippiesker Gotthilf-Fischer-
Chor: Die Les Humphries
Singers (unten).
Die Stars vom Kehraus in
Bottrop-Boy: Manhattan
Transfer (unten rechts).
Noch schlimmer klingt's bei
der George Baker Selection
(rechts).

mer öfter auf offene Ohren. Man konnte ihr nämlich kaum entgehen, selbst dann nicht, wenn man es versuchte. Die Welt ist nun mal keine Einsiedelei.

In den 70er Jahren fing beispielsweise das Übel an, daß man in keinen Supermarkt mehr spazieren konnte, ohne sofort von einer Art akustischem Treibsand förmlich weggespült zu werden. Die Beschallung beim Einkaufen ist heute gang und gäbe, und man hört sie längst nicht mehr. Aber damals war sie neu, und man achtete noch auf das Gedudel, das da im verkaufsoffenen Hintergrund säuselte. Neben dem preiswerten Doppelpack Miraculi und der Extra-Portion Capri-Sonne nahm man immer auch die Erinnerung an musikalische Ergüsse mit nach Hause, die schnell, aber perfekt produziert, und gerade wegen ihrer unaufdringlichen Beharrlichkeit besonders perfide waren: Man wurde sie einfach nicht wieder los. Es war derselbe musikalische Kleister, der beim Aufwachen schon den Radiowecker verklebte. Ich rede von Tagen, die von vornherein verloren waren, weil einem morgens beim Zähneputzen *Tie A Yellow Ribbon Round The Old Oak Tree* entgegenschallte.

Seite 68

Die 70er Jahre waren voll von solcher zweitklassigen, unsympathischen Musik. Sie schwappte wie eine immer größer werdende Welle durch alle visuellen und akustischen Medien, sie eroberte die Einkaufszonen und die Kirmesbuden und überschwemmte die in immer größerem Stil gefeierten Privat-Partys in den Wohnungen, Kleingärten und Kneipen. Billige Unterhaltungsmusik ist nie zuvor so dominierend in die Öffentlichkeit gedrängt worden wie in dem Jahrzehnt, das vor gerade mal 15 Jahren zuende ging.

Alles, was früher als Rundfunk-Musik durchgegangen war, all die smarten Schlager und komischen Klamotten der 40er (*In the Mood*), 50er (*Gentle On My Mind*) und 60er Jahre (*Tanze mit mir in den Morgen*) – sie hatten wenigstens Stil und Charme genug, um die Zeiten zu überdauern (ein anderes Beispiel ist *The Young Ones* von Cliff Richard: Das ist auch Profan-Musik, aber sie hat Klasse). Aber in den 70er Jahren hatte die Industrie das Verkaufssegment »Massenmusik« so weit im Griff, daß es endgültig in die industrielle Fertigung gehen konnte.

Donna Osmond: Nervig.

Musik von der Stange, populär und verkaufsträchtig zusammenge-
strickt, übernahm die Dominanz und drängte die eher sympathisch-
originellen Versuche früherer Jahre mehr und mehr in die Ecke.

Es hört sich komisch an, aber wenn man ein bißchen nachdenkt,
ist es ganz offensichtlich: Die Popular-Musik der 50er Jahre unterscheidet sich grundlegend von der aus den 70er Jahren. Was
sie unterscheidet ist das ausschließlich rationale Kalkül, der
schon zwanghafte Druck, bedingungslos gefallen zu müs-

Seite 69 sen, um verkaufbar zu sein in einem immer gigantischer werdenden Musik-Angebot, das die Konsumgesellschaft anscheinend aus sich selbst heraus hervorbringt. Der Zwang,
massenhaft produzieren zu müssen, um massenhaft verkaufen
zu können, geht dabei zwangsläufig zu Lasten der Qualität.

Das Phänomen läßt sich seit den 60er Jahren beobachten, aber
erst in dem Jahrzehnt danach zeigte es sich vollständig ausgeprägt.
Die zeitgemäße Ästhetik der 70er Jahre war eine Warenästhetik. Die
Musik-Industrie reinigte sich selbst von aller Betulichkeit und allem revolutionären Ballast, der nach 1968 angehäuft worden war,
und gab sich ganz zeitgemäß: geschmäcklerisch. Sie mußte etwas
erfinden, das der Mehrheit der Konsumenten als anreizend erschien. Und das war nicht die anspruchsvolle Pop-Musik,
sondern eben die andere, billige Variante.

Bekanntlich ist es eine Kunst, populäre Musik zu machen,
die nicht profan ist. In den 70er Jahren ist diese Kunst
auf der Strecke geblieben. Fortan feierte das Kunst-
handwerk Triumphe.

Was sonst noch geschah...

Schlagzeilen aus aller Welt (1972 / 1973)

1972

– Die Olympischen Spiele in München werden eröffnet. Die Eröffnungsfeier geht um die Welt und führt zu einem internationalen Sympathiegewinn für die Bundesrepublik Deutschland. Das fröhliche Spektakel findet ein jähes Ende mit der Tötung zweier israelischer Sportler durch die Gruppe Schwarzer September und der Geiselnahme der übrigen israelischen Mannschaft. Die Terrorgruppe verlangt die Freilassung arabischer Häftlinge aus israelischen Gefängnissen. Diese Forderung wird abgelehnt, jedoch wird den Geiselnehmern ein Hubschrauber auf dem Flughafen Fürstenfeldbruck zur Verfügung gestellt. Beim Versuch, die Geiseln zu befreien, sterben fünf der Terroristen und alle neun Geiseln sowie ein Polizist. Trotz des Schocks werden die Spiele nach der Trauerfeier fortgesetzt.

– Im Bundesliga-Bestechungsskandal erhalten die Schalker Spieler Klaus Fischer eine zweijährige und Reinhard Libuda eine lebenslange Sperre. Ihnen wird vorgeworfen, das Spiel gegen die abstiegsbedrohte Arminia Bielefeld verkauft zu haben.

Seite 70

– Der sogenannte Grundvertrag zwischen der DDR und der Bundesrepublik tritt in Kraft. Er betrifft eine Reihe von Vereinbarungen über den kleinen Grenzverkehr, die Familienzusammenführung und die Akkreditierung westdeutscher Journalisten in der DDR.

– Zum ersten Mal wird eine Frau zur Präsidentin des deutschen Bundestages gewählt, Annemarie Renger von der SPD.

– Im Ruhrgebiet werden drei weitere Zechen stillgelegt. Von der Stillegung sind etwa 8.000 Bergleute betroffen. Noch ist kein Ende in Sicht, denn die Kohle wird immer mehr vom Öl verdrängt.

1973

– Als erster Deutscher erhält der Kinderbuchautor Otfried Preußler (»Räuber Hotzenplotz«) den europäischen Kinderbuchpreis.

– Der Weltbestand an Rundfunkgeräten einschließlich Autoradios wird vom britischen BBC-Handbook mit rund 845,5 Mio. angegeben. Gesamtzahl der TV-Geräte: 316 Mio.

– In der Bundesrepublik wird die »0,8-Promille-Grenze« eingeführt.

– Das Forschungsschiff »Glomar Challenger« liefert den Beweis: Die Antarktisvereisung setzte vor 20 Mio. Jahren ein.

– Die Textilindustrie verkauft in Deutschland erstmals mehr Damenhosen als Damenröcke.

– Rudolf Augstein legt sein Bundestagsmandat (FDP) nieder.

– Bernhard Grzimek tritt als Naturschutzbeauftragter wegen mangelnder Berücksichtigung seiner Aufgaben zurück.

– Es ist soweit: Auch in der Bundesrepublik gibt es jetzt die amerikanische Vorschulreihe Sesamstraße. Kinder wie Erwachsene verfolgen die Serie mit ihren z. T. anarchischen Typen, die im Zuge deutscher Pädagogisierung durch weichgespülte Figuren wie Tiffy und Samson ersetzt werden.

– Die Bundesliga bricht ein Tabu. Erstmals ist auf Trikots Werbung zugelassen. Eintracht Braunschweig macht den Anfang mit dem Hirschkopf »einer bekannten Kräuterlikörmarke«.

– Die Watergate-Affäre zieht Kreise. Langsam stellt sich heraus, daß es sich nicht um den Alleingang einiger Mitglieder des Wahlkomitees hehandelt hat, sondern daß engste Vertraute Nixons an der Affäre beteiligt waren.

– Skylab wird in die Umlaufbahn geschossen. Erstmals sollen Astronauten mindestens 29 Tage im All verbringen.

– Das Sexualstrafrecht wird liberalisiert. Gegen die Stimmen der CDU/CSU wird eine großzügige Haltung zur Homosexualität und Kuppelei beschlossen, sexueller Mißbrauch von Abhängigen wird härter bestraft als zuvor, und die Bestimmungen im Zusammenhang mit Gewaltverherrlichung werden verschärft.

– Im sogenannten »Kampf der Geschlechter« besiegt die »Königin von Wimbledon« Billie Jean King den Herausforderer und Gegner des Damentennis, Robert Riggs.

Die Top Ten der
schlimmsten Single-Hits

Baccara:
Yes, Sir, I Can Boogie

Zwei spindeldürre Spanierinnen erzählen in äußerst schlechtem Englisch (Zitat: »No, ssör, Ei dohnt fihl very matsch leik tolking«) davon, daß sie Boogie tanzen können. Schmachtende Geigen tun ein übriges, um die Langeweile zu komplettieren. Trotzdem wird die Platte 1977 in mehreren Ländern Nummer 1. Sie ist so daneben, daß sie manche Leute schon wieder gut finden.

George Baker Selection:
Paloma Blanca

Pop aus Holland ist Käse aus Holland. Ganz in Weiß schlabberten sich George und seine über die Blendax-polierten Zähnchen strahlende Combo 1975 durch ihren Song, dessen musikalischen Einfall auch der lichtstärkste Leuchtturm an der niederländischen Nordseeküste nicht aus der Düsternis gefischt hätte (es gibt ihn nämlich gar nicht). Tödlich langweilig. Und neben Dr. Hook & The Medicine Show die unsympathischste Gruppe überhaupt.

Seite 72

Jeanette:
Porque Te Vas

Eine gewisse Jeanette trällerte dieses Schlagerchen 1977. Ein monotones Rhythmusgewebe fängt eintönig an und geht langweilig zuende. Die Melodie ist rudimentär, die Stimme bröckelig. Den interessanten spanischen Text hat hierzulande sowieso niemand verstanden. »Schwein im Faß« hat mal einer versucht zu dolmetschen.

Little Jimmy Osmond:
Long Haired Lover From Liverpool

Der Jüngste aus der Osmond-Sippe, ein zwölfjähriger Speckpelz, singt mit kieksigem Stimmchen sein Lied, in dem er sich in Gönner-

manier als »langhaariger Liebhaber« auf-
spielt. Dazu klappert ein Fred-Astaire-Roboter
wie ferngesteuert eine Stepdance-Endlosschleife.
War 1973 wochenlang Nummer 1 in England und
belegt exemplarisch den schlechten Geschmack der Briten.

The Soulful Dynamics:
Mademoiselle Ninette
Eine fröhlich quäkende Orgelmelodie, stumpfe, stampfende
Rhythmen, richtig was zum Mitklatschen. Die Gruppe bestand
aus lauter farbigen Musikern und hat 1970 den Anspruch der
schwarzen Musik, wie Motown ihn beispielsweise mal hatte, so vollständig an den Geschmack der weißen Mehrheit verraten wie sonst
keiner.

Carl Douglas:
Kung Fu Fighting
»Everybody was Kung-Fu-Fighting/Those kids were fast as

Seite 73

lightning.« Genauso schnell war auch der gute Carl wieder
weg vom Fenster. Er steht mit seiner fernöstlich aufgemotz-
ten Schlicht-Soul-Tanzplatte als Musterbeispiel für das
»One-Hit-Wonder«. Was aber nicht verwundert, weil es jedem
so geht, der auf Teufel komm raus an einer Masche mitstricken
will, nur weil sie zufällig gerade im Trend liegt. Und das war
Kung Fu 1974 wegen der gleichnamigen Fernsehserie mit David Car-
radine und der grassierenden Bruce-Lee-Euphorie.

Les Humphries Singers:
Mama Loo (1973)
Ma ma ma ma ma ma ma Loo
Ma ma ma ma ma ma ma Loo
Ma ma ma ma ma ma ma Loo
Ma ma ma ma ma ma ma Loo
Ma ma ma ma ma ma ma Loo
Ma ma ma ma ma ma ma
Mama Loo.
Und das dreieinhalb Minuten lang, immer und
immer wieder. Noch Fragen?

Manhattan Transfer:
Chanson D'Amour
Manhattan Transfer war als Gruppe immer schon
klinisch tot, so daß man sich über diesen 77er-Hit
kaum mehr ärgern müßte. Peinlich, peinlich: der hum-
pelnde Rhythmus, der so tut, als sei er in der vornehmen
Cocktail-Bar der Upper East Side zuhause, tatsächlich aber
wie der Soundtrack zum Schützenfest-Kehraus in Bottrop-
Boy klingt. Dazu diese Doppelnummer aus Sängerinnen und
Sängern, die alle so aussehen, als hätten sie sich nur für den Auftritt mit diesem Lied in den teuren Zwirn geschmissen und seien
ansonsten irgendwo in der Bronx zu Hause.

Vader Abraham:
Das Lied der Schlümpfe
Pierre Kartner alias Vader Abraham stammt aus Holland (s. o.).
Das Lied der Schlümpfe war nicht nur in Deutschland, sondern
in halb Europa der Sommerhit des Jahres 1978. *Was wird sein,
fragt der Schlumpf* wurde bald danach immerhin noch Nr. 4
der deutschen Hitparade. Seine weiteren Veröffentlichungen Seite 74
(*Vader Abraham und die Wuppies*) konnten jedoch an diese
Erfolge nicht anknüpfen.
Was ist da schiefgegangen?

Blue Swede:
Hooked On A Feeling
Kein Mensch erinnert sich heute mehr auch nur an den Namen die-
ser schwedischen Band, geschweige denn an diesen einfallslosen
Song, der es aber 1974 tatsächlich in Amerika bis zur Nummer 1
gebracht hat. Kleine Gedächtnisstütze: Uga-chaka, Uga-chaka,
Uga-chaka lautet die erste Strophe. Na, klingelt's?

Holland-Pop

Who ist who und Wo ist Wer? Von links nach rechts
und von oben nach unten (wie es sich gehört):
Die Cats, Jan Akkermann's Focus, Mouth & McNeal,
Ekseption, Pussycat, Earth and Fire.

Lieder aus Kunst und Honig

Gespräch mit Ingo Insterburg über die Dichtkunst von Insterburg & Co

Die vier Berliner Jürgen Barz (Jg. 1944), Karl Dall (Jg. 1941), Peter Ehlebracht (Jg. 1940) und Ingo Insterburg (Jg. 1934) nannten ihre schrägen Texte und akustisch-lustigen Lieder, die sie mit Flöten, Reiben, Gitarren, Spielzeug-Instrumenten oder auf allerlei Selbstgebasteltem intonierten, mal »Pop Klamotten«, »Musikalisches Gerümpel« oder »Lieder aus Kunst und Honig«. Das Quartett Insterburg & Co bespielte die Republik landauf, landab. Von 1967 bis 1979 war keine noch so kleine Halle vor ihnen sicher. Außerdem gastierten die Vier häufig im Fernsehen: Kultsendung bleibt bis heute der »Musikladen« von Radio Bremen, in dem sie als Rahmenprogramm ein paar Jahre lang ihre hinter- bis unsinnigen Späße trieben. Sie hievten ihren Blödsinn gar in die Hitparaden: Und zwar mit den Liedern *Ich liebte ein Mädchen* und *Diese Platte ist ein Hit*.

ENSEMBLE: *Wir sind die fröhlichen Insterburger von Insterburg & Co. Wir spielen auf den größten Bühnen und nicht nur zuhaus auf dem Klo. Drum stellen Sie sich vor, wir stellen uns jetzt vor:*
JÜRGEN: *Als erster komme ich heraus, ich bin der Schönste, eiderdaus. Mein Haar ist blond, meine Schuhe schwarz, mein werter Name ist Jürgen Barz.*
Doch allein mache ich den Kohl nicht fett, drum kommt auch schon der nächste vom Quartett.
PETER: *Ja, ich bin sofort zur Stell', setze mich ans Schlagzeug schnell. Mein Bart der fusselt, welche Pracht, ich heiße Peter Ehlebracht.*

Doch allein machen wir den Kohl nicht fett, da
kommt auch schon der nächste vom Quartett:
KARL: Ich komme aus dem Land der Friesen und
habe viel gemein mit diesen, die Eitelkeit ist nicht mein
Fall, mein werter Name ist Karl Dall.
Doch allein machen wir den Kohl nicht fett, wir brauchen
'nen vierten zum Quartett:
INGO: Ich als letzter nun einsteige, und ich spiele auf der Geige,
jeder Ton geht durch und durch, ich heiße Ingo Insterburg.
Wir machen Musik, wir machen Musik, wir machen Musik:
ENSEMBLE: Wir sind die fröhlichen Insterburger von Insterburg &
Co. Wir spielen auf den größten Bühnen und nicht nur zuhaus' auf
dem Klo. Drum spielen wir jetzt stereofonisch unsere Lieder aus Kunst
und Honig.

Ingo Insterburg: **Die Liedermacherwelle wurde dadurch ausgelöst, daß es gegen Ende der sechziger Jahre diese »Pan«-Clubs gab, die Danny, ein Italiener, in München, Hamburg und Berlin einrichtete. Das Prinzip dieser Clubs war, daß** **hier jeder, der wollte, auftreten konnte und für seinen zweimal zehnminütigen Beitrag zehn Mark bekam. In Berlin spielten wir hier alle zum ersten Mal: Reinhard Mey, Ulrich Roski, Hannes Wader. Hinzu kam, daß das Publikum für diese neue Kleinkunst sehr offen war. Aber das, was immer so erzählt wird, daß nämlich die 68er-Bewegung der Auslöser gewesen sein soll, stimmt nicht. Diese Leute waren eher störend für uns Liedermacher.**

PETER UND KARL:
Ich saß bei Fräulein Hildegard auf ihrem Canapée.
Sie aß einen Negerkuß und ich aß ein Baiser.
Ihr linkes kleines Händchen lag auf meinem Knie,
doch eine Sofafeder kniff mich, daß ich schrie.
Oh Hildegard, dein Sofa ist so hart,
da wird aus Liebelei das reinste Liebesleid.
Hildegard, warum bist du so hart,
sei doch mal richtig nett auf Omas altem Federbett.

Ein zweiter Frühling kam ins Land und
Hildchen wurde mein. Wir saßen auf dem Feder-
bett, das Sofa blieb allein. Ihr linkes kleines Händ-
chen, das lag auf meinen Knie, das rechte Händchen
kniff mich, daß ich schrie:
Oh Hildegard, das find ich sehr apart, jetzt wird aus Liebes-
leid die reinste Liebesfreud. Hildegard, die Oma hat gespart,
das finde ich so nett, fürs rosarote, weiche Federbett.

Ingo Insterburg: Für eine weitere Initialzündung sorgten auch
Schobert & Black, die anfangs politisches Kabarett in einem Theater, dem »Reichskabarett«, machten. Es gab dort regelmäßig frei-
tags eine »Nachtvorstellung«, in der man sich präsentieren konnte.
Ihnen war das, was wir spielten, immer ein wenig zu blöd. Aber als sie
sahen, welchen Erfolg wir mit unseren Liedern hatten, wechselten
sie ebenfalls auf unsere Seite. Sie nannten ihr Konzept »Höhe-
ren Blödsinn«, um sich niveaumäßig von uns abzuheben.
Auch wenn es mehr eine halbherzige Sache war, fuhren sie
damit aber ganz gut.

JÜRGEN:
Ich suche mir ein Mädchen, das mir die Schuhe putzt.
Und das mich zärtlich bettet und auch zu anderem nutzt.
Ich such' mir eine Wohnung, mit innen Toilette
und lieg mit meiner Liebsten den ganzen Tag im Bette.
Ich such nach einem Namen
für unser erstes Kind,
das zweite kommt dann auch gleich,
weil wir so fruchtbar sind.
Ich suche nach der Pille, welch' kleine runde Dinger,
da kommt der Papst von oben und droht mir mit dem Finger.
Ich suche meine Liebste im Bette auf heut' nacht.
Und ist das Jahr vorüber, dann haben wir schon acht. Ach,
such' nach einem Namen, mein Liebster, sei nicht faul.
Oh, Liebste, wird's ein Knabe,
dann nennen wir ihn Paul.

Ingo Insterburg: Unsere Veranstaltungen haben
sich immer von selber verkauft. Wir spielten

in Hallen vor 1.000 bis 2.000 Zuschauern.
Das Fernsehen brachte uns dann aber den ganz
großen Durchbruch. Unsere erste halbstündige
Show mit Gästen wurde von Radio Bremen ausgestrahlt. Es gab damals nur drei Programme, und wer das
Fernsehen an jenem Abend einschaltete, hat uns zwangsläufig sehen müssen. Das bedeutete, halb Deutschland
guckte zu, und unsere Tournee, die wir vorher schon organisiert hatten, war innerhalb weniger Stunden ausverkauft. Das
ist heute kaum noch vorstellbar, weil es zu viele Fernsehsender
gibt.

PETER UND KARL:
Ich denk an meine Jugendzeit, sie liegt so weit zurück.
    Wie war sie voller Harmonie und voll vor stillem Glück.
        Wie schön war jeder Freitag, wenn Vater sich betrank. Dann saß
        ich still mit meinem Teddybär in Mutters Wäscheschrank.
      Oh Kinderzeit, oh Jugendglück.
      Für kein Geld der Welt kommst du zurück.

Seite 79   *Als dann die Mama durchgebrannt mit einem Kanadier,*
        hat mich die Oma abgeholt, denn Papa kam nicht mehr.
        Die Mutter hat nicht mehr gedacht an ihren kleinen Sohn.
        Es kam nicht mal eine Karte zu meiner Kommunion.
    Oh Kinderzeit, oh Jugendglück.
    Für kein Geld der Welt kommst du zurück.
So blieb ich ein ganz ruhiges Kind voller Bescheidenheit.
Und heut', im reifen Alter, ist Stille meine Freud'.
Nur einen Menschen habe ich, der liegt am Herzen sehr.
Das ist mein kleiner sägemehlgefüllter Teddybär.
Oh Kinderzeit, oh Jugendglück.
Für keinen Heller wünsch' ich dich zurück.

Ingo Insterburg: **Hannes Wader lebte stets auf Vorschuß,**
lieh sich von mir hin und wieder 20 DM, um mit seiner
Freundin Susi, die er später geheiratet hat, essen zu gehen. Das war so ähnlich wie bei Klaus Kinski, den ich
kennenlernte, als er einen Gitarristen für Brecht-
Balladen suchte. Der hat mich auch dazu
gebracht, einen freien Beruf auszuüben.

Jedenfalls war es so, daß der Klaus alles mögliche an Rollen annehmen mußte, weil er meist schon am ersten Drehtag seine Gage verbraucht hatte. Er kaufte sich Autos, die ihm nach ein paar Wochen nicht mehr gefielen. Dann holte er sich wieder ein neues und so fort. So war auch der Hannes.

INGO UND JÜRGEN:
Alle Schweine sind dreckig
und fromm ist nur das Lamm.
Alle Mönche sind gut.
Alle Männer haben Mut.
Alle Polizisten sind schlecht,
Alle Richter haben recht.
Alle Klempner löten.
Alle Soldaten töten.
Alle Wolken sind grau.
Alle Säufer sind blau.
Alle Füchse sind schlau.
Alle Kornblumen blau.   **Seite 80**
Alle Schiffe brauchen ein Tau.
Alle Männer 'ne Frau.
Alle Bauern 'ne Sau
alle Pfaueninseln 'nen Pfau.
Alle meine Lieder, die reimen sich,
die reimen sich, die reimen sich.
Ein Mädchen, das ins Wasser plumpst,
ist sauber, wenn man sie dann rauszieht.
Ja – alle meine Lieder die reimen sich,
die reimen sich, die reimen sich ...

Ingo Insterburg: **Der Blödsinn hat sich einfach so ergeben. Das war nicht geplant. Wir wollten Lieder singen. Karl und Peter kamen ja aus der Moritaten-Ecke, hatten zuvor Hans-Albers-Parodien gemacht und Küchenlieder vorgetragen. Mir fiel es zunächst sehr schwer, habe mich fast zwei Jahre gequält, um ein eigenes Lied zu machen. Die erste Zeile, die mir einfiel war »Nun roll' dich in den Teppich ein und quieke wie ein**

Diese Platte ist ein Hit, wann kriegt ihr das endlich mit? Diese Scheibe müßt ihr koofen, es ist 'ne Scheibe für die Doofen.

kleines Schwein«. Es dauerte noch ein paar Monate, bis es fertig war. Und dann plötzlich sprudelte es los. Ich habe sicherlich weit über 100 Lieder geschrieben. Wir hatten einen Vorrat, der für drei bis vier Jahre reichte. Karl fing dann plötzlich in unseren Konzerten an, blödsinnige Ansagen zu machen, wenn er die einzelnen Mitglieder der Gruppe vorstellte. Dadurch kam ich dann auch ins Quatschen, wenn ich die Lieder ansagte. In den ersten Jahren hatten wir nie ein festes Programm, keinen Ablauf. Das war alles sehr spontan. Aber so konnten wir auch gut auf die Stimmung des Publikums eingehen.

INGO: Ein seltenes Erlebnis. Jedenfalls für mich. Denn ich bringe jetzt ein echtes japanisches Kinderlied zu Gehör, das ich aber in deutscher Sprache singen werde. Aber das Instrument ist original. Es stammt aus alten Schreibmaschinenresten, die aus dem Zweiten Weltkrieg noch übriggeblieben sind. Die hat man geschickt und fleißig zu einem Instrument zusammengefügt. Ich spiele dieses Instrument nach dem Zwei-Finger-System. Manchmal macht der dritte schon mit – naja, ich laß' ihn ...
Aber als ich neulich in Okinawa war, da habe ich einen Japaner gesehen, der hat das mit sieben Fingern gespielt. Der arbeitete in einem Sägewerk. Nun aber los:

Die Kaulquappen im Ententeich.
Die haben Füße nicht sogleich.
Die wachsen später erst dem Tier.
Sie geben ab ihre Kiemen dafür.
Und dann verlieren sie ihr Schwänzelein.
Ich möchte nie eine Kaulquappe sein.

Ingo Insterburg: Wir wollten nichts Politisches machen, weil ich immer der Meinung war, daß man dafür fundiertes Wissen braucht. Ich bin im Osten groß geworden, war bei den Jungen Pionieren, bei der FDJ, und vorher war ich noch ein Jahr im Deutschen Jungvolk (DJ) der Hitler-Jugend, und deshalb hatte ich die Schnauze voll von politischen Vereinen, weil ich immer das Gegenteil von dem lernen mußte, was vorher war. Aber ich war sehr gut geschult im Diskutieren. Und ich wußte, wenn man sich auf Politik einläßt, muß man Fachwissen haben. Einfach so herausposaunen, wir müssen dies machen und das machen und Wohnungen für alle – das bringt nichts. Da schadet man der Sache mehr, als daß man ihr nützt. Lieder können zwar ein bißchen was transportieren, können auch ein wenig manipulieren. Seite 82 Aber wenn es zu politisch wird, dann will's doch auch keiner mehr hören. Wenn aber einer meint, er müsse das machen, dann soll er in eine Partei gehen. Daß uns ein studentisches Publikum zuhörte, hatte nichts mit der politischen Bewegung zu tun, sondern einfach nur damit, daß diese Leute abends eher ausgehen als der Normalbürger.

KARL: *Weiter geht's mit einer süddeutschen Folklore. Es ist ein neues Lied zur scharnierten Wurfzither ...*

PETER: *Meine Wurfzither hatten wir mit einer Tegernseer Solistenzither zusammengebracht und hatten damit einen an und für sich guten Wurf gemacht. Drei kleine sind schließlich dabei herausgekommen. Eine haben wir behalten, die anderen zwei haben wir in einen Sack gepackt und versenkt. Zithern soll man ja nicht einfach so aussetzen.*

KARL: *Ja, also wir waren auf einer Gastspielreise im Kohlenpott und da hat mir der Bürgermei-*

ster von Bochum eine kleine Dunstglocke ge-
schenkt. Die ist so ähnlich wie eine dieser nied-
lichen Porzellan-Freiheitsglöcklein, die der Bürger-
meister von Berlin immer verschenkt. Da steht drauf:
Ich bin ein Berliner. Womit nicht gesagt ist, daß da auch
Marmelade drin ist. Mit der Dunstglocke läute ich also jetzt
dieses hübsche Lied ein:

Als ich ein kleiner Bub noch war, wie gern denk ich zurück.
Da war des Vaters Alpenhorn mein ganzes Kinderglück.
Ich lauschte seinem Klange, vom Himmel schienen die Stern':
oh Alphorn, oh Alpenhorn, wie hört' ich dich so gern.
Oh Alphorn, oh Alpenhorn, wie hört' ich dich so gern.

Ein Mädel, schön wie's Alpenglüh'n,
das liebt' ich einst vor Jahr'n.
Doch sie hat nicht mein Fleh'n erhört, sie ist zur See gefahr'n.
Verlassen stieß ich in das Horn, das Echo gab's zurück:
Mein Alphorn, mein Alpenhorn, das blieb mein einz'ges Glück.

Mein Alphorn, mein Alpenhorn, das blieb mein einz'ges Glück.
Wenn ich in Jahren mal sterben muß, des Lebens Ernst war
hart.
So leg' zum Sarg das Alphorn mir auf meine letzte Fahrt.
Im Himmel will ich blasen laut, die Englein singen's zurück:
Das Alphorn, das Alphorn, das war sein Lebensglück.
Das Alphorn, das Alphorn, das war sein Lebensglück.

Ingo Insterburg: »Insterburg & Co« war ein Unternehmen, das wir
eine ganze Zeitlang nebenberuflich ausübten. Ich lebte mehr
schlecht als recht von meinen Gagen, die ich als Gitarrist verdiente. Peter war Kunstmaler, und als ich ihn kennenlernte,
da schnitzte er Figuren und Pfeifenmännchen für eine
Firma, die Weihnachtssachen an ihre Mitarbeiter ver-
schenken wollte. Seine Frau war Schneiderin und verdiente gut. Jürgen war Student der Volkswirtschaft,
hatte ein Stipendium bekommen, und Karl, den
wir anfangs »Laramie« nannten, weil er mit
dem Peter das Lied sang: »Sein Steckbrief

hing in Utah und in Laramie«, verdiente sein Geld als Druckerei-Vertreter. Der hatte auch ein Auto, einen VW-Käfer, mit dem wir unsere Tourneen absolvierten. Er gab seinen Beruf auf ab dem Zeitpunkt, als wir einen Auftritt in Ilja Richters »disco« hatten und jeder von uns für, ich glaube, eine Stunde Arbeit, 1.000 DM bekam.

INGO:
Das nächste Lied ist traurig,
und deshalb sage ich vorher ein Gedicht auf:
Unsere Sau hat geworfen,
jetzt habe ich 'ne Beule am Kopf.

KARL:
Ich hab' da noch ein schönes Weihnachtsgedicht:
Im Herzen wird es warm,
durch die Weihnachtsgans im Darm.

INGO: **Seite 84**
Ich habe da auch noch ein zeitliches Gedicht:
Selbst wenn der Zeiger steht,
die Zeit vergeht.

PETER:
Mir fällt da jetzt ein ganz ausgereifter Vierzeiler ein:
Das Osterfest steht vor der Tür,
oh laß es fröhlich ein.
Für manches alte Mütterlein
wird es das letzte sein.

INGO:
Jetzt sage ich mein Rauchergedicht auf:
Meine Lungen sind voll Teer,
im Asphalt ist ein Loch – ich huste drauf.

JÜRGEN:
Ich habe da aber was Besseres. Nämlich ein natur-
wissenschaftlich-historisches Gedicht:

Ein Rhinozeros von Essen-Full,
spürt, aha, bald kommt der Stuhl.
Und so trabt es zu den netten,
allbekannten Wüstentoiletten.
Vom Drang besessen, oh wie dumm,
rennt es ein Pipeline um.
Aus dem Leck das Öl dann floß,
vor Schrecken strömt's auch beim Rhinozeros.
Das sah der Forscher Friedemann Böhl,
und seither gibt es das Rhizinus-Öl.

KARL:
Schnell noch einen kurzen Fetzer:
Wenn eine Frau vor Sehnsucht schwitzt,
      möchte ich der Stuhl sein, auf dem sie sitzt.

      ENSEMBLE:
      Zurück zu unserem Lied:
      Auf einen Turm,

   wollte ein Wurm.
      Er hatte es satt,
      seine Welt, die war platt.
      Er wollte mal schön,
      was von oben seh'n …

Ingo Insterburg: Ich war auf der Kunsthochschule, sollte Lehrer werden. Aber ich habe mein Examen nicht durchgezogen und dort nur das gemacht, was ich wollte: Malen, Zeichnen und – da habe ich auch meine Prüfung mit »eins« bestanden – Werk-Ausbildung. Basteln lag mir immer im Blut. Schon mit dreizehn habe ich viel geschnitzt. Es war kurz nach dem Krieg, und da gab es ja nichts. Da habe ich nach Weihnachten Tannenbäume zersägt und daraus Leisten gemacht und für meine Schwester Puppenstuben-Gegenstände gebaut. Möbel aus Draht und so weiter. Später hatte ich Spaß daran, aus Sachen, die unscheinbar aussehen, irgendwas zu bauen, was Musik macht. Die Ermunterung, weiterzumachen, hatte immer auch mit dem Publikum zu tun, bei dem diese Instrumente sehr gut ankamen.

INGO:

Ich liebe meinen Körper, ich habe ihn so gern.
Ich hab' zwei braune Augen,
die leuchten wie zwei Stern'.
Ich habe braune Haare, und einen roten Mund.
Und ein paar süße Mandeln, mein Blinddarm ist gesund.
Ich liebe meine Lenden, die Hüften, die so rund.
Wer sie berührt mit Händen, lobt sie von dieser Stund'.
Ich habe schöne Füße, meine Waden die sind deftig.
Oh, oh, du meine Süße, auch da bin sehr kräftig.
Ich liebe meinen Körper, ich habe ihn so gern.
Und geh' ich auf die Reise, liegt er im Grabe fern ...
– jetzt kann ich nicht mehr weiter, das ist zu traurig, das Lied.

Ingo Insterburg: **Mein Wunsch ist es heute immer noch, ein In-**
strument zu erfinden, das es noch nicht gibt. Allerdings ist es
auch schwierig, da man auf akustischer Basis nichts Neues
mehr machen kann, nur noch auf mechanischem Weg. So wie
meine Klingel-Maschine: Ein Gestell mit fünfzehn Fahrradklingeln, die fünfzehn unterschiedliche Töne erzeugen. Jede
Klingel wird von vier Klöppeln, die auf einer Welle befestigt
sind, angeschlagen. Angetrieben wird das Instrument mit
dem Schwungrad einer Nähmaschine. Wenn's läuft, drückt
man Tasten, und die Fahrradklingeln werden angehoben und
kommen dann gegen die sich drehenden Klöppel. Vor vier Jahren
habe ich eine Symphonie komponiert, in der im dritten Satz, den ich
»Teufelsmenuett« genannt habe, diese Drehbimmel vorkommt und
ein Solo spielt. Zu hören ist aber auch meine Riesenklarinette aus
zehn Zentimeter dickem und 2,50 m langem Bambusrohr sowie
mein Öl-Eimer-Cello.

ENSEMBLE:
Und jetzt das Lied vom Äpfel-Glocken-Ziegen-Expander:

INGO:

Mein Baum, der hat Äpfel.
Mein Pferd, das hat Äpfel.
Meine Freundin, die hat Äpfel.
Mein Baum hat 'ne Birne.

Meine Lampe hat 'ne Birne
Meine Freundin hat 'ne Birne
Mein Baum hat 'ne Pflaume
– jetzt habe ich keine Lust mehr.

JÜRGEN:
Ich läute die Glocken, immerzu.
Aber ich bin, ich bin keine Kuh.
Ich läute die Glocken, flink und sehr schnell.
Aber ich habe, ich habe kein Fell.
Ich läute die Glocken, immer weiter.
Aber ich habe, ich habe kein Euter.
Ich läute die Glocken, voll und ganz.
Aber ich habe, ich hab' kein ...
       – das singe ich nicht, nee, nee.

PETER:
Eine Ziege und noch 'ne Ziege,
das sind zusammen zwei.

Seite 87 *Und wenn die dicht beieinander stehen,*
dann ist's 'ne Ziegelei.
Ein Vogel und noch ein Vogel,
das sind zusammen zwei.
Und wenn sie dicht beieinander stehen,
dann gibt's eine Vögel ... – ein Vogel-Ei.

KARL:
Ja, ich bin wohl der einzige deutschsprachige Sänger, der sich auf
einem Expander begleiten kann. Damit Sie mich besser sehen und
hören können, steige ich auf einen Hocker.
Was macht denn der Mann da,
mit dem Expander.
Er singt euch ein schönes Lied.
Das reicht vom Fuß bis ans Gl ... Gemüt.
Und wenn er dann vom Hocker kippt,
dann hat er auch schon ausgeflippt ...

Ingo Insterburg: **Wir veröffentlichten bis 1979**
zwölf Platten, die mal live, mal im Studio

produziert wurden, darunter auch zwei Doppel-Alben mit Sketchen. Wir hätten weitermachen können, denn das Interesse der Leute war ungebrochen. Wir haben aber aufgehört, weil sich in unserem Tournee-Leben ein Gleichmaß hineingeschlichen hatte. Immer die gleichen Hotels, immer die gleichen Bühnen. Wir waren einfach müde. Wir hatten den Eindruck, daß das Leben an uns vorbeizieht. Es war langweilig, den ganzen Tag im Hotel zu sitzen. Man konnte in dieser Atmosphäre auch nichts erarbeiten. Es fiel uns nichts Sinnvolles ein. Peter sagte in solchen Momenten: Ich kauf' mir jetzt einen Knüppel und schlage die Zeit tot. Und dann kam der Abend, der Auftritt, und dann wurde es wieder hektisch. Dieser Rhythmus macht dich auf Dauer kaputt.

ENSEMBLE:
Wir, die Insterburg & Co,
singen fleißig und sind froh.
Wir sind begabt, intelligent und grandios,
von nettem Äußeren, hübsch und famos.
Wir spielen musikalisch ohne Noten überdies,
ja wir sind, wir sind, wir sind Musikgenies.
Wir sind ja so groß, so groß, so groß
und schmettern die Töne mit heftigem Stoß.
Und wir werden, wenn man uns läßt,
bald so groß wie der Mount Everest.

Was sonst noch geschah...

Schlagzeilen aus aller Welt (1973 / 1974)

1973

– Peter Scholl-Latour wird zusammen mit seinem Kamerateam eine Woche lang von Mitgliedern des Vietcong gefangengenommen, aber korrekt behandelt und bereitwillig mit Auskünften versehen, nachdem klar war, daß es sich tatsächlich um Journalisten handelt.

– Beim Militärputsch in Chile wird Salvador Allende ermordet. Die Militärjunta löst den Kongreß auf, verbietet alle Parteien und unterwirft die Presse der Zensur. Es gibt über 5.000 Tote und ungezählte politische Gefangene und Verschwundene.

– Sechs Jahre nach dem Sechs-Tage-Krieg kommt es auf den Golanhöhen und in der Sinai-Wüste zu einem Überraschungsangriff von Ägypten und Syrien auf Israel am höchsten jüdischen Feiertag, dem Versöhnungsfest Yom Kippur.

– In der Bundesrepublik gibt es aufgrund der Ölknappheit das erste Sonntagsfahrverbot für drei Sonntage im November.

Seite 89

1974

– Der spektakulärste Kunstdiebstahl ereignet sich auf dem Landsitz von Sir Alfred Beit bei Dublin. Entwendet werden 19 Gemälde im Wert von rund 500 Mio. DM. Gestohlen wurden unter anderem Bilder von Goya, Velázquez und Rubens.

– »Boxkampf des Jahrhunderts«: Muhammad Ali kämpft gegen den Weltmeister George Foreman. Nach aufregenden Szenen siegt Ali durch K.o. in Runde 8.

– Nach Angaben der Weltgesundheitsorganisation WHO nehmen sich täglich in der Welt 1.000 Menschen das Leben, darunter in zunehmendem Maße Jugendliche.

– Der Turner Eberhard Gienger und die zwei Fernsehprominenten Franz Alt und Frank Elstner teilen sich den 1. Platz als »Bestgekleideter Herr des Jahres 1974«.

– »Kanzlerspion«-Affäre: Willy Brandts engster Vertrauter und Berater, Günter Guillaume, wird als DDR-Agent enttarnt. Brandt tritt daraufhin als Bundeskanzler zurück. Der neue Bundeskanzler heißt Helmut Schmidt. Neuer Außenminister wird der bisherige Innenminister Hans-Dietrich Genscher.

– Der Film »Der Exorzist« kommt in die Kinos. Psychologen stellen ein unglaubliches Ausmaß von Brutalität fest und warnen junge Leute vor dem Besuch des Films. Doch gerade sie stellen die Mehrheit der Zuschauer.

– Der sowjetische Schriftsteller und Regimekritiker Alexander Solschenizyn wird aus der UdSSR ausgewiesen. Sein Werk über den »Archipel GULAG« zeigt die Unmenschlichkeit des Regimes gegenüber Andersdenkenden.

– Freie Fahrt für freie Bürger. Nach der Entschärfung der Ölkrise hebt die Bundesregierung im Gegensatz zu anderen westlichen Industriestaaten das Tempolimit wieder auf und gibt nur Richtgeschwindigkeiten vor.

– Die Ständigen Vertretungen werden in Bonn und Ost-Berlin eröffnet.

– Eddy Merckx gewinnt die Tour de France zum fünften Mal.

– Die Fußball-WM 1974 wird in Frankfurt eröffnet. In einem spektakulären und hoch emotionalen Endspiel gewinnt Deutschland gegen die Niederlande mit 2:1, trotz eines Foulelfmeters für die Niederlande, den Neeskens in der 2. Minute zum 1:0 verwandelt. Die Eintrittskarten für dieses Spiel werden auf dem Schmarzmarkt bis zu 2.000 DM gehandelt und auch verkauft.

– Richard Nixon stürzt über die Watergate-Affäre und muß zurücktreten. Trotz gegenteiliger Beteuerungen wußte Nixon bereits sechs Tage vor dem Einbruch von dem Vorhaben und hat über mögliche politische Konsequenzen beraten.

– Der Baader-Meinhof-Untersuchungshäftling Holger Meins stirbt im Hunger-Koma. Zusammen mit anderen Baader-Meinhof-Häftlingen protestierte er gegen die sog. Isolationshaft, die von den Anwälten als Folter bezeichnet wird. Die RAF-Aufbauorganisation übernimmt die Verantwortung für die Erschießung von Kammergerichtspräsident Günter von Drenkmann.

Es ist Krautrock.
Es ist Gedudel. Es ist Gefudel.

Was die Journaille
von der deutschen Rockmusik hielt

Ich bin eine ganze Zeitlang ein großer Fan deutscher Rockmusik gewesen. Gleich, ob die Bands Kin Ping Meh, Birth Control, Satin
Whale, Jane oder Gate hießen. Und auch zum Ende des Jahrzehnts hin war ich begeistert von Nina Hagen, Ideal, DAF,
den Fehlfarben und so fort. Ich gebe aber auch gleich zu, daß
ich, wenn ich mir heute einige Platten dieser Bands auflege,
kopfschüttelnd über manchen kompositorischen Kraftakt   Seite 92
lächeln muß. So, wie ich mich aber auch über Frühwerke von
Uriah Heep oder Wishbone Ash wundere.

Die Musik deutscher Bands empfand ich niemals als Stein der
Weisen, allerdings stets als Bereicherung. Gerade zu einer Zeit,
als die großen, berühmten und ungemein wichtigen Bands so unerreichbar und auch langweiliger geworden waren. Vieles nutzte sich
eben ab: Genesis, Pink Floyd und Led Zeppelin variierten nur noch
ihre altbekannten Klangmuster. Der verspielte Poprock von Supertramp allerdings war neu und prickelnd. Auch gefielen mir die in-
trovertierten Stücke des US-Duos Steely Dan und ebenso die De-
kadenz-Rocker von Roxy Music, die mit ihren manierierten
Rock'n'Roll-Riffs der ausgelaugten britischen Szene einen
Adrenalinstoß versetzten.

Was ich damit sagen will: Es war nicht viel los in der Rock-
Welt, und deshalb kamen die deutschen Bands gerade
zur rechten Zeit. Schließlich tat sich eine ganze
Menge. In Düsseldorf und Hagen, in Köln und
Mönchengladbach, in Wuppertal und Duis-
burg. Und auch weiter weg vom Ruhrgebiet:

in Hamburg, Berlin, Frankfurt, Stuttgart
oder München. Die Musiker, die Anfang der
70er starteten, waren naturgemäß keine Neuerer
in der Art, wie es die großen anglo-amerikanischen
Bands nun mal gewesen waren. Aber Deutschland hatte
auch keine Pop- oder Beat-Tradition. Wenn hier musiziert
wurde, dann wurde kopiert. Das belegen die Beispiele aus
den 50er und 60er Jahren.

Um 1973 gab es Festivals für deutsche Bands, es gab Unternehmen wie »Pilz«, »Ohr«, »Brain«, »Harvest«, »Sky«, zum Teil La-
bel-Ableger der Plattenfirmen EMI, Metronome, WEA, die sich
nun nicht mehr nur noch darum bemühten, Deutschland als Ab-
satzmarkt zu erschließen, sondern die ins reale Geschehen eingriffen
und den Bands der ersten Stunde eine Plattform boten. Es gab jede
Menge Konzerte, es gab Produzenten, es gab »Riebe's Fach-
blatt«, ein Blatt von Musikern für Musiker, das ausschließlich
über den heimischen Markt berichtete. Alternative Klein-La-
bel bauten sich auf, die grundsätzlich jede Kommerzialität
ablehnten, Produktionsstudios entstanden und: Es gab so-

Seite 93
gar schon einen hausgemachten Szene-Klatsch.

Rolf-Ulrich Kaiser, renommierter Journalist, Kenner der
Szene, Leiter der Berliner »Ohr«-Musik-Produktion, wollte
1972 mit seinem Label-Projekt »Kosmische Kuriere« eine Art

Immer lustig: Guru Guru
Mani Neumeier beim täglichen
Spaßbad.

»Neue Deutsche Volksmusik« etablieren. Zur Musik gab's gratis eine mit Haschisch- und LSD-Wolken umnebelte Zeitgeist-Philosophie aus Fantasy- und Märchenversatzstücken (Tolkiens Roman »Herr der Ringe« war gerade auf deutsch erschienen). Kaiser wagte Ungewöhnliches: Er lud beispielsweise den amerikanischen »Drogenpapst« Timothy Leary ein, der mit den Berliner Elektronik-Rockern von Ash Ra Tempel eine Platte einspielte, und verkaufte dieses Produkt folgendermaßen:

»Du bist eingeladen zu dem Flug durch deine Kindheit, in die Gefilde der Freude, zu den Zentren der Nerven, in das weiße Licht der Urkraft deines Lebens ...«

Das Konzept gestaltete sich zunächst erfolgreich, weil Kaiser mit seinen abgedrehten Werbeanzeigen aufhorchen ließ. Aber es scheiterte dann doch, weil Musiker wie Edgar Froese von Tangerine Dream und Klaus Schulze (die Kaiser »meine kosmischen Pralinées« nannte) diesen psychedelischen Science-fiction-Zirkus nicht länger mitmachen wollten und ihm die Verträge kündigten.

Seite 94

Es war aufregend, diese Findungsprozesse zu verfolgen, und es war daher klar, daß ich mich mit jener Musik beschäftigen wollte, die jetzt und hier vor der Haustür produziert wurde. Das heimische Pflänzchen Rockmusik wurde von den Medien allerdings immer nur spärlich begossen. Die Engländer gar spotteten über das so zarte Gewächs und nannten es verächtlich »Krautrock«. Der Melody Maker stellte im Juni 1974 folgende These auf: »Deutsche Rockmusik bedeutet entweder alles oder nichts« und favorisierte Neutöner wie Kraftwerk und Tangerine Dream oder die Klangzauberer von Can. Sie wurden zu Recht gerühmt und gelobt. Aber auch jene Bands, die sich den gängigen Spielarten verpflichtet fühlten, kamen bei den Briten gut an: Inga Rumpfs Frumpy (aus denen später Atlantis wurde) spielten erdigen Blues-Rock, Randy Pie hatten Erfolg mit soullastiger Musik, und die Scorpions setzten auf Hardrock. Alles andere aber war für die Engländer nichts. Dieser Meinung waren unverständlicherweise auch die deutschen Beobachter.

Atlantis, Randy Pie (dahinter steckte der

Seite 95

Die Scorpions (Francis Buchholz, Hermann Rarebell, Klaus Meine, Matthias Jabs und Rudolf Schenker, oben) und Passport (mit Curt Cress, Kristian Schulze, Klaus Doldinger und Wolfgang Schmid, Mitte) auf dem Weg zur Weltkarriere. Die Minnesänger-Combo Ougenweide (unten) brilliert überwiegend auf Gaukler-Festivals.

ehemalige Rattles-Musiker Dicky Tarrach, Schlagzeug, der in den 80ern erneut einen internationalen Erfolg mit der Gruppe Moti Special, die er mit Michael Cretu gegründet hatte, verzeichnen konnte) und die Scorpions spielten häufiger auf der Insel, heimsten gute Kritiken ein und gebärdeten sich in ihrer Heimat wie die Könige. Viele deutsche Bands von einst genießen heute, fast 20 Jahre später, Kultstatus (dabei sollte man sich mal die Atlantis-Live-LP anhören, diese Unausgegorenheit verschlägt einem den Atem). Nur eine Combo allerdings ackerte sich bis nach ganz oben und läuft auch dieser Tage noch so zuverlässig wie einst der VW-Käfer: die Scorpions. Mit der Qualität ihrer Musik kann es nichts zu tun haben, denn das Quintett gibt seit seiner Gründung 1968 konsequent die gleichen uninspirierten, langweiligen und hausbackenen Bratakkorde zum besten.

Aber es gab gerade in der Zeit zwischen 1970 und 1976 unglaublich viel anderes zu entdecken, wenn man sich die Mühe machte. Eine Menge junger Leute hockte im Proberaum und experimentierte mit Spinett, Mellotron, Celli, Flöten, akustischen Gitarren oder zelebrierte in Trio-Besetzung Lautstärke-Orgien. Man fügte Dinge zusammen, die nicht zusammengehörten, wagte vertrackte Akkordwechsel, klaute wie die Raben beliebte Melodien, übernahm gar komplette Konzepte. Aus dieser emsigen Aufbruchstimmung heraus plumpste eine ganze Menge Unausgereiftes (Pell Mell, Octopus, Ramses), ein Dutzend annehmbarer Platten (»Jane 1« von Jane, »Second Step« von Karthago, »Andrea Doria« und »Ball Pompös« von Udo Lindenberg oder auch »Clowns & Clouds« von Hölderlin) und eine paar brillant agierende Musiker. **Seite 96**

Die Rock-Journalisten, von denen ich erwartete, daß sie mir als interessiertem Hörer und Leser Hinweise geben, düsten lieber in der Weltgeschichte umher und untersuchten Ereignisse irgendwo weit hinterm Horizont (»Die Entstehung und Entwicklung der amerikanischen Westcoastmusik« beispielsweise), anstatt sich mal vor Ort auf Spurensuche zu begeben. Nein, sie gaben lieber ein Vorurteil zum besten: Wenn deutsche Musiker, die in der Regel eine klassische Ausbildung aufweisen, Rock machen, dann würde gedudelt und gefudelt und dann gäbe es nichts mehr zu lachen. In der Sounds las sich das 1973 folgendermaßen:

»Egal, in welcher stilistischen Ecke es sich eine deutsche Gruppe bequem macht – die deutsche Mentalität mit ihrem aufgeblasenen Tiefsinn hockt (fast) immer dabei. Ob sich da die Jungs im mythologischen Urschlamm suhlen oder mit einer ganzen Synthe-

sizer-Staffel durch die hinterletzte Milchstraße
sausen – immer spürt man: Hier wird's ernst, hier
wird den großen Menschheits-Problemen entschlossen
ins Auge gesehen. Den meisten deutschen Pop-Platten
sollte man tatsächlich einen Sticker aufklatschen: VOR-
SICHT KULTUR!«

Blödsinn!

Natürlich gab es zwei, drei Bands, die sich mit Falten auf der
Stirn ins Studio begaben. So wie Novalis aus Hamburg. Die
nannten sich deshalb so, weil sie die Texte ihres Namensgebers
verarbeiteten und mit atmosphärischem Soft-Rock ummantelten.
Oder Ougenweide, die Minnesänger von der Waterkant, die Musik
und Texte von Walther von der Vogelweide auskramten und sich
bis weit in die 80er Jahre hinein und mit großem Ernst durch die
gesamte deutsche Mittelalter-Geschichte spielten und sangen.

Warum denn auch nicht? Das waren doch interessante Experi-
mente, auch wenn's einem nicht unbedingt gefiel. In England
präsentierten Steeleye Span schon seit geraumer Zeit tradi-
tionelle Folklore, allerdings im Rockgewand (*All Around My*
Hat war beispielsweise monatelang in den Hitparaden). Da

**Schöne Maid mit Reibeisen-
stimme: Inga Rumpf aus Hamburg.**

lobten sogar deutsche Kritiker dieses Wagnis und verneigten sich vor der »Authentizität, Kreativität und dem Sinn für zeitgemäße Darbietungsformen«.

Wer sich mit der Szene, und es gab durchaus eine lebendige und pulsierende Szene, näher beschäftigte, stellte bereits Mitte der 70er fest: In Deutschland war alles möglich geworden. Vielfalt statt Einfalt. Dies alles unter »Deutsch-Rock«, »Teutonen-Pop« (allein diese Bezeichnungen!) oder unter dem Begriff »Krautrock« einzuordnen, war eine Frechheit! Zum einen, weil es eben kein Qualitätssiegel war, sondern dem Käufer eher signalisieren sollte: Davon mußt du die Finger lassen. Zum anderen: Es gab ebensowenig *den* deutschen Rock, wie es auch nicht *den* britischen, *den* amerikanischen oder *den* europäischen Rock gab. Ich will hier keiner übermäßigen Heimatliebe das Wort reden, aber Rockmusik aus Deutschland ekelte augenscheinlich die wahren und weltmännischen Kritiker, die tatsächlich der Meinung waren, daß

a) diese Musik einfach nur schlecht,

b) bestenfalls ein Plagiat ist,   Seite 98

c) nichts taugt und daher

d) in Grund und Boden geschrieben gehört.

Heutzutage kaum vorstellbar ist folgendes: Daß sich eine ganze Reihe namhafter Musikjournalisten zusammentut, um jahrelang und konsequent einen Künstler regelrecht fertigzumachen, nur weil man dessen Musik nicht mag. Es geht um den Fall Frank Bornemann aus Hannover und seiner Band Eloy. Konzertreisen wurden totgeschwiegen, Plattenkritiken fanden nicht statt. Und wenn doch, dann wurde das Produkt mit einem Satz niedergemäht. Größere Schmähartikel beschäftigten sich mit Äußerlichkeiten. Gern machte man sich auch über Bornemanns Gesang lustig: Warum singt der Mann seine Texte nicht in Deutsch, wenn er weder die englische Sprache beherrscht noch das englische »th« richtig aussprechen kann. Ein Satz wie »The Sun Shines Over The Mountains« klingt bei ihm norddeutsch eingefärbt wie: »Se Sann Schains Owa Se Mauntns«. Außerdem habe er keine Mikrofon-Disziplin: Bornemann steht entweder zu nah dran oder zu weit weg.

Seite 99

Wenn Eloy touren, dann stellen die Rockjournalisten ihre Telefone ab, verdunkeln die Räume, verkriechen sich unter ihren Schreibtisch und schreien: Nein! Nein! Nein!

Schlimmer noch aber ging die Sounds zur Sache: Sie überklebte zu einem Eloy-Bericht sein Foto absichtlich mit einer Briefmarke, da man sich schämte (!), ihn abzubilden.

Die Musik von Eloy machte sich wichtig, kam aufgeblasen daher und war inhaltlich nicht besonders inspirierend komponiert. Eloy waren trotzdem ungemein erfolgreich (ab der LP »Dawn«, die 1976 veröffentlicht wurde, verkauften die Hannoveraner jede Platte in sechsstelliger Größenordnung). Aber mit solchen (journalistischen?) Mitteln dagegen zu arbeiten, ist sicherlich kein guter Stil. Bornemann dazu: »Was ich schlimm finde, ist einerseits die persönliche Verunglimpfung und andererseits die Tatsache, daß keine konstruktive Kritik stattfindet. Dabei produzieren sich dann einige dieser Schreiberlinge mit einer Überheblichkeit, die ich buchstäblich zum Kotzen finde.«

Daß es in Deutschland brodelte, und daß es auch Musiker gab, die echte Typen waren und nachweislich das Zeug dazu hatten, mit ihrer unverwechselbaren Musik, mit ihrem Witz und ihrem Können ein großes Publikum an sich zu binden, letztlich auch finanziellen Erfolg haben zu können, stand außer Frage. Die professionellen Musikbeobachter wollten dies nicht immer wahrhaben.

– Da gab es Kraan, den flotten Instrumental-Vierer mit dem bedächtigen Helmut Hattler am Baß (der heutzutage mit seinem Partner Joo Kraus als The Tab Two die Welt bereist und hiphopmäßig den Bär steppen läßt), dem nervösen Peter Wolbrandt, Gitarre, dem schmächtigen Jan Fride, Schlagzeug, und dem stillen Alto Pappert am Saxophon. Sie kamen aus Ulm und eroberten sich ihre Fans vom Süden her. Das Quartett fabrizierte weit über ein Jahrzehnt hinweg mit flirrenden Rock- und Jazz-Elementen eine dichte, dynamische und rhythmische Fusion-Musik, die europaweit absolut konkurrenzlos war. Alle 70er-Platten wie »Kraan 1«, »Wintrup«, »Andy Nogger«, »Kraan live«, »Let it out«, »Flyday«, »Wiederhören« kann ich mit bestem Gewissen empfehlen.

– Ganz anders dagegen die handwerklich hervorragend ausgeführte Konzeptmusik von Wallenstein aus Mönchengladbach, die wie ein Soundtrack fürs Kino im Kopf wirkte. Verantwortlich dafür war Jürgen Dollase, ein Pianist mit einem sicheren Gespür für Melodien. Und ein überzeugter Fan des Art-Rocks britischer Prägung, der seine eigenen Stücke allerdings in kompaktere Formen zu gießen wußte und der Jahr für Jahr den Hörern mit ausgefeilten »Stories, Songs And Symphonies« (so ein Plattentitel aus dem Jahr 1975) überraschte. 1978 stellte Dollase seine Gruppe in neuer Besetzung (mit dem Sänger Kim Merz) und mit einer knallhart kalkulierten Pop-Musik vor. »Charlene« hieß das Werk, und die gleichnamige Single zog ab wie ein Düsenjäger und nahm auch gleich die drei folgenden Platten (»Blue Eyed Boys«, »Fräuleins«, »Sssstop«) mit auf die Reise durch die Charts.

– Guru Guru, das Band-Projekt um den immer lustigen Drummer Mani Neumeier, der sich einst im Mai als Free-Jazzer einen Namen gemacht hatte, vermischte nach der experimentellen Acid-Rock-Phase (nachzuhören auf »Ufo« und »Hinten«) außereuropäische Rhythmen mit Rockriffs und Funk-Sprengseln, machte also Weltmusik im weitesten Sinne. Bei den Gurus war live immer was los, dafür sorgte Mani, der auf ungewöhnlichen Trommeln den Beat klopfte und der für uns jahrelang in verrückter Verkleidung den »Elektrolurch« machte (»Gestatten, ich bin der Elektrolurch. Ich wohne in der Lüsterklemme hinter dem Hauptzähler. Ich sorge für euren Saft. Volt, Watt, Ampere, Ohm – ohne mich gäb's keinen Strom«). Bei diesem dramatisch-perkussivem Stück hüpfte Neumeier laut seiner Plattenfirma »wie ein Kannibale um den Feuerkessel, der in freu-

diger Erwartung den Missionar weich-
klopft«. Mit wechselnden Besetzungen, manchmal auch mit der Hilfe guter Freunde (den Jungs
von Kraan) spielte der Schweizer mehrere Platten
ein, unter anderem »Don't Call Us, We Call You«,
»Tango Fango«, die stets Insidertips blieben.
– Auch Achim Reichel, der Rattles-Mann, wurde wieder aktiv. Nach einer Meditationsmusik-Phase (A. R. & Machines)
arbeitete er als Produzent und besann sich auf Volkslieder.

Szenen aus dem Proberaum. Die
einen schlaff (Jane), die anderen
ackern (Birth Control). Fazit:
Birth Control ist eh die bessere
Band.

Das witzige Ergebnis: Er brachte »Dat Shanty Alb'm« heraus, auf dem sich eigene Rock'n'Roll-Titel fanden und launige Coverversionen unter anderem von Liedern wie *Ick heff mol in Hamburg 'n Veermaster seh'n*. Kurze Zeit später schob er noch die »Klabautermann«-LP hinterher. Reichel setzte seine mehr oder weniger witzigen Ideen fort auf Platten wie »Heiße Scheibe«, »Regenballade«, »Blues In Blond« oder »Nachtexpress«.

– Klaus Doldingers Fusion-Jazz – eingespielt mit seiner wichtigsten und auch besten Passport-Formation: Wolfgang Schmid, Baß, Kristian Schulze, Keyboards, und Curt Cress, Schlagzeug – avancierte zum beliebtesten deutschen Exportartikel. Seine Musik, ebenso jene Jazz-Rock-Mischformen, die von Kapellen wie dem Release Music Orchestra, von Embryo, Missus Beastley und anderen gespielt wurden, bereicherte auch zahlreiche Filme und Fernsehspiele, wobei Doldingers bekanntestes TV-Thema wohl die »Tatort«-Hymne ist.

– Witthüser und Westrupp, die ständig bekifften Folkrocker vom Lande (obwohl sie ursprünglich Polit-Barden waren Seite 102 und – jedenfalls Walter Westrupp – aus Essen stammten), die zurückgezogen auf dem Gut von Bauer Plath im kleinen Hunsrück-Dorf Dill (265 Einwohner) lebten und mit über 30 Instrumenten eine inhaltlich bezaubernd naive, in der Wirkung aber beachtliche Musik zum Träumen zustande brachten. Spektakulärstes Werk: »Der Jesuspilz. Musik vom Evangelium« – ein Hohelied auf den Brösel. Ähnlich agierte die Bröselmaschine mit Peter Bursch (das ist der Mann, der die schon legendären Gitarren-Bücher verfaßte). In der Selbstbeschreibung der Band hieß es seinerzeit: »Im Herbst des Jahres 1969 kehrten Peter und Lutz aus Irland heim ins schmutzige Duisburg. Noch voll auf dem Guiness- und Folklore-Trip, begannen sie mit dem Folklore-Duo Willi & Jenni zu musizieren. Sie zogen zunächst mal in eine eigene Wohnung (und öfter mal einen oder zwei durch). Nach mehrmaligen ›Eingriffen‹ durch ›Dr. Strangely Strange‹ und der Incredible String Band-Assistenz fielen sie vom Glauben an die alte Volksmusik ab. Der Stil wurde freier und selbständiger.«

– Die Wuppertaler Band Hölderlin entwickelte sich von einer musikalisch hochmütigen Gymnasiastengruppe zu einer ernstzunehmenden Rockband. Die Mitglieder, allesamt sehr versiert auf ihrem reichhaltigem Instrumentarium, kopierten zunächst Muster vom Mahavishnu-Orchestra, von Gentle Giant und Pink Floyd, fanden aber später zu einem eigenen melodiösen Stil, einer Mischung aus meditativem Folkrock und groovenden Rhythmen. Hölderlin wurde eine exquisite Live-Band, doch ihre Platten blieben leider in den Regalen liegen. 1979 zeigte Hölderlin, personell runderneuert, ein musikalisch vollkommen anderes Gesicht. »New Faces« bot kunstvoll gearbeitete Pop-Songs, immer noch rhythmisch vertrackt, aber sehr ohrwurmlastig. Eine tolle Platte! Schafften sie es auch, den Song *Somebody's Callin'* ein kleines bißchen in die Charts zu hieven, so brachte allerdings die großangelegte Werbeaktion (in Wuppertal und Umgebung wurden alle Plakattafeln mit dem New-Faces-Cover beklebt) die Band leider keinen Deut weiter.

– Triumvirat setzte auf windschnittigen Klassik-Rock in der

Seite 103

Art von Emerson, Lake & Palmer. Die Sounds der Kölner waren jedoch bei weitem nicht so voluminös ausgestaltet wie der der Briten. Mit ihrer 74er Platte »Illusions On A Double Dimple«, die das Trio mit dem Orchester Kurt Edelhagen einspielte, überzeugten sie sogar das amerikanische Publikum (die LP stieg bis in die Top 30 der US-Hitliste). Auch eine Platte, die heute noch handwerklich gut und interessant klingt.

Diese Liste mit hörenswerten Veröffentlichungen aus deutscher Produktion ließe sich beliebig lang fortsetzen. Nun glaube man aber nicht, daß die Musikpresse über diese Bands, über diese Erfolge, über diese Entwicklungen en detail berichtet hätte. Nichts. Solche Meldungen waren kleine Füller, waren – leider, leider – immer nur Randnotizen.

Phallus
Die Geschichte über
einen Festival-Fan

Phallus fiel immer auf.

Und wenn nicht durch sein hibbeliges Herumrudern mit den Händen, dann aber durch seine Klamotten. Während sich die anderen in der 10c über die hellen Stoffhosen und die grellfarbigen Hemden mit dem langen Kragen ärgerten, hatten seine Eltern offenbar jeden Streit mit ihm vermieden. Warum, das wußte keiner. Jedenfalls trug er zu einer durchgescheuerten, lilafarbenen Cordjeans ein weißes T-Shirt Größe Übergröße mit einem Jim Morrison-Porträt. Auf der Brustseite hatte er sich bunte Kringel draufgemalt. Seine großen Füße steckten in Jesus-Sandalen, und die strähnigen, arschlangen blonden Haare wurden von einem blauen Stirnband gebändigt. Im Sommer warf er sich gern ein indisches Jäckchen mit Bommeln über die schmalen Schultern, im Winter zwängte er sich in eine schneeweiße Ziegenfelljoppe mit Fransen. Phallus war immer gut drauf, und wenn er redete, dann klemmte er sich seine Haare hinter die Ohren, grinste breit und wackelte mit dem Kopf.

Für die meisten Jungs blieb er ein seltsamer Sonderling. Doch Peter, Stengel, Sibbi und Manni mochten ihn, weil er sich eben auch fürs Musikhören begeisterte. Wenn sie frühmorgens zu fünft auf dem Hof der Jacob-Mayer-Schule herumstanden oder mittags in der großen Pause mit heimlich verdeckter Kippe in der hohlen Hand hinter die Turnhalle huschten, hatten sie eben immer nur dieses eine Thema im Kopf: Musik.

Wer spielt was, wo und warum. Ist das neue

Seite 104

Yes-Album »Close To The Edge« tatsächlich
eine gelungene Scheibe? Sind UFO mit Michael
Schenker jetzt nicht viel besser geworden? Sie dis-
kutierten, tauschten Platten, pfiffen sich wichtige
Melodien vor, erzählten sich Klatsch und Tratsch aus
der Szene und ließen auf ihre Stars nichts kommen.
Der Pausensummer riß sie aus ihren Gedanken, und es ging
wieder los. Noch ein tiefer Zug, dann ließen sie wie auf ein
Kommando hin die Kippen fallen, spuckten auf die Glut. Phallus schnappte sich seinen Jute-Beutel, murmelte geheimnisvoll
»Ich hab' noch 'was vor« – und zog ab. Die anderen schauten ihm
sehnsüchtig hinterher, denn es war klar, daß er wieder auf seinem
Festival-Trip war.

Phallus liebte Live-Konzerte. Bei ihm juckte es in den Ohren, wenn
irgendwo in Deutschland, Belgien, Frankreich oder England die
Open-Air-Bühnen errichtet wurden. Dann schnürte er seinen
graugrünen Rucksack, rollte das Zelt zusammen, stopfte
Decken, Weinflaschen und vier Leberwurst-Brötchen hinein,
latschte zur Wittener Straße und wedelte mit dem Daumen

im Wind. Von hier aus hoffte er immer auf eine gute »con-
nection«, wie er sagte, die ihn beispielsweise zur Sauer-
landlinie und dann weiter in den Süden brachte. Phallus
entwickelte sich zu einem passionierten und routinierten
Festival-Tramper und war den anderen daher immer um eine
Nasenlänge voraus.

Wenn er zurückkam, in der Regel tauchte er plötzlich und unerwartet in den Sportstunden auf, war er meist übermüdet, aber selig.
Und er hatte immer etwas dabei. Mit Vorliebe sammelte er abge-
brochene Drumsticks, die die Schlagzeuger nach dem Gig ins Publikum warfen. Doch Phallus holte sich die Holzknüppel lieber
persönlich bei den Drummern ab. Diese Trophäen brachte er
nur ungern mit zur Schule. Aber zuhause sortierte er sie sorgfältig nach Ort, Uhrzeit, Datum, Namen der Band, Namen
der Schlagzeuger und hängte die Sticks an die Wand in
seinem Zimmer.

Und Phallus konnte erzählen. Schließlich hatte er sie
alle gesehen: Procol Harum, Pink Floyd, Jethro
Tull, Van der Graaf Generator, Scorpions, Deep
Purple und so fort. Magische Namen. Auf

dcm Reading-Festival habe er sich hinter die
Bühnenabsperrung geschlichen und ganz genau
beobachtet, wie Ian Paice von Deep Purple seine
wahnsinnigen Trommelwirbel veranstaltete: »Der
machte 'rum wie ein Wilder«, berichtete er, »und dabei
hatte der nur ganz dünne Knüppel.«
Phallus flippte in der Weltgeschichte herum, ließ sich von
Manfred Manns Earthband-Musik zudröhnen, erfreute sich
an den Duellen der Gitarristen Powell und Turner von Wishbone Ash, hielt sich die Ohren zu bei den Synthie-Einlagen im
Roxy Music-Konzert und feierte lautstark und enthusiastisch die
Neuentdeckung des Rock'n'Roll: Bruce Springsteen. Den er in den
Staaten erlebte. War ja auch wirklich nur noch eine Frage der Zeit gewesen, bis ihn seine »Festivalitis« ins Mutterland der Rockmusik ka-
tapultieren würde. Vier Monate vor den Prüfungen zur mittleren
Reife machte er sich auf, Kalifornien zu entdecken. Einfach so.
Blieb über eine Woche weg. Die Sucht trieb ihn in die Arme
von Grateful Dead, Grand Funk, Poco, Neil Young und
natürlich Springsteen, den heute alle Welt The Boss nennt,
und über den Jon Landau vom »Rolling Stone« begeistert Seite 106

Rockmusik hat augenscheinlich doch
etwas mit dem Unterleib zu tun.
Oder wie ist die Grafik zu verstehen?

Die Flöhe galten als Polit-Rock-Band.
Das Anliegen muß auch auf dem
Plakat zum Ausdruck kommen.

Seite 107 berichtete: »Ich erlebte die Zukunft des Rock'n'Roll – und diese Zukunft heißt Bruce Springsteen.« Sibbi, Stengel, Peter und Manni langweilten sich in den Büros von Berufsberatern oder schrieben Bewerbungen. Und sie waren neidisch: Phallus war mittendrin im Rockgeschehen!

Vier Wochen später trabte er wieder an. Das Westküstenklima hatte ihm gutgetan. In seiner gesunden Gesichtsbräunung mischten sich ein paar neckische Sommersprossen, um sein Kinn herum zitterte ein heller Bartflaum. Am rechten Ohrläppchen baumelte nun ein goldenes Dollarzeichen, und auf dem Jackson-Browne-T-Shirt prangten verschiedenfarbige »Smile«-Buttons. In der rechten Hand knüllte er mehrere Nummern vom Rolling Stone, unter seinem linken Arm klemmten die Bootlegs jener Bands, die er in LA gesehen hatte.

Die Musiklehrerin der 10c war jung und hatte Verständnis. So gab es keine Probleme, als das Quintett aufgeregt darum bat, nach Schulschluß ein paar Platten im Musikraum zu hören. Während die Schulglocke lärmend das Unterrichtsende einläutete, hockten sie bereits andächtig im Schneidersitz vor dem Plattenteller, wiegten sich im Rhythmus der gefühlvollen Songs von Neil Young. Das waren starke Momente: Mitten im Ruhrgebiet, in dem muffigen Raum einer drögen Lehranstalt von Banjos, Cadillacs, Meerbrisen und einem einsamen Cowgirl zu träumen. Und als Phallus schließlich Springsteen auflegte, da ging es plötzlich mit ihnen durch. Phallus schnellte hoch, schlüpfte in die Rolle des drahtigen Shouters, hüpfte mit eckigen Verrenkungen vor einer imaginären tosenden Menschenmasse, riß den Mund auf, sah plötzlich aus wie ein Fisch, der angestrengt nach Luft schnappt. Die anderen lachten, gingen auf sein Spiel ein. Sibbi trommelte, Manni und Stengel rupften Saiten, Peter pustete ins Sax: *Baby, We Were Born To Run.*

Ein Vierteljahr später bestanden sie alle ihre Reifeprüfung. In der letzten Schulstunde standen sie nochmals an der Turnhalle beisammen, spielten ihr altes Spiel »Stadt, Land, Fluß«, das bei ihnen allerdings »Bands, Musiker, Instrumente« hieß. Ein gemeinsamer Festival-Besuch wurde verabredet, dann ging's nach Hause.

Getroffen haben sie sich nie wieder. Manni zog von heute Seite 108 auf morgen nach Duisburg, Sibbi engagierte sich stärker denn je in seinem Handballverein und hatte genug mit seinem Job zu tun. Stengel und Peter tauchten ebenfalls ab ins Berufsleben, und Phallus war sowieso ständig unterwegs. Seine Eltern wußten es auch nicht so genau: »Der wollte 'rauf nach Norwegen.«

Fast zehn Jahre später trafen Stengel und Peter den quirligen Phallus auf dem Flohmarkt. Es war ein naßkalter Tag, und Phallus – kaum zu glauben – hampelte mit Turnhose, Moonboots und einem dünnen Hemd bekleidet hinter seinem Stand herum. Er grinste spitzbübisch, als er sie entdeckte, und winkte aufgeregt. »Ich zeig' euch 'mal was!« schrie er über den Platz, kramte in seinen Plattenstapeln und hielt ihnen ein wohlbekanntes, mit Bierflecken verdrecktes Cover unter die Nase. »Wißt ihr noch?« Ach ja, Springsteen. Die drei lachten und dachten an jenen Tag im Musikraum ihrer Schule zurück, wo sie Springsteen ausgelassen imitiert hatten.

Phallus berichtete, daß er kürzlich auf einem Festival war, und alles sei so gewesen wie

früher. Auf der Wiese vor der Bühne hätte er
sich mitten in der Menge sein kleines Zelt aufgebaut und drei Tage im Matsch zwischen Bierdo-
sen, Papptellern und Urinpfützen campiert. Gut, die
Atmosphäre sei okay gewesen, doch die Musik – er
winkte ab. »Was die Bands heute spielen, ist mir zu pop-
pig. Das hat keine Substanz mehr.« Nein, Drumsticks
würde er nicht mehr sammeln, das wäre vorbei.
Überhaupt: Den Spitznamen Phallus mag er nicht mehr, er
heiße Bernd, und dabei solle es auch bleiben. Er habe in der Zwi-
schenzeit zwei alternative Tramperbücher geschrieben, eine Lehre
gemacht, Abi nachgeholt und studiere jetzt Volkswirtschaft. Er
musiziere auch, spiele Schlagzeug. Der Flohmarkt ernähre ihn ganz
gut, es bleibe genügend Zeit zum Reisen und für die Musik. Und
während sie so plaudern, quäken aus dem Recorder die altver-
trauten Klänge: *Baby, We Were Born To Run* – Bernd legt als erster los, dann Peter, dann Stengel. Aus dem verhaltenen Träl-
lern wird ein lautstarkes Lalalalalala, erste Refrainzeilen
fallen ihnen wieder ein. Es klingt ein wenig schief.

Allein machen sie dich ein

Politische Bildung
mit Ton Steine Scherben

Keine Ahnung, warum ich ausgerechnet dieses Konzert besuchte.
Aber es war das erste Mal überhaupt, daß in der Stadt eine Band
mit bekanntem Namen gastierte. Sicher, ich hatte schon mal
von denen gehört, also den Namen. Aber was die so machten,
davon hatte ich keine Ahnung.

Ich war schon Stunden vorher im Schulzentrum, in dem Ton
Steine Scherben am Abend spielen sollten, und beobachtete
jetzt die zwei Dutzend jungen Leute, Studenten offenbar, die
Tapeziertische aufstellten und akkurat Flugblätter, Sticker,
Bücher und Broschüren stapelten. Ich blätterte hier und da,
verstand aber nichts, weil mich die ganze Atmosphäre aufregte.

Seite 110

Ich schaute mir lieber die einzelnen Grüppchen an. Da waren welche von der DKP, vom Spartakus-Bund, von den Marxisten-Lenini-
sten. Gewerkschaftsleute waren da und welche vom SDAJ. Sie ent-
rollten auch Transparente. Von Revolution war da die Rede und
WIR SIND KNECHTE DES KAPITALS.

In der Aula schmückten verschieden große Bettlaken die Wände.
Mit roter Farbe und in krakeliger Schrift geschrieben stand da
DAS IST UNSER HAUS
oder
DIE, DIE UNSERE HÄUSER KILLEN,
WOHNEN IN DEN SCHÄRFSTEN VILLEN.

Ich fand die markigen Worte beeindruckend und
schlenderte zurück ins Foyer, blieb vor einem
Tisch stehen, an dem jemand Platten anbot:
Floh de Cologne, Dieter Süverkrüp, Han-

nes Wader, Franz Josef Degenhardt, Wolf
Biermann, Franz K., Lok Kreuzberg. Mir sagte
das alles nichts, und so kramte ich beiläufig eine
Scherben-Platte aus dem Karton, las mir die Texte
durch.

Was die da singen ist ja ganz schön frech und aufsässig,
stellte ich fest:

*Wenn ich nach Hause komme, sitzt da ein alter Typ. Der
sagt, er ist mein Vater, und ich glaub nicht, daß er's ist. Wir
sehen uns nur manchmal, und dann reden wir nicht viel. Doch
wenn wir reden, dann sagt er: Junge, aus dir wird mal nicht viel
und so weiter.*

Au Backe, genau d a s kannte ich auch. Wie oft hatte ich schon hören
müssen, daß aus mir auch nichts werden würde, da meine schulischen
Leistungen nicht besonders waren. »Du kommst zur Müllabfuhr.
Zu mehr taugst du sowieso nicht«, hieß es immer, wenn ich mal
eine Mathe-Arbeit verrissen hatte und sie meinem Vater zur
Unterschrift vorlegen mußte. Und dann wurde mir wieder
und wieder vorgehalten, wie fleißig und intelligent doch
mein Bruder Klaus sei, der studierte, oder meine Cousine
oder mein Cousin. Und dann mußte ich plötzlich daran denken, daß man mit mir immer »Schule« spielte, wenn Onkel
Gerd und Tante Annie mit Ulrike und Heiko an Feiertagen zu
Besuch kamen. Dann bekam ich ein Blatt Papier und mußte ab-
wechselnd Aufgaben rechnen oder Vokabeln aufschreiben. Und
wie sie sich dann alle vergnügten, wenn ich irgendwas nicht wußte.
Und daß es mir jedesmal angst machte, so bloßgestellt zu werden,

**Ton Steine Scherben gelten
lange Zeit als Rock-Anarchi-
sten, die jeglicher Kommerzialität den Stinkefinger zeigen.
Sänger Rio Reiser wollte später
nichts mehr davon wissen.**

und daß sich in der Familie eigentlich keiner
dafür interessierte, was mich bedrückte.

Das alles fiel mir jetzt ein, und ich begriff, daß ich
mit meinen Problemen nicht allein auf der Welt war.
Und daß alle Leute, die heute in der Aula waren, sicherlich ähnliche Gedanken hatten. Aber was ich besonders
toll fand: Daß es sogar eine Band gab, die über solche Leiden
Lieder machte.

Und dann erinnerte ich mich auch an diese Aktion neulich in
der Innenstadt, als sich Studenten, Schüler und Lehrlinge auf die
Straße setzten, um ihre Forderungen nach einem kostenlosen Nah-
verkehr durchzusetzen. Diese Rote-Punkt-Aktion fand ich gut: Weil
die sich einfach da hinsetzten und Spaß daran hatten. Es war wie eine
kleine Fete. Die hatten Bier dabei und Schnitten und sangen auch
Lieder. Die Protestler hielten Passanten an, redeten mit ihnen,
sprachen von Benachteiligung und Behördenwillkür, Ausbeutung durch die Unternehmer, mangelhafte Ausbildung, und
daß man sich nicht alles gefallen lassen dürfe. Ganz ruhig und
ganz bestimmt sagten die das. Das fand ich schön mutig. Ich
schaute mir dies eine Weile an und war verwundert, als plötz- Seite 112
lich mehrere Mannschaftswagen der Polizei auftauchten, die
Beamten im Laufschritt aus den Bussen stoben und die Protestler mit Schlagstöcken auseinandertrieben.

Auf der Bühne rücken die Musiker Verstärker und Stative zurecht – es geht los. Ich spute mich, um in der Menschenmenge
einen guten Platz zu bekommen, und guckte zu. Und da – da trabt der
Sänger ans Mikrofon! Klein und schmächtig ist er, dieser Rio Reiser,
der einfach klasse sein soll, wie ich vorhin am Stand der Gewerk-
schaft aufgeschnappt hatte. Rio sei ein echter Anarchist. Der
komme aus Berlin-Kreuzberg, und da würde man einfach leer-
stehende Häuser besetzen und zum Jugendzentrum erklären.
Der Rio solle auch mit mehreren Leuten ein Haus besetzt haben, in dem sie zusammen wohnen, in dem er mit der Band
probt.

Das T-Shirt mit dem ummauerten Brandenburger Tor
hängt dem Scherben-Sänger aus den abgewetzten
Jeans. Die drei Mitmusiker rocken los, und Rio
singt: *Ich habe viele Väter, ich habe viele Mütter,
ich habe viele Schwestern, und ich habe viele*

Mit diesem Spruch im Kopf ziehen wir los in die Büros und Betriebe, um artig unsere Lehrzeit möglichst erfolgreich zu beenden.

Seite 113

Brüder. Meine Väter sind schwarz, meine Mütter sind gelb, meine Brüder sind rot, und meine Schwestern sind hell. Ich bin über zehntausend Jahre alt, und mein Name ist Mensch.

Ich stiere mit halb geöffnetem Mund in Rios Gesicht und denke mir nur: Mit welcher Inbrunst der kleine und schmächtige Mensch da singt.

Ich genieße den harten Rock, die ausgelassene Stimmung, die unerhörten Texte.

Warum geht es mir so dreckig, was kann ich allein dagegen tun ... Sklavenhändler, hast du Arbeit für mich, Sklavenhändler, ich tu alles für dich ...

Die Sprache ist einfach, plakativ, bringt Dinge auf den Punkt.

Nicht sagen, was ich denke, nicht denken was ich sage. Ich möcht' am liebsten tot sein und von allem nichts mehr seh'n, ich möchte so besoffen sein und von allem nichts mehr seh'n.

Genau: Sagen, was ich so denke, geht bei mir auch nicht. Denn sage ich mal das, was ich von meiner strebsamen Cousine oder meinem langweiligen Vater halte, schaltet Mutter ihre Ohren auf Durchzug. Sage ich mal was über meinen besten

Freund Peter, der mit seinen Eltern prima klarkommt, auch mal laut Musik hören darf, heißt es sofort, daß der sowieso kein Umgang für mich sei. Warum, will ich dann wissen. Doch eine Antwort gibt es nie, nur einen bösen Blick. Das alles geht mir so durch den Kopf, während ich Rio zuhöre und mir ab und an auch das Publikum anschaue. Diese Begeisterung! Da stehen die Jungs, die Mädchen, allesamt kaum älter als ich, klatschen sich die Hände rot. Die Gesichter glühen rosig, die Augen leuchten.

Der nächste Song handelt von einem Typen, den die Freundin nicht 'ranläßt. Und der deshalb erstmal einen Saufen geht. Später dann, auf dem Rummelplatz, fährt er beim Auto-Scooter mal 'nen dicken Wagen. An der Losbude hofft er aufs große Los, da er in seinem Leben bislang nur Nieten gezogen habe. Und schließlich, am Schießstand, träumt er davon, alle Schweine abzuschießen, denn: Uns gehört das Land!!! Tosender Jubel in der Aula. Und dann Rio, mit heiserer Stimme: *Die Richter und Staatsanwälte, für wen sind die da? Natürlich für die Kapitalisten und ihren Staat. Sie tun nichts für uns, aber sie leben von uns!!!* **Seite 114** Frenetischer Jubel in der Aula. Und wieder Rio, jetzt mit überschlagender Stimme:

Wir wissen selber, was zu tun ist,
unser Kopf ist groß genug!!!

Und so unerwartet brutal wie ein Hurrikan fegt plötzlich die Refrainzeile durch den Raum und zieht das Publikum von den hinteren Sitzen hin zur Bühne. Und geballte Fäuste fliegen in die Luft, und Rio schreit und die Menge schreit:

Macht kaputt, was euch kaputt macht!!!

Ungläubig verfolgte ich die Szenerie und fühlte mich hin und her gerissen. Was da gesungen wird, welcher Ärger sich da entlädt! Gespenstisch und faszinierend zugleich. Als ich nach Hause ging, war der Abend für mich noch lange nicht vorbei. Das Konzert hatte mich verunsichert, beeindruckt, aufgerüttelt, erschlagen. In der Nacht konnte ich kaum schlafen, ständig spukten mir Textfetzen von einem Lied im Kopf herum:

Allein machen sie dich ein, schmeißen sie dich
'raus, lachen sie dich aus. Zu zweit, zu dritt, zu

vier'n, wird dir auch nichts anderes passier'n.
Sie werden ihre Knüppel holen und uns ganz schön
das Kreuz versohlen. Zu hunderten oder zu tausend,
kriegen sie langsam Ohrensausen. Sie werden sagen:
›Das ist nicht viel‹, aber tausend sind auch kein Pappen-
stiel. Und was nicht ist, das kann noch werden, wir können
uns ganz schnell vermehren!
Da war plötzlich ein Gefühl in mir, das neu war, das fremd
war. Ich konnte es mir nicht recht erklären. Aber ich wußte
eines: Vom nächsten Taschengeld wollte ich mir ganz bestimmt
eine Scherben-Platte kaufen.

Jugend reist zum ... **Sonderpr**

Jetzt DiMiDo* für uns.
Für jeden von 10 bis 21 Lenzen
gibt es mächtig 40% Rabatt:
- Als Sonderrückfahrkarte
  ab 51 km.
- Auf allen Eisenbahn-
  strecken im Bundesgebiet.
- In allen Zügen –
  außer TEE, Intercity
  und Sonderzügen.
- Vom 8. Mai
  bis 31. Oktober 72.
Leute, das ist bares Geld
für dufte Zeiten. Und
der große Weichmacher
für Väterchens Brieftasche:
Eine Reiseversicherung
über 1500 DM ist
eingeschlossen. Und
bei der DSG gibt
es einen Junioren-Drink.
Fragen beantwortet
die Bahn: alle Fahr-
kartenausgaben und
DB-Verkaufsagenturen
(z.B. DER-Reisebüros).
Go easy Go Bahn.
Vorverkauf ab 4. Mai.

Go easy Go Bahn **40%** für Junge L

DB Die Bahn

Seite 116

Hier springt die Bundesbahn mal zur
Abwechslung auf den Zug der Mode-
und Lifestylewerbung.

Original Jinglers Jeans C&A

Bekannt als „the jeans with the
bell". Die einzigen Jeans, die sich
auch hören lassen können, nur echt mit dieser Fun-Glocke.
In Deutschland nur bei C&A zu haben. Short-JJ-Jeans in Blue-Denim 20.- Uni-JJ-T-Shirt 9.-
Stiefel-JJ-Jeans in Blue-Denim 30.- Motiv-JJ-T-Shirt 22.-

Was sonst noch geschah...

Schlagzeilen aus aller Welt (1974 / 1975 / 1976)

1974
– Ulrike Meinhof und Horst Mahler werden zu 8 bzw. 12 Jahren Freiheitsstrafe verurteilt.
– Die DDR streicht zum 25. Jahrestag Hinweise auf die deutsche Einheit aus der Verfassung.
– In Hamburg wird der neue Elbtunnel eröffnet.

1975
– Um die Bevölkerungsexplosion in Indien zu stoppen, wird das Heiratsalter für Frauen von 15 auf 18 Jahre und für Männer von 18 auf 21 Jahre heraufgesetzt.
– Der deutsche UNO-Botschafter Freiherr von Wechmar kritisiert öffentlich, daß nur jede 10. Sitzung der Delegierten pünktlich beginne.
– Die erste Fern-Universität Deutschlands wird im westfälischen Hagen eröffnet.
– Der italienische Filmemacher Pier Paolo Pasolini wird nachts auf offener Straße ermordet.
– US-Präsident Ford unterzeichnet ein Gesetz über die beschleunigte Einführung des metrischen Systems.
– Die Volljährigkeit wird von 21 auf 18 Jahre herabgesetzt. Jugendliche haben nun die volle Geschäftsfähigkeit und sind auch voll für ihre Straftaten verantwortlich.
– Das internationale Jahr der Frau wird ausgerufen. In der Bundesrepublik begeht man dieses Ereignis mit Feiern und Erklärungen.
– Auf Antrag einiger Unionspolitiker wird die 1974 vom Bundestag verabschiedete Fristenlösung des § 218 vom Bundesverfassungsgericht gekippt. Es wird festgestellt, daß das Recht auf Leben des Embryos über das Selbstbestimmungsrecht der Frau dominiert. Davon ausgenommen sind die sog. Indikationen. Das Urteil stößt in der Öffentlichkeit auf Kritik und Protestdemonstrationen. In Hamburg gehen über 1.000 Frauen auf die Straße.

– US-Forscher gehen nach neuesten Erkenntnissen davon aus, daß das Treibgas aus Haarspray, Deos u. ä. den Ozonmantel der Erde angreift.

– Alarm! Bayerische Chemiker finden erhebliche Restmengen des Schädlingsbekämpfungsmittels DDT in der bisher besten Babynahrung der Welt, der Muttermilch. Damit entspricht die Muttermilch in vielen Fällen nicht den Reinheitsgeboten, die für Kuhmilch festgelegt sind.

– Das Bundesamt für Statistik verzeichnet die bisher höchste Scheidungsrate nach dem Krieg.

– Die Arbeitslosenzahl ist seit Februar erstmals wieder auf über eine Million geklettert.

– Das Bundesforschungsministerium gibt bekannt, daß jeder 5. Deutsche an Krebs stirbt. Der Tabakkonzern Reemtsma beugt sich einer Forderung der Verbrauerverbände und druckt als erster Teer- und Nikotingehalt auf Zigarettenpackungen. Der Bundestag erhöht Mehrwert-, Tabak- und Alkoholsteuer.

– Der sowjetische Physiker und Menschenrechtler Andrej Sacharow erhält den Friedensnobelpreis. Er fordert mehr Demokratie und Gesetzlichkeit in der Sowjetunion. Diese bezeichnet die Verleihung des Preises als »Preis für Antisowjetismus« und verweigert ein Ausreisevisum für Sacharow zur Entgegennahme des Preises.

Seite 118

1976

– Im November kommt es am Bauplatz des geplanten Kernkraftwerkes bei Brokdorf zu schweren Zusammenstößen zwischen rund 25.000 Demonstranten und der Polizei. 81 Beamte und zahlreiche Demonstranten werden verletzt.

– Die DDR entzieht dem Liedermacher Wolf Biermann die Staatsangehörigkeit wegen »feindseligen Auftretens in der Bundesrepublik«.

– Der Unternehmersohn Richard Oetker wird entführt und gegen ein Lösegeld von 21 Mio. DM freigelassen.

– Schwedens König Carl Gustaf heiratet die deutsche Olympia-Hostess Silvia Sommerlath.

Viele Grüße,
Dein Bata
DDR und deutsche Schlager

Eine richtige Aufgabe, die mein Vater mir da gestellt hatte.
Ich war 12 und sollte ihm bei etwas helfen, eine Ehre also. Ich befolgte sie gern, auch, weil die Aufgabe nicht zu schwierig war. Samstags, wenn die ZDF-Hitparade kam, sollte ich nichts weiter tun als dasitzen und die Adressen der Schlagersänger aufschreiben, die während der Sendungen eingeblendet

Seite 119

wurden. Das machte mir wenig Mühe, die Hitparade sah ich sowieso regelmäßig.

Also saß ich und schrieb und sammelte. Ein Ringbuch diente als Sammelalbum, da hinein schrieb ich mit meiner damaligen Klasse-7-Schrift (also ziemlich krakelig) die Namen und An-

Machen auf vollkommene Harmonie:
Cindy & Bert, das definitive Traumpaar
der leichten Muse.

**Maggie Mae und Jürgen Markus:
Newcomer am Schlagerhimmel.**

schriften der Schlagerstars: Costa Cordalis in Oberkirch,
Freddy Breck in Hattingen, Bernd Clüver in Köln. Der Voll- Seite 120
ständigkeit halber schrieb ich in eine gesonderte Spalte auch
die Titel, die die Stars in der ZDF-Hitparade gesungen hatten (in diesem Fall: *Und die Sonne ist heiß, Rote Rosen* und *Der
kleine Prinz*). Ich sammelte über drei, vier Monate. Dann hatte
ich eine stattliche Anzahl Adressen beisammen, und dann erst
traute ich mich, meinen Vater zu fragen, wofür ich das eigentlich
tat.

Er holte weit aus. Und erzählte umständlich wieder die Geschichte
seiner Familie, eine Geschichte voller böser Sensationen: Wie sie
aus Danzig fortmußten im Februar '45, wie seine Mutter und die
Geschwister von ihm getrennt worden waren auf der Flucht über
die Oder, wie seine Familie schließlich auseinandergerissen
wurde, genauso wie das Land zerrissen worden war. Er war
(mit uns) hier, die anderen waren dort (»drüben«, sagte
man damals). Seine Geschwister lebten in der Nähe von
Luckenwalde, Wernigerode und Parchim. Sie sahen
trotzdem West-Fernsehen. Und sie liebten die
ZDF-Hitparade, und jene, die dort Lieder sangen. Aber die waren so unerreichbar für sie.

Mein Vater erzählte weiter. Von dem Brief,
den er vor einem halben Jahr bekommen habe,
und den seine (ältere) Schwester aus Parchim geschrieben hatte. Der Sohn von dieser Tante Edith,
also sein Neffe (den kannte er gar nicht, der war ja lange
nach dem Krieg erst geboren worden), der sei jetzt 17 und
schwärme so sehr für die Vicky und die Mireille Mathieu und
den Jürgen Marcus aus Herne. Nichts wünsche sich dieser
Neffe, Hans-Jürgen hieß der, sosehr wie Autogrammkarten von
seinen Stars. Aber das sei in der DDR ganz unmöglich, daran zu
kommen. West-Post sei undenkbar, schrieb die Tante, die würde
doch sofort beschlagnahmt, man bekäme viel Ärger deswegen.
Ich verstand das nicht (schließlich war ich erst 12), aber mein Vater
erzählte mir trotzdem alles ganz genau (schließlich hatte ich gefragt).

Ich verstand, daß es ihm auf eine geheimnisvoll-peinliche Art
wichtig war, die Adressen zu bekommen, um darüber an die
Autogrammkarten zu kommen, die er dann in die DDR
schicken wollte (versteckt in den regelmäßigen Päckchen
zwischen Kaffee, Schokolade, Fischkonserven und Eiernu-
deln. Die wurden nicht so streng gefilzt). Ich konnte ihm dabei helfen. Ich tat es auch gern. Wie gesagt, es war für mich
eine Art Ehrendienst.

Nach den Schulaufgaben holte ich die Adressen-Kladde hervor und begann, Kuverts zu beschriften: Ulli Martin (*Monika*)

**Ricky Shane kultiviert sein rollendes »r«. Martin
Mann gibt sich countrymäßig locker.**

in Oldenburg, Chris Roberts (*Du kannst nicht immer 17 sein*) in München, Peter Orloff (*Jeder hat Dich gern, doch nur einer hat Dich lieb*) in Köln. Meine Mutter sah mir über die Schultern, ob ich nicht zu sehr krakelte. In jedes Kuvert kam ein weiteres, darauf stand meine Anschrift. Darin erwartete ich die Autogrammkarten zurück. Ein Anschreiben legte ich jedes Mal bei: »Liebe Daliah Lavi! Ich bin ein großer Fan von Dir. Ganz toll finde ich Deinen neuen Hit *Willst Du mit mir gehn?* Bitte schicke mir ein Foto/Autogramm von Dir. Viele Grüße, Dein Udo«, so in der Art. Spaß gemacht hat der große Bogen mit den Briefmarken, die mein Vater extra gekauft hatte. Er war Hobby-Philatelist und hatte mit Geschmack und Herz einen Riesenbogen bunter Sondermarken besorgt.

Dutzendfach brachte ich alle zwei Wochen die Briefe eigenhändig weg. Im Postamt wurde ich manchmal mißtrauisch beäugt: Ein kleiner Knirps mit so vielen Briefen! Ich kümmerte mich nicht

Daliah Lavi singt: *Willst Du mit mir geh'n?*
Alle rufen: *Jaaaa!* **Nur Ulli Martin nicht.**
Er verehrt *Monika.*

Seite 122

**Softie Peter Orloff offeriert Schmacht-
fetzen. Macho Peter Rubin fühlt sich am
wohlsten auf dem Rücken wilder Pferde.**

weiter drum. Ich kam schließlich nur einer Bitte nach, ich er-
ledigte nur einen Job, einen Botendienst für einen fremden
Menschen in einem fremden Land, das zwar auch Deutschland hieß, aber angeblich ganz anders war als unseres.

Ich war wirklich unbeteiligt an meinem Tun. All die Schlagerstars bedeuteten mir nicht allzuviel. Ihre Lieder sang ich zwar jeden
Tag, aber sie berührten mich nicht sosehr. Meine Eltern hatten seit
jeher einen Hang zu Schlagern wie *Memories of Heidelberg* oder
Wärst Du doch in Düsseldorf geblieben. (Oder eben, neuerdings,
Ein Festival der Liebe oder *Schöne Maid*.) Ich hörte sie, weil sie sie
hörten, schließlich war ich das Kind, das bei ihnen lebte. Nur
einmal, da habe ich wirklich geweint. Das war, als ich das er-
stemal *Der Junge mit der Mundharmonika* hörte (da war ich
gerade 13 geworden).

Wegen meiner Buchführungs-Fleißarbeit (meist erle-
digte ich sie an Sonntagen) wurde ich im Familien-
kreis gelobt, wenn die Sprache auf die Sache
kam (die üblichen Floskeln, wie in der Schule:
»... macht der so gut, der Junge, ist mit so-

viel Elan dabei ...«). Was mich mehr wun-
derte, war, daß ich auf die Briefe tatsächlich Antwort kriegte. Und das nicht zu knapp. Alle, die ich
anschrieb, schrieben mir auch zurück (einzige Ausnahme war Rex Gildo).

Meist kamen nur die Karten der Stars mit den Autogram-
men. Machmal lagen auch kurze Briefchen dabei. Heino
schickte ein Bild von sich selbst im Trachtenjanker (*Blau blüht
der Enzian*), Ricky Shayne (*Mamy Blue*) hatte auf seinem Foto
einen Palästinenser-Schal um den Hals. Seine Unterschrift war
ein einziges Gekritzel. Christian Anders (*Geh nicht vorbei*) hatte
eine unlesbare Doktorschrift. Bata Illic (*Michaela*) schrieb mir:
»Lieber Udo! Ich freue mich, daß Dir meine Lieder gefallen. Gerne
komme ich Deinem Wunsch nach einer Photographie von mir und
meinem Autogramm nach. Viele Grüße, Dein Bata«. Aber so was
blieb die Ausnahme. Die Regel waren eine oder zwei Bildkarten
mit den Unterschriften. Ohne jeden Kommentar (klar, sie hatten viele Briefe zu beantworten, die Stars. Und dementspre-
chend wahrscheinlich wenig Zeit zu schreiben).

Ich bekam eine leere Zigarrenkiste, in die legte ich die Auto-
gramm-Bildchen hinein. Manchmal, wenn mir langweilig
war, nahm ich sie heraus und schaute sie mir an. Die Karte
von Peter Maffay (*Du*) hatte nur Spielkartengröße. Er saß da
mit nackter Brust und spielte auf der Gitarre. Unübersehbar
war die Warze über seiner Lippe. Die Schrift war zackig und mit
dünnem Kugelschreiber geschrieben. Monica Morells Karte (*Ich
fange nie mehr was an einem Sonntag an*) war doppelt so groß; sie
hatte mit Filzstift unterschrieben, in einer runden, gutmütigen
Handschrift. Manuela trug auf ihrem Foto immer noch Mini-
Rock und rote Lackstiefel, das war eindeutig eine ältere Aufnahme von ihr. Roberto Blanco (*Der Puppenspieler von Mexico*)
war schwarz und posierte im schneeweißen Anzug, Martin
Mann (*Meilenweit muß ich geh'n*) in Hot Pants (!). Ireen
Sheer (*Good-bye, Mama*) schickte ihre Karte, hatte aber
vergessen, zu unterschreiben. Nina & Mike lächelten
wie zwei Verliebte und hielten sich am Arm fest.
Unter den beiden vollkommen unterschiedlichen
Schriftzügen mit ihren Namen stand: »Nina &
Mike: *Fahrende Musikanten, das sind wir*«.

Duos hatte ich einige in meiner Zigarrenkiste: Cindy & Bert (dasselbe Foto, das auf dem
Cover von *Immer wieder sonntags* drauf ist), Phil &
John (*Hello Mary-Lou*; ihre bunten Pullunder habe
ich immer bewundert), Adam & Eve (*Das macht die
Liebe allein*; beide Unterschriften mit gelbem Filzschrei-
ber, gelb wie ihre Haare).
Gleichmütig und ausgeglichen sah ich mir die Autogrammkarten wieder und wieder an. Dann legte ich sie adrett sortiert
in Sängerinnen, Sänger und Duos wieder zurück in den Karton.
Langsam faßte ich Vertrauen zu den Gesichtern, langsam kamen
sie mir wie gute, alte Bekannte vor (derselbe Effekt tritt übrigens
beim Sammeln von Fußballbildern ein). Langsam wurde mir bewußt, daß mir all diese Gesichter nur geliehen waren. Bald mußte ich
    sie wieder abgeben.

Seite 125

»Lieber Fan, es ist schweißtreibend, ein
Sänger zu sein. Gruß, Dein Chris
Roberts.«
Sind die Zwerge nicht putzig? Jawohl,
liebe Manuela, sogar purzelputzig.

juliane werding
das
andere lied

es handelt nicht von glücklicher liebe. es erzählt nicht
von fröhlichen tagen. dies ist keine schlager-lp !
wer glaubt, nur englische songs wären anspruchsvoll
und hätten niveau, der wird mit dieser langspielplatte
denkende menschen. für menschen, die noch nicht in
konventionen erstarrt sind.
juliane werding begann ihren musikalischen kampf
für eine bessere welt mit
„am tag als conny kramer starb".
mit ihrer langspielplatte setzt sie ihn konsequent fort.

bangladesch
danke, freunde!
großstadt-indianer
laß uns miteinander reden
mach' dich nicht kaputt
fünfzehn ist ein undankbares alter
ein morscher baum trägt keine guten früchte
der letzte kranich vom angerburger moor
das ist die freiheit, die ich meine
der computer macht alles
die kinder gottes
am tag als conny kramer starb

Seite 126

Juliane Werding singt Lieder für denkende Menschen, die nicht in Konventionen erstarrt sind.

Ende September war das nächste Paket nach drüben fällig (sie wurden meist mit dem Beginn der Jahrszeiten gepackt und verschickt). Alles ging sehr bedächtig, ruhig und freundlich vonstatten. Als das Paket geschnürt werden sollte, sprach mich mein Vater wie beiläufig auf die Autogrammkarten an (kurzzeitig hatte ich gedacht, er habe es vergessen). Ich mußte sie also abliefern (bis auf die, die ich doppelt hatte. Die durfte ich behalten). In Windeseile schrumpfte meine Sammlung.

Von manchen Karten konnte ich mich leicht
trennen (die Unsympathischen: Freddy Quinn
und Peter Rubin), von anderen weniger leicht (die
lachende Marianne Rosenberg). Aber danach wurde
nicht gefragt. Die Autogrammkarten kamen in einen
Umschlag, und der nach ganz unten unter die Fischkonserven. Dann brachten wir das Paket zur Post. (Über den
Vorgang selbst wurde nie wieder gesprochen.)
Zwei Wochen später lag der Brief aus Parchim einen ganzen
Vormittag lang unberührt auf dem Küchentisch. Dort lag er, bis
mein Vater von der Arbeit kam und ihn öffnete. Es war ein langer
Brief. Einen Teil davon hatte Tante Edith geschrieben, einen anderen der Neffe Hans-Jürgen. Mein Vater las uns den Brief laut vor. Er
bestand aus einer Ansammlung von Dankesworten und Lobeshym-
nen. Gemeint waren allerdings nicht die Lebensmittel-Spenden,
sondern die Autogrammkarten. Sie hatten offenbar einge-
schlagen wie der Blitz: Da standen ganz offenbar die Herzen
lichterloh in Flammen (»... haben uns so sehr gefreut über
Eure liebe Post ... Hans-Jürgen hat sich den ganzen Nachmittag die Karten angesehen ... noch Tage später hat er von
nichts anderem gesprochen ... hätten nie gedacht, daß Ihr
das wirklich ...« etc.).

Man bedankte sich also mit Worten. Und man bedankte sich
mit einem Geschenk. Weiter stand nämlich in dem Brief: »Lieber Hans (das war mein Vater) ... haben von Muttili (das war
meine Oma) gehört, daß Du so ein großer Briefmarkensammler bist.
Können Dir leider nur mit DDR-Marken dienen, hoffen aber, daß
sie in Deiner Sammlung noch Platz finden ...«. Mein Vater schüttelte den Briefumschlag ein bißchen, und plötzlich lagen überall
auf dem Küchentisch Briefmarken. DDR-Briefmarken. Schlechtes Papier, schwache Wasserzeichen, blasse Farben. Aber ganze
Sätze komplett. Erstausgaben von 1949, dem Jahr der Staats-
gründung (»... haben Dir, lieber Hans, auch einige Samm-
lerstücke beigelegt ...«). Weiterhin eine Doppelmarke,
die zum Raumflug von Vera Tereshkowa erschienen
war, der ersten Frau im Weltall (1963), Walter Ulbricht in Rot, Grün, Blau, Gelb, 5 bis 100 Pfen-
nige wert.
Hastenichtgesehen hatte mein Vater die

Pinzette zur Hand und ein leeres Album aus dem Schrank gezogen. Da saß er und sortierte die Marken; kaum noch zugänglich für unsere Fragen. Lohn meines Ehrendienstes.

Das schliff sich richtig ein. Ich saß und notierte weiterhin Adressen und schrieb Briefe die ganze 8. Klasse über.

Die Zigarrenkiste füllte sich aufs neue, Pakete gingen auf Reisen, die Kiste wurde wieder leer, und immer neue Briefmarken brachte die Post ins Haus. Stattlich sah das neue Album meines Vaters bald aus. (Ich hatte inzwischen wenigstens Taschengeld-Erhöhung herausgeschlagen.)

Irgendwann brach alles ab. Von heute auf morgen hörte ich auf, Adressen zu sammeln und Briefe zu schicken. Mein Vater verlor auch das Interesse. Es gingen auch nicht mehr so viele Pakete nach drüben, nachdem die Reisebeschränkungen gelockert worden waren.

Mitte der 70er Jahre bekamen wir erstmals Besuch von der Tante aus Luckenwalde; aber da war die Sache mit den Autogrammkarten schon zur festen Episode im Hausbuch der Familiengeschichten geworden. Immer wieder haben meine Eltern und die Tante sie sich gegenseitig erzählt. Ich stand meist dabei und zuckte mit den Schultern. Irgendwie verlegen. Die Tante war mir so fremd. Und die Zigarrenkiste mit den überzähligen Autogrammkarten irgendwo hinten im Schrank gelandet (statt deutscher Schlager hörte ich jetzt auch lieber Sweet und Slade).

Jedenfalls habe ich mal persönlich Post von Bata Illic bekommen.

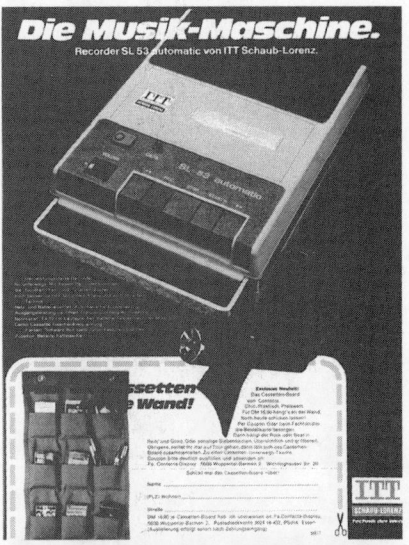

Stereo-Studio RPC 100

Absturz von Wolke 7

Gary Thain
und Uriah Heep

Gary Thain, langjähriger Bassist von Uriah Heep, wurde nur 27 Jahre alt. Er starb im Januar 1976.

Gary, wie geht es Dir?

Was soll ich sagen? Es ist ziemlich langweilig, wenn einen die Welt vergessen hat.

Seite 131 *Wie lange bist Du jetzt schon ...*

... tot?

Ja.

19 Jahre, 19 Jahre und ein paar Monate.

Eine lange Zeit.

Ja.

Kannst Du Dich noch an Dein Leben erinnern?

Vieles ist verblaßt mit den Jahren, Einzelheiten sind ganz weg; seit dem Unfall ist mir das Erinnern immer besonders schwergefallen.

Du meinst den Unfall, als Du den Stromschlag abbekommen hast?

Ja, der Stromschlag. Das war im Herbst 1974. Wir spielten in Dallas, Texas.

Das war ein Schock für die Uriah-Heep-Fans, als das damals bekannt wurde.

Nicht nur für die Fans. Der Unfall hat mein ganzes Leben verändert. Und irgendwie auch vernichtet.

Es kam so überraschend; von heute auf morgen sah es so aus, als sei Uriah Heep damit komplett erledigt.

Die Gruppe hatte schon immer Stehvermögen und einen ziemlichen Durchhaltewillen. Sie

hatte dauernd neue Bassisten und Schlagzeuger. Da waren andere Probleme ernster.

Was genau meinst Du?

Uriah Heep hatten bis zu dem besagten Konzert in
Dallas sieben LPs veröffentlicht. Sieben LPs in drei Jahren. Keiner von den Jungs wollte das damals einsehen,
aber die Gruppe war ausgelaugt. Wir waren gerade mittendrin, einen musikalischen Umbruch zu vollziehen.

*Mancher hielt Dich damals für den Mann, der neue Akzente setzen
könnte.*

Das war schwierig. Klar, ich versuchte mich einzubringen, ein paar
Kompositions-Credits gehen ja auch auf mein Konto. Aber Ken
Hensley war einfach immer schon sehr im Vordergrund gewesen. Da
kam man nur schlecht zum Zuge, als Komponist, als Songwriter.

Er soll sich manchmal ziemlich diktatorisch aufgespielt haben.

Er war eben der Beste von uns. Er hatte all diese Hits komponiert und noch einen Haufen anderes gutes Zeugs.

*Es hieß, daß Du Dich als sensibler Mensch immer schwergetan
hast mit den anderen Heeps, die eher als proletarisch und derb
beschrieben werden.*

Na ja. Was heißt sensibel? Wir waren so viel auf Tournee, da
kam man gar nicht groß zum Nachdenken. Ich meine: Du
darfst nicht vergessen, daß Uriah Heep um 1972/73 eine der
fünf erfolgreichsten Bands der Welt war. Entweder haben wir
live gespielt oder wir waren im Studio. Wir erstickten an einem
Wust von Aktivitäten. Die Jahre flogen nur so an uns vorbei, sie
waren angefüllt mit Tourneen, Platten-Aufnahmen, Songwriting,
Promo-Aktionen, alles. Alles, was der Erfolg so mit sich bringt.

*Eigentlich kaum zu glauben, daß ausgerechnet diese Gruppe so einen
Erfolg haben konnte.*

Ich weiß schon: »Klischee-Rock«, die »mutierte Version von
Deep Purple«, »stumpfsinniger Hammer-Rock« – das haben
damals viele Kritiker über Uriah Heep geschrieben. Ich sehe
das nicht so. Wir hatten ein gutes Konzept und über zwei,
drei Jahre mit Ken Hensley, Mick Box, Lee Kerslake,
Dave Byron und mir ein gutes, eingespieltes Team.
Manche Sachen von »Demons And Wizards« oder
»The Magician's Birthday« klingen auch heute
noch gut.

Gary Thain litt offensichtlich am Tour- und Erfolgsstreß von Uriah Heep.

Ja, ja: Easy Livin'. Sunrise. The Wizard. Ja, sie klingen gut, wie klassischer 70er-Jahre-Hardrock.

Natürlich ist es 70er-Jahre-Hardrock. Daß er mal klassisch werden würde, hätten wir uns damals vielleicht gewünscht. Aber geglaubt haben wir es nicht. Ich zumindest nicht.

Der Vorwurf war ja, daß Uriah Heep eine Band für die Black-Sabbath-Generation sei, für 15- bis 19jährige, die voll auf Sounds abfahren und nicht auf den musikalischen Anspruch.

Das kann man nicht so einfach sehen. Schön, die Musik hat vor allem sehr junge Leute angesprochen, aber was ist daran falsch? Wir wollten von vornherein keine intellektuell fordernde Musik machen wie sie etwa Yes spielten. Uriah Heep waren immer schon eine Rockband.

Aber all diese bombastischen Arrangements, diese schweren, schleppenden Orgelsounds. Das klang doch immer so melodramatisch, so bedeutungsschwanger, so hoffnungslos ... kitschig.

Es war ein Stilmittel, und es war eine Zeitlang das Markenzeichen von Uriah Heep. Es war einfach Ken Hensleys Masche, so zu arrangieren,

Gary Thain,
Mike Box

und sie kam eben sehr gut an. Außerdem haben wir auch pure Rock-Nummern gespielt, die ich als Autor mitverantwortet habe.

Sweet Lorraine, Something Or Nothing ... meinst Du diese Sachen?

Zum Beispiel.

Aber das war Party-Rock, absolut unergiebig. Auch nicht gerade sonderlich einfallsreich aufgezogen.

Also was nun? Der Orgel-Sound war's angeblich nicht, die schlichten Party-Songs waren's auch nicht. Warum zum Teufel haben wir dann weltweit über 30 Millionen Platten verkauft?

Keine Ahnung. Sag Du es mir. Du bist der Mann, der diese Musik mitgestaltet hat.

Die Heep-Stücke aus der Zeit, als ich bei ihnen mitspielte, waren nicht so schlecht, wie sie immer gemacht worden sind. Vielleicht war manches überladen, manches wenig klug zusammengestellt. Tatsache ist, daß Nummern wie Look At Yourself oder July Morning gute Titel waren. Ganz objektiv gesehen: gute Titel. Und die Musik, auch der Gesang, waren ziemlich komplex; also irgendwie doch auch wieder anspruchsvoll.

Vielleicht boten Uriah Heep tatächlich anspruchsvolleren Rockpop als, meinetwegen, Slade oder Status Quo. Trotzdem konnte sie sich mit echten

Rock-Größen wie etwa Led Zeppelin nie mes-
sen.
Was die Plattenverkäufe angeht, konnten wir uns
mit denen locker messen.
Wie war das damals, als alle Welt Uriah Heep liebte. Hast
Du das genossen?
Das war eine Zeitlang wirklich faszinierend. Ich kam ja
1972 von der Keef-Hartley-Band zu Uriah Heep und hatte
vorher nur in kleinen Hallen, meist in Clubs gespielt. Auf einmal stand ich mit den anderen auf diesen riesigen Bühnen. Wir
spielten in England, Europa, in den Staaten – überall. Überall
tobten die Leute, wenn wir nur die Instrumente einstöpselten. Das
war ein enormer Umbruch für mich, menschlich und musikalisch.
Du warst damals erst Anfang Zwanzig. Wie hast Du den Erfolg ver-
kraftet?
Das war zunächst alles ganz leicht und schwebend. Das war voll
auf Wolke 7. Wir sind aufgetreten, waren im Studio, haben
zwischendurch einen getrunken, die Annehmlichkeiten des
Erfolgs voll ausgekostet. Aber wir waren immer kreativ da-

bei. Solange das Publikum uns und unsere Musik annahm,
war alles kein Problem.
Das änderte sich bald?
Ja. Nach »Magician's Birthday« begannen sich die Dinge zu
ändern ...

Dave Byron,
Lee Kerslake

... es heißt, als Du anfingst zu trinken ...

... ja, ja. Aber zu diesem Zeitpunkt war der Alkohol noch kein Problem für mich. Das wurde er erst später, als wir »Wonderworld« aufnahmen.

Was war da passiert?

Wir hatten uns überlegt, unseren Stil zu verändern. Wir brauchten dringend neue musikalische Perspektiven. Weg vom Bombast, mehr schwebende, klare Strukturen. Und dabei trotzdem nicht ohne Anspruch. Das war verdammt harte Arbeit. Über drei Monate waren wir für »Wonderworld« im Studio.

Das war Anfang 1974, als der ehemals progressive Rock langsam im Aussterben war.

Die Rock-Musik wurde in dieser Phase immer flacher. Schrecklich: Wir hatten wirklich Angst, daß Teenie-Stars wie David Cassidy oder die Osmonds uns Publikum wegnehmen könnten. Wir mußten uns einfach verändern, auch wenn wir damit nicht mehr so erfolgreich sein würden.

Uriah Heep begannen damals auch, die Bühnen-Show zu reno- *vieren. Weg vom spontanen Rock'n'Roll-Konzert und hin zu organisierten Konzert-Happenings mit Lichtblitzen und Trokkeneisnebel.*

Wie gesagt, wir wollten etwas Neues ausprobieren. Und darauf haben wir sehr viel Zeit und Energie verwandt. Gerry (Bron, der Manager von Uriah Heep) war in dieser Frage unerbittlich. Die Arbeit mit der Band artete zu dieser Zeit in echten Streß aus. Wohl auch deshalb fing ich an zu trinken.

Hat dieser Einsatz sich wirklich gelohnt? Der veränderte Stil, die neue Show – all das kam bei den Konzerten doch gar nicht mehr so gut an.

Schlimmer noch: Irgendwie war in den Konzerten sogar so etwas wie ein Schritt zurück zu bemerken. Im Gegensatz zu den Gigs früher – speziell denen der England Tour, während der wir das Live-Album »January 1973« aufgenommen haben – gingen die Leute nicht mehr voll bis zum Ende mit. Das lag sicher an unserer neuen Richtung. Bei komplizierter angelegten Melodien konnte man halt nicht mehr so gut mit den Füßen trampeln.

Was habt Ihr dagegen unternommen?

Es war komplett schizophren. Wir hatten

Ken Henseley

wie die Verrückten an neuem Material gearbeitet, und auf den Konzerten schrien sie immer nur nach Easy Livin' oder Lady In Black. Wir merkten, die Leute hatten sich auf uns gefreut, aber wird konnten ihnen nicht mehr das geben, was sie von uns erwarteten. Das war schon ein Problem.

Nicht nur für Dich?

Für alle in der Band. Also auch für mich.

Trotzdem sind Uriah Heep dann im Spätsommer 1974 auf die große USA-Tournee gegangen.

Seite 137

Die Verträge dafür waren vor Monaten unterschrieben worden, alle Termine standen fest. Wir mußten spielen.

Es heißt, Du habest genau zu dieser Zeit durch Deine Trinkerei noch zusätzliche Unruhe in die Band gebracht.

Ich habe damals ziemlich viel gesoffen, es war eine Flucht aus der Wirklichkeit, die für mich damals aus harter Arbeit, enttäuschten Liebschaften und abklingendem Erfolg bestanden hat. Es war ziemlich schlimm, aber ich habe mich zusammengerissen, der Band zuliebe.

Wie war das, als Ihr in Amerika ankamt?

Der Empfang war euphorisch, aber das war er ein paar Monate vorher in Europa auch gewesen. Dort hatten sich die Fans ja erst im Verlauf der Tournee von uns abgewandt. Die Amerikaner waren zum Glück offener. Man hatte den Eindruck, sie konnten besser mit den komplizierteren Strukturen der neuen Heep-Musik klarkommen.

Es ging also wieder aufwärts?

Jedenfalls sah es so aus. Bis zu dem Abend in Dallas ...

Was genau war da passiert?

Bis heute weiß ich es nicht genau. Wir waren mitten im Gig, als ich plötzlich eine gewaltige Erschütterung spürte, die von innen durch meinen Körper knallte. Ich verstand nicht, was geschehen war, aber ich wußte sofort, es war etwas Schreckliches passiert. Dann fiel ich um und war weg.

Das Konzert wurde abgebrochen, die Tournee abgesagt.

Ja. Ich kam in Dallas ins Krankenhaus, und zunächst sah es so aus, als ob ich nie mehr auf die Beine kommen würde. Der Stromschlag hatte mein Nervensystem lahmgelegt, ich konnte mich nicht mehr bewegen, war zum Teil gelähmt. Das hat sehr lange gedauert.

Wie hat die Gruppe auf diesen Unfall reagiert?

Die Jungs waren natürlich geschockt. Sie haben mir immer wieder Mut gemacht und wirklich zu mir gehalten. Aber ansonsten haben sie natürlich untätig herumgesessen. Keine Tournee, keine neuen Projekte. Ohne Bassisten ging's ja nun nicht. Das hat mir viel Kummer gemacht. Daß ich es war, der die Entwicklung der Band wieder mal aufhält.

Aber Du konntest überhaupt nichts dafür.

Seite 138

Was macht das schon? Ich klagte mich trotzdem an, ich machte mir Vorwürfe. Ich bekam Depressionen.

Du fingst an, Heroin zu nehmen.

Meine Genesung kam nur sehr schleppend voran; diese schrecklichen Lähmungserscheinungen ... Erst habe ich es mit Aufputschmitteln versucht, mich wieder zu stimulieren. Irgendwer kam dann mit dem Heroin an. Mir war alles egal. Ich fing an, das Zeug zu nehmen.

Damit warst Du aber endgültig aus der Gruppe raus.

Als Bron das erfuhr, kriegte er einen regelrechten Koller. Er lief herum und erzählte den anderen, sie sollten sich schleunigst einen anderen Bassisten suchen.

Das war vielleicht nicht kameradschaftlich, aber immerhin wirtschaftlich gedacht. Die Band steckt fest, konnte ohne Bassisten nicht arbeiten, machte kein Geld mehr. Deine Genesung konnte unter den Drogen-Umständen noch Jahre dauern. Bron mußte handeln.

Wie auch immer. Tatsache ist, daß sie mich auf einmal links liegenließen. Sie haben mich

alle hängengelassen. Kein halbes Jahr nach
meinem Unfall hatten sie mit John Wetton
einen neuen Bassisten, waren wieder im Studio,
planten eine neue Tournee.

Wie ging es mir Dir weiter?

1975 war mein letztes Jahr. Kein schönes Jahr. Ich kam
von den Drogen nicht weg, war emotional völlig am Ende,
ich war krank. Zum Schluß wog ich nur noch 50 Kilogramm.

Thain, the Thin Man, den dünnen Mann, hatte Dich 1972 die Musikpresse genannt.

Drei Jahre später traf das wirklich zu. Aber nicht für lange. Am 19.
Januar 1976 war alles vorbei.

Irgendwie kamst Du damals vielen Beobachtern wie ein weiteres Beispiel für das typische Rock'n'Roll-Opfer vor: Das Leben der Musik gewidmet, die Kurve nicht gekriegt, auf Drogen gekommen, gestorben. Lies nach bei Hendrix, Kossoff, Joplin.

Seite 139

Die entscheidende Frage ist, wie Du mit dem Erfolg umgehen
kannst. Mancher kommt mit der Euphorie besser klar, mancher schlechter. Die Namen, die Du genannt hast, die mögen
musikalisch nicht viel mit mir gemein haben. Aber es waren
gewiß alles Leute, die wenig dickfellig sind, die auf Anmache
empfindlich und auf ungerechtfertigte Kritik mit Selbsthaß
reagieren.

Empfindsame Seelen, zu feinfühlig fürs grausame, menschenverachtende Rock-Geschäft?

So ungefähr, auch wenn das ziemlich spitz formuliert ist. Aber so ein
zweifelnder Teil war auch in mir, von Anfang an. Ich versuchte immer, als Musiker mein Bestes zu geben. Alles was ich wollte, war,
daß die Leute mich und meine Musik lieben.

Zweieinhalb kurze Jahre lang haben sie Dich zu Beginn der 70er Jahre geliebt. Dann bist Du aus ihren Köpfen verschwunden.

Kann sein. Aber solange es noch Leute gibt, die dieses Interview lesen, bin ich vielleicht noch nicht ganz vergessen.

Was sonst noch geschah...

Schlagzeilen aus aller Welt (1976 / 1977)

1976

– Die US-Sonde »Viking I« war fast ein Jahr lang unterwegs, als sie am 20. Juli auf dem Mars weich landete. Ihre Hauptaufgabe: Sie soll feststellen, ob irgendeine Form von außerirdischem Leben auf dem Mars existiert.

– Eine Wanne, vom Künstler Joseph Beuys mit Heftpflaster, Vaseline und Mull ausgestattet, kommt im Rahmen einer Wanderausstellung nach Leverkusen, wo sie von der Museumsdirektion in einem Abstellraum untergebracht wird. Als der SPD-Ortsverein im Museum eine Feier abhält, wird das Kunstwerk als schnöder Bierkühler benutzt. Der Wannenbesitzer klagt. Die Stadtverwaltung muß 165.000 DM Schadensersatz zahlen.

– Gold-Rosi Mittermeier gewinnt bei den Olympischen Winterspielen in Innsbruck zwei Gold- und eine Silbermedaille.

– Der Film »Einer flog über das Kuckucksnest«, mit Jack Nicholson in der Hauptrolle, erhält 5 Oscars.

– Zwei Wochen keine Zeitungen und Zeitschriften, auch keine BRAVO. Die IG Druck und Papier ruft zum Streik auf.

– Kindermörder Jürgen Bartsch stirbt während der, auf eigenen Wunsch, durchgeführten Kastration an Herzstillstand.

– Ulrike Meinhof wird erhängt in ihrer Zelle aufgefunden. Die Behörden sprechen von »Freitod«.

– Die Umweltverschmutzung war in Seveso schon immer sehr hoch. Aber als die Pflanzen verdorren und die Tiere sterben, schöpft man doch Verdacht. Es stellt sich heraus, daß aus der Chemiefabrik der Hoffmann-La Roche Tochter Icmesa eine Wolke feinsten Staubs des Giftes TCBB entwichen ist. Die Bevölkerung wird evakuiert, Vieh muß getötet werden, Betriebe werden geschlossen, Frauen sollen mehrere Monate empfängnisverhütende Mittel nehmen, und gegen Hoffmann-La Roche wird wegen Fahrlässigkeit geklagt. Es handelt sich um die schwerste Giftgaskatastrophe des Jahrhunderts.

– Der führende Fahrer der Formel 1, Niki Lauda, verunglückt beim Rennen auf dem Nürburgring. Nur knapp entrinnt er dem Tod mit

Knochenbrüchen, schweren Verätzungen in der Lunge, vor allem aber Verbrennungen im Gesicht. Schon vor dem Rennen hatte Lauda gegen die Tücken der Strecke protestiert, aber erst 1978 wurde der Nürburgring umgebaut.

– Der chinesische Parteivorsitzende Mao Tse-Tung stirbt in Peking.

– Jimmy Carter wird zum Präsidenten der Vereinigten Staaten gewählt. Damit sitzt zum ersten Mal seit 1849 wieder ein Südstaatler im Weißen Haus.

– Große Ausbürgerungs- und Ausweisungswelle in der DDR. Nach Biermann wird auch Nina Hagen ausgebürgert sowie der ARD-Korrespondent Lothar Loewe ausgewiesen. Die unbequeme Berichterstattung Loewes hat ihr I-Tüpfelchen in der öffentlichen Erwähnung Loewes, daß er ununterbrochen von der DDR-Staatssicherheit beobachtet wird.

1977

Seite 141

– Im Januar erscheint die erste Ausgabe der feministischen Zeitschrift EMMA. Herausgeberin ist die Frauenrechtlerin Alice Schwarzer.

– Am 5. September wird Arbeitgeberpräsident Hanns Martin Schleyer von der RAF entführt. Die Terroristen fordern die Freilassung von 11 inhaftierten Terroristen sowie Lösegeld. Die am 13. Oktober von Luftpiraten nach Mogadischu entführte Lufthansa-Maschine wird am 18. Oktober von der GSG 9 gestürmt. Drei der Terroristen werden erschossen, die einen Tag zuvor den Flugkapitän Jürgen Schumann erschossen und aus dem Flugzeug geworfen haben. Die Geiseln werden befreit. Am gleichen Tag werden in ihren Zellen im Hochsicherheitstrakt des Gefängnisses Stuttgart-Stammheim die Terroristen Andreas Baader, Jan-Carl Raspe und Gudrun Ensslin tot, Irmgard Möller schwerverletzt, aufgefunden – die Behörden stellen Selbstmord fest, während linke Kreise Mordverdächtigungen äußern. Einen Tag später wird Hanns Martin Schleyer tot im Kofferraum eines Wagens aufgefunden.

Marc Bolans
25. Geburtstag
Hautnah
aus der Distanz erlebt

Vor dem Schlafengehen hatte ich mir nochmal das Poster angesehen, das ich nachmittags an der Innenseite der Tür zu unserem Zimmer mit Heftzwecken aufgehängt hatte: Ein eher rundes Gesicht voller Blässe mit großen braunen Augen, umrahmt von winzigen, wie mit dem Korkenzieher gedrehten Löckchen, eine richtige Mähne, und der dünne, spitze Mund mit dem Anflug eines spöttischen Lächelns. Morgen also würde er 25. **Seite 142** Ein unfaßbares Alter. Geradezu biblisch.

Um Punkt sieben ging die Tür auf, wie jeden Morgen außer sonntags.

– Alle Kinder aufstehen, rief meine Mutter. Sie meinte meinen großen Bruder und mich.

Badezimmer gab es nicht, das war Luxus. Wir mußten uns in der Küche über dem Spülstein waschen. Kalt. Nebenan der Kohleherd mit der rosaglühenden Platte, der prustende Wasserkessel. Zum Frühstück gab es Beukenberg-Graubrot, Käpt'n Nuß-Brotaufstrich (Nutella war zu teuer) und Milch aus der Plastiktüte, die mit abgeschnittenen Ohren in einer Plastikhalterung steckte. Auf dem Tisch die WAZ mit dem Datum des Tages: 30. September 1972.

– Was grinste denn so dämlich? sagte mein Bruder.

– Heute wird Marc Bolan 25.

– Diese Schwuchtel? Der kann ja noch nichtmal richtig Gitarre spielen.

Für die »Schwuchtel« kriegte Manfred von
seiner Mutter gleich eine gelangt. Mein Bruder
war schon 15 und brachte jeden Tag neue Wörter
aus der Schule mit.

Kein schönes Wetter. Nieselig, schon recht kalte Herbst-
lüftung.
– Das ist wieder eine Luft heute, sagte Sigi Konega, zum
Schneiden.
Den Satz hatte er seinem Opa Gustav abgehört, der ihn dauernd
gebrauchte. Sigi Konega wohnte bei uns im Haus, Parterre, bei
seinem Großvater. Wo seine Eltern waren, wußte ich nicht.
– Irgend etwas Schlimmes wird schon passiert sein, wenn ein
13jähriger Furz schon keine Eltern mehr hat, hatte mein Bruder mal
gesagt, und noch nicht mal eine Oma.
Mit Sigi stand ich auf der schummerigen Straße, in der die dun-
kelgrünen Kuppeln der Gaslaternen schimmerten. Mit Sigi
ging ich jeden Morgen zur Schule.

Sigi, der T. Rex-Fan. *Ride A White Swan, Jeepster, Telegram
Sam*, die hatte er zuhause, fein säuberlich in ein Schallplat-
ten-Album sortiert, das noch aus den 50er Jahren stammte.
Fischlein in Pastellfarben, gestrichelte Luftblasen und Wel-
lenlinien zierten den Einband. Opa Gustav spendierte Sigi
jeden Monat eine Single – traumhaft, so was. Ich hatte nur eine
zerkratzte Version von *Hot Love*; die hatte ich vor zwei Wochen in der
großen Pause Peter Payk (»Das ist Iiih-Bah-Musik«) für 5 Mark ab-
gekauft.

Vorbei an der Georgskirche mit dem goldenen Zifferblatt. Quer
über die Straßenbahngleise bis zur Bude. Für jeden zwei Drei-
Musketiers-Knabberriegel und ein Super-Bum-Kaugummi
als Pausenration. Die Butterbrote schmissen wir meist weg.

– Marc feiert heute die größte Party der Welt, sagte Sigi,
in London.
– Klar, wenn er schon 25 wird.
– T. Rex werden dort heute abend im »Rainbow«-Club spielen.

Marc Bolan hatte auch Haus-
tiere. Eine Maus mit Namen
»Boink«.

– Wann?
– So gegen acht.
– Dann feiern wir mit. Bei dir im Zimmer, mit den Platten.
– Au ja, aber früher. Ab acht darf ich keine Musik mehr spie-
len. Dann guckt Opa Gustav Fernsehen.

Seite 144

– Ich kann auch nichts dafür, sagte Sigi Konega, als er Hans
Schildt vom Fahrrad rempelte, so, als wäre er nur gestolpert,
aus Versehen.
Der leere Schulhof. Das Schulgebäude, hell erleuchtet.
Er solle ja man aufpassen, sonst sage er es noch dem Lehrer, rief
Hans Sigi nach.
Das solle er man ja nicht vergessen, das zu sagen.

In unserer Klasse standen 15 Bänke, in denen saßen 27 Schüler.
Die meisten hatten von guter Musik keine Ahnung.

Neben mir Sigi, davor Michael Schuster und Ralf Lehmann,
beide braunhäutig, die Köpfe dauernd zusammengesteckt.
Pausenlos gibbelnd, als wären sie Brüder. In der Pause
sangen sie sich deutsche Schlager vor: *Eine neue Liebe ist
wie ein neues Leben – bam, bam – na na na na na na ...*
Wie seltsam.

Hinter uns saß Hans Schildt, der mit 13
schon Bart kriegte, und Robert Ratajczak, dessen Hausarbeits-Hefte wirklich schlimm aussahen.
»Schludrig, dieser Junge, einfach dreckig« (unser
Klassenlehrer, Herr Hindergang).

Neben den Bankreihen auf der ganzen Länge der einen
Wand: der Wandschrank. Darin das Klassenbuch, die Klassen-
arbeits-Hefte, Winkelmesser und Lineal, der Kreidekasten sowie meine Sammlung mit Illustrierten-Bildchen. Fein säuberlich
ausgeschnittene Fotos, einen langen Sonntag nachmittag lang auf
dünnes Tonpapier geklebt: Dave Hill, der Gitarrist von Slade mit
der witzigen Frisur; Juliane Werding mit ihrer Gitarre (*Am Tag, als
Conny Kramer starb*); der grinsende John C. Fogerty von Creedence
Clearwater Revival. Und Marc Bolan und Mickey Finn auf einem
Sofa sitzend, darüber in verschnörkelter Schrift: T. Rex. Und
so viele andere.

Allesamt im Wandschrank verschwunden während einer
Religionsstunde bei Herrn Krautner, Thema: Christus verwandelt Wasser in Wein zu Kana.

Seite 145

– Was hast Du denn da unter der Bank? Ist ja höchst interessant. Kannst Du Dich jetzt mal bis zur Versetzung von ver-
abschieden.

Spirrige Hände, die meine Bilder befingern. Das Gelächter der
anderen.

**Mickey Finn ist der einzige, mit
dem Marc über Musik spricht.**

Als die erste Stunde vorbei war, kam Herr
Weiß zum Englisch-Unterricht.
– Good morning, boys.
– Good morning, Mister White.

Bei ihm habe ich viel gelernt, über Marc Bolans Texte. *No,
you won't fool the children of the revolution* heißt *Nein, Du
wirst die Kinder der Revolution nicht für dumm verkaufen.*
Wenn ich mal etwas nicht verstand, konnte ich am nächsten Tag
Herrn Weiß fragen.
– Mr. White, was heißt *Jeepster*?
– Nun, ein »jeep« ist ein kleines, wendiges Mehrzweckfahrzeug bei
der Armee, das wirst Du doch wohl wissen.
– Mr. White, was heißt *You've got the blues in your shoes and your
stockings/You're windy and wild, oh yeah*?
– Nun, äh, ich glaube nicht, daß Du das unbedingt wissen soll-
test.
Woher ich nur immer diese seltsamen Sätze hätte (Textzeile
aus *Get It On*, natürlich).

In der großen Pause spielte Uwe Empfänger manchmal Gitarre. Saß in einer Ecke auf dem Schulhof, klampfte und sah
großartig dabei aus. Meist spielte er Bob Dylan, aber manchmal spielte er auch was von unserer Lieblingsgruppe:
*Well, schiehs mei wumann off gohld, end shiehs nott werri ohld, ahaha.
Eim hör tuh-penni-prinz end Ei giff ab hott laff, ahaha …*

Ob Opa Gustav überhaupt zuhause sei heute abend. Wäre doch auf
jeden Fall schöner, um acht mit der Feier anzufangen, zeitgleich
mit dem Konzert in London.
– Wäre auf jeden Fall schöner, sagt Sigi, kannze aber vergessen.
Opa Gustav ist samstags immer zuhause. Und heute sowieso
auf jeden Fall, weil Ohnsorg-Theater käme.
Also spätestens um sechs.

Die Glocke schrillt. Hunderte Jungen trotten zurück
ins Schulhaus.
– Manierlich gehen. Keinen Lärm!
stand auf dem Schild im Treppenhaus. Da-

neben stand Karl Tischler, groß, massig,
schwer. Er roch nach Reval ohne Filter, die er
auf dem Flur rauchte. Er gab Mathe. Bei Mathe
war endgültig Schluß mit T. Rex.

Gebüffelt wurde lautlos. Herr Tischler saß vorne, mu-
sterte die Klasse wie Feindesland. Sein Kopf hob sich wit-
ternd. Er suchte Beute.
– Kopfrechnen nach dem Buch, Seite 68. Schuster fängt an.
Neben Schuster saß Lehmann. Hinter ihnen saßen Sigi und ich.
Nur drei Aufgaben später wäre ich an der Reihe.

Das Buch aufschlagen, und 'raussuchen, welche Aufgabe dran
kommt. Rechnen, das Ergebnis merken. Den Kopf zwischen die
Buchdeckel pressen, daß das Herzklopfen nicht so auffällt.

– Aufgabe 14 f: »Frau Berkle ist dreimal so alt wie ihre Tochter Christiane. Vor 5 Jahren waren beide zusammen 38 Jahre
alt. Wie alt ist Christiane heute?«

Seite 147   Antworten, wie aus der Pistole geschossen:
– »12 Jahre.«
Richtig.
Und immer sofort weiter.
Hinter mir ist Ratajczak an der Reihe. Einer, der nicht so fix ist.
Einer, der seine Hefte schludrig führt. Der die Antwort jetzt
nicht weiß. Einer aus Ückendorf, Vater auf dem Bau oder auf Mon-
tage. Schlanker Schädel, blonde Haare.
– Wohl nicht auf Zack heute, was?
Der Körper des Lehrers plötzlich hinter meinem Rücken, direkt
vor Ratajczak, wie ein böser Schatten.
– Wohl nix im Kopp heute, was?
Karnickel-Rollgriff: Die Backe des Schülers zwischen Zeige-
finger und Daumen nehmen und schmerzhaft hochzwir-
beln. Dann loslassen, und im Absinken: zack! zack!
Backpfeifen! Bloß nicht vom Buch aufsehen, sonst
kriegte man auch eine gelangt. Dieser trockene Hals.
Sigis ängstliche Seitenblicke.

Der Lehrer fährt mit den Aufgaben fort, wü-
tet immer wieder durch die Klasse.
– Sandbach. Du Dümmster von allen.
Zack, patsch! Links-rechts-Kombination.
Das Mathe-Buch fällt vom Tisch. Sandbach bückt sich
danach. Ein Tritt. Das Buch kreiselt die Bankreihen ent-
lang, bleibt hinten liegen. Es ist totenstill in der Klasse.
Bloß nicht aufblicken. Irgend etwas tun, das keine Aufmerksamkeit erregt. Wenn es bloß nicht Füller-Beißen ist.

Auf dem Nachhauseweg den Spuk schon fast wieder vergessen. An
der Straßenbahn-Haltestelle das rosige Gesicht von Bertold Schi-
wenka:
– T. Rex bringen Weihnachten einen Film ’raus. Hab’ ich bestimmt
gelesen.
Der rosige Bertold. Niemand glaubte ihm. Ringo Starr sollte
sogar Regie führen.
– Wie soll der denn heißen, der Film?
– »Born to Boogie«, glaube ich.

Schließlich unser Haus. Mietskaserne aus der Jahrhundert-
wende. 3 Meter 40 hohe Zimmer, die Fassade mit Stuck ver-
ziert, aber stark eingeschwärzt. Im Hausflur schlechtes Licht;
Klos eine Treppe tiefer. Vor den meisten Haustüren nur einzelne Namen:
– Alles Witwen, außer uns, sagte mein Vater.

Zum Mittagessen gab’s Erbsensuppe mit Mettwurst; samstags im-
mer nur Hülsenfrüchte, im vierwöchigen Wechsel Erbsen, Linsen,
Bohnen, Graupen. Mit Maggi-Würze und zum Trinken Sunkist-
Orangensaft aus dreieckigen Tüten. Mein Vater, tief über den
Teller gebeugt, schlürfend, war gerade von der Arbeit gekom-
men.
– Was Neues in der Schule?
– Nö.
– Klassenarbeit geschrieben oder zurückgekriegt?
– Nee.
– Na, Glück gehabt.

Alle vier, meine Mutter, mein Vater, mein
großer Bruder und ich, rutschen ständig auf der
Eckbank hin und her, weil man vom langen Sitzen
auf der Plastikbespannung dieser Schaumgummi-
Sitzflächen einen heißen Po bekommt. Im Radio das
»Mittagsmagazin« auf WDR 2, und mittendrin: *Du lebst
in Deiner Welt, in Deiner so weißen Welt von Daisy Door.* War
auf einmal ein Hit, nachdem das Lied in der Fernsehserie
»Der Kommissar« vorgekommen war.

Nach jedem Essen steht Manfred neuerdings forsch auf, packt sich
das Geschirr und trägt es zur Spülschüssel. Geht dann auf meine
Mutter zu, bedankt sich höflich für das Essen und gibt ihr einen
Handkuß.

> – Mit 15 fängt der Junge an, verrückt zu werden.
> – Quatsch, der will nur, daß er auf Schalke geh'n darf.

Seite 149
Zum Nachtisch selbstgemachtes Apfelkompott. Dann zwei
Stunden Ruhe, weil der alte Herr sich ausruhen muß:
– Geh solange zu Sigi.

Sigi Konegas Opa Gustav war über 70, ein Mensch, der sich
noch an die Kaiserzeit erinnern konnte:
– Fahnenschmuck und schulfrei zu Kaisers Geburtstag. Zackige
Märsche. Immer schönes Wetter gewesen an diesem Tag.

Er arbeitete schon lange nicht mehr, war entweder zuhause oder im
Garten bei seinen Kaninchen. Mit Sigi lebte er auf drei Zimmern;
Wohnzimmer mit Schlafcouch, Sigis Jugendzimmer, Küche. Es
war eng in der Wohnung. Und immer Rasierwassergeruch.

Sigis Zimmer war mit einer großgemusterten Tapete ta-
peziert; dunkelgrün mit rosettenartigen Mustern, weißen Spiralen, Blätter-Ornamenten. Vorm Fenster das
Klappbett mit dem Überwurf in grellem Orange; in
der anderen Ecke ein speckiges, lederbezogenes
Sitzkissen.

Auf dem Tisch, wahllos durcheinander: Schulhefte, Jules-Vernes »20.000 Meilen unter dem Meer«, Hot-Wheels-Modellautos, ein Bravo-Heft mit Raimund Harmstorf auf dem Titel (»Der Seewolf«), Clever-&-Smart-Comics, Geha-Füllhalter mit automatischem Nachfüllmechanismus, die sechs Mainzelmännchen als Plastikpuppen, das Revell-Modell der Mondrakete mit der Apollo-11-Kapsel und dem Mondlandefahrzeug im Innern, ein Glas Tri-Top: ein Viertel Grapefruit-Sirup, drei Viertel Kranwasser.

Sigi, allein zu Haus. Den Cassettenrecorder auf den Bettkasten gestellt und ganz laut gedreht:
– *Metal Guru, is it you. Metal Guru, is it true. Yeah, yeah, yeah, Metal Guru.*
Sigi saß auf der Fensterbank und spielte ein neues Spiel: Zwei harte Holzkugeln, an einer Schur befestigt, mußten heftig in Schwingung versetzt werden, so daß sie durch den Sog der Fliehkraft aneinanderklackerten. Wie ein Trommelfeuer. Und gefährlich. Hatte sich Dieter Eckel aus der 7 g beim Seite 150 Üben an der Haltestelle neulich den ganzen Unterarm grün und blau mit geklopft. Sigi legte die Klackern weg:
– Komm, wir geh'n in Garten, Karnickel kucken.

Zum Geburtstag hatte er den Nordmende-Multirecorder geschenkt bekommen, das allerneueste Modell. Den wollte er mitnehmen.

Der schlanke, braun/schwarze Cassettenrecorder. Oben die Rillen, unter denen der Lautsprecher saß; in der Mitte das Fach für die Cassette zum Aufklappen; darunter die Leiste mit der Bedienungstastatur: rote Aufnahmetaste, grau die vier anderen, für Vor- und Zurückspulen, Play und Stop. Ganz rechts ein Rädchen: der Lautstärke-Regler. Das Gerät lief mit Strom oder vier Baby-Zellen. Sigi hatte eine mit bunten Blümchen bedruckte C-60-Cassette (»Happy Tape«), auf der war nur T. Rex. Die legte er ein.

Zwanzig Minuten Fußweg durch die halbe
Stadt bis zum Garten von Opa Gustav. Überall
Reklametafeln:
– *Jetzt schon die 73er VW's probefahren. Und 100 davon*
gewinnen
An Steltners Bude stand Rainer Obedicke und lutschte
Capri-Eis.
– Heute ist Marc Bolans 25. Geburtstag.
– Was Du nicht sagst.
– Könn' wir ja bei mir feiern; ich hab' auch neue Platten zuhause.

Rainer Obedicke, der Angeber. Eltern beide Studienräte. Nur bei
uns auf der Realschule, weil er fürs Gymnasium nicht schlau genug
war. Feiner Pinkel, schon deshalb unsympathisch. Hatte aber alle
T. Rex-Singles und sogar »Electric Warrior«, die tolle schwarze
LP, wo *Jeepster* drauf ist und *Get It On.*
– Also gut. So um acht?
– Nee, lieber so um sechs. Meine Eltern gucken Samstag
abends immer Fernsehen.

Die Kleingartenanlage war weitläufig und grün. Komisch,
daß in den kleinen Lauben nach dem Krieg mal richtig welche gewohnt haben. Richtige kleine Wohnungen, sogar mit
Kochnische. Was völlig fehlte, waren Toiletten. Nur Plumps-
klos neben dem Geräteschuppen. Die Grube darunter hob Opa
Gustav einmal im Jahr aus (»Kinder, Kinder, Euer Opa steckt wirklich in der Scheiße«).

Wir saßen auf der Wiese, tranken sauren Aquella-Zitronensprudel
und dachten an London, wo heute abend eine Party steigen
würde. Wir erzählten uns mal wieder, was wir von Marc Bolan
wußten:
Er ist der ungekrönte König des Glitzer-Rock.
Er hat die schrillsten Klamotten an, die man sich vorstellen kann (ein Anzug in den Farben des Regenbogens).
Er wurde am 30. September 1947 im Londoner East-
end geboren und arbeitete in den 60er Jahren als
Boutique-Verkäufer.

Er spielte kleine Rollen im Kinderfernsehen und schnupperte in Paris Zirkusluft.

Er soll auch einem Zauberkünstler assistiert haben.

Im Musikgeschäft begann er als Folkloresänger. Sein erster richtiger Hit war im letzten Jahr *Ride A White Swan*.

Marc Bolan holte dann noch den Bongo-Spieler Mickey Finn, den Bassisten Steve Currie und den Schlagzeuger Bill Legend, trat ab sofort in astreinen Glitzeranzügen auf.

Alle Fans liebten ihn.

Bei Konzerten fielen Mädchen reihenweise in Ohnmacht.

Marc beherrscht seine Band. Außer mit Mickey Finn spricht er mit niemandem über seine Musik.

Seit dem letzten Jahr ist Marc Stammgast in allen Hitparaden. Acht Titel hatte er bis zu seinem 25. in der Top Twenty: *Ride A White Swan, Hot Love, Get It On, Jeepster, Telegram Sam, Metal Guru, Children Of The Revolution*.

Er sieht super aus.

Mickey Finn ergänzt ihn perfekt.

Beide waren im Frühjahr lebensgroßer Starschnitt in der Seite 152 Bravo.

Ihre Musik wärmt den Unterleib.

Die Wiese mit den krummen Apfel- und Birnenbäumen. Eine Harke, der lehmverkrustete Spaten, ein altmodischer Rasenmäher stehen gegen die Laube gelehnt. Von Opa Gustav keine Spur.

– Ist wahrscheinlich nebenan, sagte Sigi, zum Gießen. Er führte die Hand wie ein Glas zum Mund und machte eine kippende Bewegung.

Hinter der Laube selbstgezimmerte Holzställchen, drei Abteile, in jedem vier Kisten, darin hockten die Kaninchen. Süß. Große Augen, ganz weiches Fell. Mümmelten und sahen traurig aus. Durften aber nie 'raus, um auf der Wiese herumzuhoppeln:

– Die sind so schnell weg, so schnell kannst Du gar nicht kucken.

Zweimal im Jahr packte Opa Gustav die Ka-

ninchen in die Tragekörbe und schleppte sie
zur Ausstellung ins »Haus Wilkes«. Manchmal
gewann er einen Pokal, öfter eine Plakette oder
eine Urkunde. Mit den anderen Züchtern saß er im
Gesellschaftszimmer der Kneipe und fachsimpelte:
– Is'n schönes Hobby, aber anstrengend.
– Musse hin und wieder mit die Tiere reden, damit sie Dich
auch verstehen.
– Machen auf jeden Fall nicht so viel Dreck wie Tauben.
– Ist auch mehr Fleisch dran als an dem Kröppzeug. Ist doch
wichtig. Für Weihnachten, mein' ich.

Der Nordmende-Recorder entließ T. Rex-Hits in die Luft des Nachmittags. Sigi und ich standen vor den Holzkisten und stopften Gras-
büschel durch den Maschendraht.
        – Marc Bolan hat auch Haustiere. Eine Maus, die »Boink«
        heißt.
        – Wo haste das denn her?
        – Stand in der Bravo. Und auch, daß sie in seiner Küche

wohnt und nur Hamster-Futter bekommt. Mit Rosinen und
        so Leckereien.
        Sigi kaufte sich alle zwei Wochen vom Taschengeld die
        Bravo. War bei unseren Eltern gar nicht dran zu denken. Al-
        les Schweinekram.

– Ey! Watt macht Ihr da wieder anne Karnickel?!
Opa Gustavs ostpreißisches Organ; aufgewachsen in einem Kirch-
spiel nahe Neidenburg. Er hatte es nicht gerne, wenn man seinen
Lieblingen näher als einen halben Meter kam. Und die Musik sollten wir ausmachen. Das Gejaule verwirre die.

Wir schoben ab. An der Bude hinter dem Mini-Golf-Platz
wanderten eine Tüte Salzstangen, eine Tafel Novesia-Gold-
nuß und drei Brause-Lutscher mit Tennisschläger-Form
in die Plastiktüte mit Sigis Cassettenrecorder:
– Partys ohne Futtereien taugen nichts.

Weiter durch den Park, vorbei am Gondelteich,
dann querfeldein bis zu den Feldern.

Warme Nachmittagssonne, die auf den Mau-
ern der Häuser glänzte. Hochhäuser. Wuchsen
in letzter Zeit immer schneller aus der Erde, veränderten die ganze Stadt. Himmelhohe Baukräne
daneben. Von einem soll Michael Schmitz mal runter-
geschissen haben.

Hinter den Hochhäusern die neumodische Bungalow-Sied-
lung, wo Rainer Obedicke wohnte. Lauter flache Gebäude mit
Eingangstüren aus Massivholz oder zisleriertem Gußeisen; ge-
trimmte Rasenflächen, kleine Schilder mit Schäferhund-Köpfen
vor der Einfassung: »Hier wache ich«.
– Hier wohnen die ganz Armen, sagte Sigi.

Wenn man bei Obedickes klingelte, schrillte nicht wie bei uns
zuhause eine Schelle, sondern es ertönte ein Gong, sanft wie
die Glocke von Big Ben. Das Haus war luftig und sehr groß.
Nie machte Rainer selber auf. Immer war seine Mutter an
der Tür.

– Guten Tag, Frau Obedicke.
Händedruck und Diener.
– Guten Tag, Jungs. Rainer ist unten in seinem Zimmer. Aber
begrüßt erst meinen Mann. Im Wohnzimmer.

Studienrat Obedicke saß in seinem Sessel, dampfte Handelsgold-Zi-
garren mit Mundstück und las die Frankfurter Allgemeine. Sie war
dicker als die WAZ. Er war nebenher Dozent für das Goethe-Insti-
tut, und seine Leidenschaft waren Mineralien. Die ganze pompöse
Anrichte in diesem riesenhaften Wohnzimmer war mit Malachi-
ten, Opalen, Bergkristallen und Pyriten aus aller Welt zuge-
stellt.

– Schuhe aus!
tönte der Studienrat.
In Strümpfen über das kalte Parkett bis zu seinem
Thrönchen. Händedruck und Diener.
Was denn die Schule so mache. Ob wir auch
fleißig lernten. Ob wir jetzt vielleicht Appe-

tit auf Plätzchen hätten. Ob uns das
schmecken würde?
– Hilde, brächtest Du mol zwo Teller für dä Jungs?
Wir bedankten uns artig. Von Rainer immer noch
keine Spur. Dafür sein Vater, der Dozent:
– Als ich neulich in Afghanistan reiste … wunderbare
Teppiche … so arm die Leute, da in Asien … aber ergrei-
fende Landschaften … und Kabul hat ja annähernd 1,2 Mil-
lionen Einwohner …
Manchmal mußten wir uns dazu Dias angucken.
– Ist Rainer auch da, Herr Obedicke?

Rainer hatte alles, was wir nicht hatten, aber immer haben wollten:
Schüler-Mikroskop, Carrera-Bahn mit Rundenzähler, Karl-May-
Bände als laufender Meter im Regal. Und zahllose Singles: *Look
Wot You Dun* von Slade, *Mama Loo* von den Les Humphries Sin-
gers, *Get Down* von Gilbert O'Sullivan, *My Sweet Lord* von
George Harrison. Und eine wahrhaftige T. Rex-LP, »Electric
Warrior« von 1971.

Seite 155   Ob wir das Juwel noch mal sehen dürften?
– Aber macht bloß die Hülle nicht fettig.
Das samtige, nachtschwarze Cover zum Aufklappen mit
Marc und Mickeys romatisch verfremdeten Gesichtern. Auf
der Vorderseite eine Aufnahme von Marc Bolan, von unten gegen den Verstärkerturm fotografiert; die Anlage, Marc selbst und
seine Gitarre von einem goldenen Leuchten umflort, das wie das
Strahlen eines elektrischen Feldes oder Licht aus dem Weltall aussieht. Auf der Rückseite alle Texte der elf Stücke und der Satz »All
songs written and composed by Marc Bolan«.
Immer wieder beeindruckend.

– Leg doch mal auf, Mensch.
Erste Seite, erstes Lied: *Mambo Sun.*
*Beneath the bebop moon/I wanna croon/with you
Beneath the Mambo Sun/I Got to be the one/with you.*
Federnder Rhythmus, sanfte Melodie. Dann *Cosmic
Dancer*, dann das göttliche *Jeepster*, dann *Monolith*
und der *Lean Woman Blues.*
Auf Seite zwei: *Get It On, Planet Queen* und

Girl. Dazu *The Motivator*, das einlullende
Life's A Gas und *Rip Off*, als Ausklang.
Alle elf Nummern einsame Klasse. Aber *Jeepster*
und *Get It On* noch ein bißchen besser.

Die Standuhr sonderte drei dröhnende Schläge ab. Viertel
vor sechs.
– Könn' wir ja langsam mal anfangen mit unserer Party.

Ob man nicht die Vorhänge zuziehen und Kerzen anmachen
könnte? Den Cassettenrecorder an die Stereoanlage anschließen
und mal so richtig laut aufdrehen. Alles aus dem Weg räumen, um
im Zimmer tanzen und mal so richtig rumspringen zu können. Wo
denn die T. Rex-Poster seien, die Rainer erst letztens gezeigt habe?
Die könne man doch gut aufhängen. Die Salzstangen und die
Schokolade seien für alle da, müßten aber nach einem genauen
Plan aufgeteilt werden. Ob seine Mutter nicht noch eine Flasche Cola oben im Kühlschrank hätte? Und vielleicht eine
Tüte Chipsfrisch dazu?

Rainer ging aus dem Zimmer und machte ohne Knall die Tür
hinter sich zu. Fünf Minuten später ging sie wieder auf, und
seine Mutter kam herein:
– So, Jungs, jetzt wollen wir uns mal langsam von Rainer ver-
abschieden. Is' ja schon gleich sechs Uhr.
Zwinkerte aufmunternd mit dem Auge, und war weg.

Rainer mit geducktem Kopf neben der Tür, blinzelnd.
Ob er noch ganz dicht sei, ja? Was das denn nun solle. Ob er sie
nicht mehr alle stramm habe, oder was?
Der Streber zuckte die Achseln:
– Muß noch in die Wanne. Und um Viertel nach acht gucken
wir Fernsehen.

Auf dem Nachhauseweg. Der Himmel über dem Stadt-
park ist schon fast dunkel.
– Scheiße gelaufen, unsere Party, was?
Und Oberdicke sei ein echter Streber-Arsch, das
wisse spätestens ab heute doch wohl jeder.

Der Fußweg zurück durch die halbe Stadt.
Die grüne Neon-Leuchtschrift über der
»Kongo-Bar«, die beleuchtete Pommes-Bude am
»Stern«. Darin an der Wand der Elfmeter-Automat:
Für 10 Pfennig eine Holzkugel flitzen lassen, die durch
einen Irrgarten aus Löchern, Hürden und Kurven läuft.
Wenn man Glück hat, fällt sie ins Tor am Boden des Ka-
stens. Dann gibt's ein Freispiel.
Dann das dunkle Schulgebäude, klotzig. Passanten mit klap-
pernden Absätzen, quietschende Straßenbahnen.
– Wieviel Schalke wohl gespielt hat?

Meine Mutter trug das Abendbrot ins Wohnzimmer: Schnittchen
und Pfefferminz-Tee, Glückauf-Pils für ihren Mann. Das Zimmer ist
ein mittelgroßer Raum, den ein Juno-Dauerbrand-Ofen heizt
(»Ruhrkohle – Heizwert ist Mehrwert«). Die Stirnwand beherrscht eine Mahagoni-furnierte Schrankwand, darin Fä-
cher und Schubladen für Geschirr, das gute Besteck und
Krimskrams. Eine mit Spiegeln verkleidete Bar, zum Aus-
klappen: Rusticus Doppelkorn 38 Vol.%, Puschkin-Wodka
mit Kirsche. Daneben der Fernseher, schwarz/weiß. Mein
Vater und Manfred halb sitzend, halb liegend auf der Leder-
couch gegenüber, die Augen fest auf das Gerät geheftet:
Sportschau.
– Hinsetzen und Klappe halten.

Seite 157

Schalke in der Saison nach dem Bundesliga-Skandal ohne Libuda,
Fischer, van Haaren chancenlos gegen den VfL Bochum. Verlieren
trotz Rüßmann, Lütkebohmert und den Kremers-Zwillingen
nach Toren von Köper und Majgl 2:0 an der Castroper Straße.
Trotzdem ist Nigbur der beste Mann auf dem Platz.

– Iß, Junge, sagte meine Mutter, gibt heute nix mehr. Ob ich
um Viertel nach acht auch noch Ohnsorg-Theater gucken
wolle. »Hoppla, Hannes kommt« mit Edgar Bessen und
Heidi Mahler. Sie freue sich schon so darauf:
– Die sind immer so lustig. Schade, daß Henry
Vahl nicht mehr so oft mitspielt.
Aber der sei wohl auch ziemlich krank.

– Darfste auch zuende gucken. Is' ja morgen keine Schule.

Punkt 22.07 Uhr lag ich in der Falle. Die Anzeige des Radioweckers glühte rot in der Dunkelheit. Mein Bruder im Bett nebenan, mit der Taschenlampe unter dem Zudeck, blätterte in der Praline, Nackedeis gucken:
– Ein falsches Wort von Dir morgen früh, und Du bist erledigt.
Das Licht unter seiner Bettdecke sah aus wie Gewitter-Blitze in der Erdatmosphäre, von einer Raumkapsel aus gesehen.

Ich lag in der Schwärze und dachte an Marc Bolan, der in diesem Moment in London Geburtstag feierte. Ich dachte an das Konzert im »Rainbow«, an all die schicken Leute, die Stars, und an die geplatzte Feier bei Obedickes. Ich dachte an Sigi, der zwei Stockwerke unter mir lag, und auch nicht schlafen konnte. Der stampfende Rhythmus von *Telegram Sam* pulste durch meinen Kopf. Auf der Straße knatterte zweitaktig ein Moped vorbei. Eine Fahrt auf Mickey Finns Motorrad durch die Nacht des Londoner Eastends. Ein Besuch in Marc Bolans Studio bei der Aufnahme seiner neuen Single. Ein Tag noch, und dann ist wieder Schule.
Ein Film nach dem anderen im Kopf.

Seite 158

Franz K. – 26 Jahre wilder Rock aus Witten / Ruhr

Schlagzeuger Stefan Josefus erinnert sich

Franz K. spielten einfache Musik, die jeder bierholende Lehrling gut verdauen konnte. Frank K. verwendeten meist Blues-, Boogie- und Hardrock-Elemente, die keine Offenbarung waren, aber solide klangen. Dazu texteten sie über Wehrdienstverweigerung und Ausbeutung der Dritten Welt, Lehrlingsprobleme und tagespolitische Ereignisse wie die Zechenstillegungen im Ruhrgebiet. Der Gesang allerdings fiel rührselig und sauertöpfisch aus, so daß dieser Gruppe keine große Zukunft beschert war. Als fleißige Tourband, anfangs mit einem Leichenwagen unterwegs, hielt sie sich über Wasser und eroberte sich ein Stammpublikum für bescheidene Plattenabsätze. Die Band vollzog später eine Kehrtwendung hin zu unpolitischer Unterhaltung und baute in ihren Losgehrock auch mal einen Schlager ein.

(Hermann Haring in »Rock aus Deutschland West«, 1984)

Seite 159

Daß wir drei so lange Musik machen würden, hat sich einfach ergeben. Mein Bruder Peter, der Bassist und Sänger, spielte schon ewig mit dem Gitarristen Mick Hannes zusammen. Als ich nach dem Abitur, das ich in einem Paderborner Internat absolviert hatte, nach Witten zurückkehrte, suchten die zwei einen Schlagzeuger. Im Winter 1969 gründeten wir dann Franz K. und machten von Beginn an Rockmusik mit deutschen Texten, was auch sofort auf eine große Resonanz beim Publikum stieß. Die Texte waren okay, die Musik war okay, und die Stimme meines Bruders kam gut an. Wenn es dieses Inter-

**Den Freunden des motorisierten
Zweiradsports widmet Frank K. ein
Lied:** *Hey, Tiger, der Teufel ist für Dich
ein lahmer Greis, jeden Unschuldsengel
machst Du heiß.*

esse nicht gegeben hätte, wäre die Band nicht zusammenge-
blieben. Von der Gage haben wir dann unsere Demos finan-
ziert. Was wir sonst auch gar nicht hätten machen können.
Unsere Eltern konnten uns nicht finanziell unterstützen,
denn die hatten kein Geld.

Seite 160

Es gab zunächst keinen Ehrgeiz, die Musik zu unserem Beruf zu
machen. Aber als Franz K. lief, bin ich, ebenso wie Mick, kaum
noch zur Uni gegangen, und mein Bruder schmiß sogar seine Elektri-
ker-Lehre. Wir sagten uns: Das, was wir spielen, kommt an, also laßt
es uns intensiver betreiben. Wenn man es nicht beruflich macht, bekommt man die Konzerte und Arbeit nicht mehr unter einen Hut.
Denn du kannst nicht Sonntag abends in München spielen und
Montag morgens um acht Uhr in Witten am Arbeitsplatz sein.
Das geht vielleicht eine kurze Zeit gut, ist aber nicht auf
Dauer. Der Einsatz bliebe dann auch nur lokal begrenzt.
Mit unserem »Rock in deutsch« wollten wir nicht nur Botschaften vermitteln. Für uns hatte die Musik stets einen
eigenen Stellenwert. Wir wollten gute Rockmusik
machen, aber keine Nonsens-Texte. Auf unserer ersten Platte »Sensemann«, die 1972 herauskam,
und von der alten Plattenfirma jetzt als CD

wiederveröffentlicht wurde, behandelten
wir zwei Themen: Lehrlingswelt und Bundeswehr. Wir wußten, worüber wir redeten. Mein
Bruder Peter kam aus der Lehre, und ich hatte ein
bißchen Germanistik studiert und war Wehrdienstver-
weigerer.

Die Bundeswehr war nur ein Aspekt in unseren Texten, den
wir am Ende unserer Konzerte immer recht theatralisch präsentierten: Ich setzte mir den Stahlhelm auf, und dann spielten
wir die Deutschland-Hymne als Marschmusik und zerhackten
alles ein bißchen in der Art, wie das Hendrix mit der amerikanischen Hymne in Woodstock gemacht hatte.

In den 70ern gab es eine allgemeine Kritik an den Verhältnissen.
Man muß das so sehen: Aus dem verlorenen Krieg entstand eine reiche Wohlstandsgesellschaft. Unsere Elterngeneration ist dann
ein wenig bedenkenlos geworden, hat nichts mehr kritisch gesehen. Und darauf hat man als Jugendlicher reagiert, hat sich
gesagt, daß ein schönes Auto oder ein Reihenhaus nicht alles
ist. Es gibt auch noch weitere Lebensinhalte. Heute ist das

genau umgekehrt. Die Armut wächst, und man stellt ganz
andere Fragen: Wie man an Arbeit herankommt, oder wie
man den Wohlstand wieder herbeiführt. Jeder ist eben ein
Kind seiner Zeit, klar. Solche Texte, wie wir sie in den 70ern
geschrieben haben, würde heute keiner mehr singen. Engagierte Musik machen heißt ja schließlich auch, Antworten auf die
Fragen der Zeit zu suchen und sich nicht irgend etwas auszudenken
und irgendeine Philosophie zu verbreiten, die völlig unsinnig ist.
Wir spielten also viel, machten unsere Demos und schickten sie den
Plattenfirmen. Den Kontakt zur Phonogram, unserer ersten Ma-
jor-Company, knüpfte ein Bekannter. Die riefen dann an, weil sie
uns haben wollten, und schickten uns nach Hamburg ins Wind-
rose-Studio, das dem Peter von Zahn gehörte, der dort ein
Film- und Tonstudio betrieb. Mit einer Achtspur-Maschine
haben wir »Sensemann« aufgenommen. Das kann man
sich heute gar nicht mehr vorstellen. Die Platte hatte
nur zwei Stücke, *Sensemann* und *Peterlied*, beide dau-
erten um die 20 Minuten. Das war völlig unkom-
merziell, und so was ist dann natürlich für eine
Newcomerband schwierig, beim Rundfunk

unterzubringen. Wir musizierten noch sehr undergroundig, dachten nicht an Single-Formate, da wir, im Gegensatz zu Udo Lindenberg, Berührungsängste mit Hitparaden hatten. Wir taten uns eben noch ein bißchen schwer.

Ich glaube, es war früher einfacher, einen Plattenvertrag zu bekommen, da die Firmen eher mal bereit waren, für einen Newcomer Geld auszugeben. Und auch dies: Unsere Musik, und das wird man mir kaum glauben, wurde bedingungslos akzeptiert. Es wurde nicht reingeredet. Als die Platte auf dem Markt war, schauten die Phonogram-Leute nach einem dreiviertel Jahr in ihre Bilanzen, stellten fest, daß nur wenige Platten verkauft worden waren, und meinten zu uns: Wir lassen es, es lohnt sich nicht. Den zweiten Vertrag hatten wir bei der Polydor. Doch die Platte »Rock in deutsch« lief auch sehr schlecht. Wir nahmen noch eine weitere LP für die Polydor auf, doch die wurde erst gar nicht veröffentlicht.

Wir waren jedoch von uns so begeistert und wurden auch immer bestärkt: Denn trotz der Plattenpleiten gab es viele Konzertangebote. So haben wir dann unsere dritte Platte »Bock auf Rock« auf eigenes Risiko produziert. Veröffentlicht wurde sie bei der EMI / Electrola – und diese LP wurde auch 'was. Vielleicht, weil wir jetzt kürzere Lieder sangen, vielleicht auch deswegen, weil die Zeit für unsere Sachen reif war. Lindenberg war bereits in den Medien, und da dachte man sich wohl, an Rock mit deutschen Texten muß wohl 'was dran sein.

Seite 162

Unsere Erfolgsgeschichte lief aber trotzdem mehr auf der Live-Ebene. So viele Konzerte, wie wir sie jahrelang und kontinuierlich gemacht haben, nämlich 100 bis 120 sehr gut besuchte Gigs quer durch Deutschland, spielte keine andere Band. Es gab eine so große Nachfrage, daß man sagen kann, daß wir doch schon recht populär waren. Das wurde dann noch besser, als wir auch Singles veröffentlichten und mit dem Stück *Geh' zum Teufel*, eine Cover-Version von *Satisfaction*, aus unserer vierten LP, fast acht Wochen Nummer 1 in der Schlagerrallye (der Pop-Rock-Hitparade auf WDR 1) waren. Da hatten wir's dann auch als Plattenband geschafft.

Obwohl wir zu Beginn überhaupt nicht mediengerecht waren, bekamen wir trotzdem eine

Band mit Bus im Grünen. Der Lei-
chenwagen (Opel Blitz) wird zum
Markenzeichen des fleißigen
Hardrock-Trios aus dem Ruhrgebiet.

tolle Resonanz im Fernsehen und im Radio. Unsere Idee war
eben gut, wir hatten kreativ etwas Neues aus dem Boden ge-
stampft. Und dann ist man auch ein gerngesehener und interessanter Gesprächspartner. Daß wir aus dem Ruhrgebiet kamen,
war damals weder ein Gütezeichen noch ein Makel. Musik, die im
Ruhrgebiet entsteht, ist nun mal lauter und aggressiver, und sie paßt
hier auch zu dem Menschenschlag. In Folk-Gegenden wie Baden-
Württemberg mochte man unseren Hardrock gern. Gerade dort
gaben wir wahnsinnig viele Konzerte.
Oft haben wir beim Gig festgestellt, daß bestimmte soziale
Schichten ihre eigene Musik haben. Schöngeister sind nicht
zu uns gekommen. Unser Rock war unheimlich laut und
wild, aber es war eine Musik mit positivem Vorzeichen.
Wir haben Dampf abgelassen, die Zuhörer haben
Dampf abgelassen, und man hat getanzt. Bei unseren
Konzerten hat es nie Schlägereien gegeben. Auch
als wir mal in Bochum vor 5.000 Rockern aus
ganz Deutschland spielten.

Die hatten uns deshalb engagiert, weil wir das Lied *Der Tiger* (*Hey Tiger, hey hey Tiger / der Teufel ist für dich ein lahmer Greis / hey Tiger, hey hey Tiger / jeden Unschuldsengel machst du heiß*), das von einem Motorradfahrer handelt, sangen. Da war schwer was los! Auch als wir den Anheizer auf der Deutschland-Tour von Status Quo machten und vor fünfeinhalbtausend Leuten an einem Donnerstag abend in der Essener Grugahalle auftraten, gab's keine Randale oder so. Im Gegenteil: Es war ein irres Gefühl, als fast die ganze Halle *Bock auf Rock* mitsang.

Was wir spielten, war eine ungestüme Musik, meinetwegen auch Proletenmusik, aber die Leute haben sich nachher wohl gefühlt. Auf keinen Fall war das eine Musik, die den Frust der Leute verstärkt hat, so wie das zum Teil im Punk der Fall war. Denn diese Musik kam zum größten Teil mit einem negativen Vorzeichen daher. Da haben die Bands auch destruktive Musik gemacht. Da gab's Prügeleien im Publikum, und das Publikum prügelte sogar auf die Bands ein. So etwas hat es in den wildesten Zeiten der Rockmusik, so wie wir sie gespielt haben, nicht gegeben. Auch nicht solche Skin-Bands, die zum Haß aufrufen. Das ist ganz schlimm. Da hört der Spaß für mich auf. Musik muß 'was Positives bleiben!

Unser letztes Konzert gaben wir vor vier Jahren. Die Live-Kiste bleibt jetzt zu. Wir sind 15 Jahre lang, von 1970 bis 1985, durch die Gegend gegeistert, und es drängt uns wirklich nichts mehr nach draußen, schon deswegen, da die Arbeit in unserem Studio, das wir bereits seit zehn Jahre betreiben, viel Spaß macht. Wir veröffentlichen aber nach wie vor eigene Produktionen. Allerdings sind die Lieder ruhiger, harmonischer und poppiger geworden.

Es gibt zwei Erlebnisse aus der Franz K.-Geschichte, die sich mir eingeprägt haben: Als unser VW-Bulli mit der gesamten Anlage wegen eines Vergaserbrandes Feuer fing und alles zerstört wurde, hätte uns das beinahe den Knockout versetzt. Die Sachen waren nicht versichert, und wir mußten uns einen Kredit besorgen und alles neu kaufen. An dem Punkt sagten wir: Nur nicht unterkriegen lassen, jetzt geht's erst recht los. Ärmel aufkrempeln und durch.

Die andere Geschichte bezieht sich auf unsere Tour mit Status Quo, bei der wir sehr viel

wir haben

Bock auf Rock

Seite 165

Mick Hannes, Stefan Josefus,
Peter Josefus und Bock.

lernen konnten. Nämlich: Wie eine Profi-Band arbeitet und wie
sie sich vorbereitet. Der Bogen hat sich dann geschlossen, als wir
im vorletzten Jahr Jethro Tull bei uns im Studio hatten. Da waren
wir nicht mehr die Lehrlinge, sondern gleichberechtigte Partner.
Das sind, so denke ich, schönere Ereignisse, als wenn ich jetzt
Groupie-Geschichten erzählen würde ...

Was sonst noch geschah…

Schlagzeilen aus aller Welt (1977 / 1978)

1977

– Fernsehpremiere von Thomas Gottschalk. Er moderiert die Unterhaltungssendung »Telespiele«.

– Günter Wallraff veröffentlicht sein Buch »Der Aufmacher – Der Mann, der bei BILD Hans Esser war«.

– US-Präsident Jimmy Carter amnestiert Vietnam-Deserteure.

– In Prag wird die Charta '77 veröffentlicht, in der sich die Regierenden der ČSSR verpflichten, die mitunterzeichnete KSZE-Schlußakte der Menschenrechte einzuhalten. Zu den Unterzeichnern gehören auch Politiker des sog. »Prager Frühlings« und Schriftsteller wie Václav Havel oder Pavel Kohout.

– Die Schauspielerin Ingrid van Bergen erschießt aus Eifersucht ihren Freund und wird zu sieben Jahren Haft verurteilt.

– An der Baustelle des niedersächsischen Kernkraftwerkes Grohnde kommt es zu schweren Ausschreitungen und Krawallen, als die etwa 12.000 Demonstranten mit den etwa 5.000 Polizisten aneinandergeraten.

Seite 166

– Die RAF tötet den Generalbundesanwalt Siegfried Buback und seinen Fahrer Franz Goebel auf offener Straße. Drei Monate später wird Jürgen Ponto erschossen. Das Bundeskabinett beschließt, die Sicherheitsdienste auszuweiten.

– Im Alter von nur 42 Jahren stirbt the King of Rock'n'Roll Elvis Presley. Sein Anwesen in Memphis, Graceland, wird zum Wallfahrtsort für Elvis-Fans.

– Der Friedensnobelpreis 1976 wird nachträglich den beiden nordirischen Friedenskämpferinnen Betty Williams und Mairead Corrigan zugesprochen. Die beiden hatten Friedensmärsche gegen Terror und Gewalt organisiert.

– Der Friedensnobelpreis 1977 geht an die Menschenrechtsorganisation amnesty international für deren Betreuung von politischen Gefangenen in aller Welt.

– Charlie Chaplin stirbt 88jährig in der Schweiz. Seine Hauptfigur, der kleine Mann mit Bärtchen, Stock und Melone, »The Tramp«, war eine der berühmtesten Stummfilmfiguren der

Welt. Unvergessen sind Filme wie »The
Kid«, »Goldrausch«, »Lichter der Großstadt«
oder »Moderne Zeiten«.

1978
– In Großbritannien wird ein gesundes Mädchen als er-
stes außerhalb des Mutterleibes gezeugtes Kind geboren.
– Dänemark schafft die Todesstrafe ab.
– Die Russen brechen den Aufenthaltsrekord im Weltraum – sie
waren bis jetzt 938 Tage im All. Die Amerikaner brachten es auf
937,6 Tage.
– In Frankreich wird erstmals seit 1791 der Brotpreis freigegeben.
– Der deutsche Fußballnationalspieler Gerd Müller wird mit dem
Bundesverdienstkreuz geehrt.
– Das DDR-Außenministerium schließt das Ostberliner Büro des
SPIEGEL. Begründung: »Fortgesetzte böswillige Verleum-
dung der DDR und ihrer Bürger«.
– Im VW-Werk Emden wird der letzte Käfer der Bundesre-
publik produziert.

– In Kopenhagen wird die deutsche Handballmannschaft
erstmals seit 40 Jahren wieder Handballweltmeister. Sie
schlägt im Endspiel die UdSSR mit 20:19.
– Der Tanker »Amoco Cadiz« läuft vor der französischen At-
lantikküste vor Brest auf Grund und bricht während eines
schweren Sturms auseinander. Es folgt die bisher schwerste Öl-
pest. Der Strand ist auf 200 Kilometer verseucht. Der dichte Öltep-
pich führt zum Absterben der Austern- und Muschelbänke sowie
zahlreicher Seevögel und Fische.
– Zum ersten Mal in der Geschichte der Mount-Everest-Bestei-
gungen gelingt Reinhold Messner und Peter Habeler der Gip-
felsturm ohne Sauerstoffgeräte. Die Gefährlichkeit des Unternehmens besteht darin, daß ab 7500 Metern die Zahl der
roten Blutkörperchen rapide zunimmt, das Blut dickflüs-
siger wird und der Sauerstofftransport langsamer. Mit
einem speziellen Konditionstraining haben sich die
beiden auf die Besteigung vorbereitet.

Der letzte Walzer
Tanzen im Film mit The Band

Walzermusik ist eine seltsame Musik. Bei aller Beschwingtheit haftet ihr immer auch etwas Fragendes an, etwas, das die Fröhlichkeit des $^3/_4$-Taktes zu unterlaufen scheint und sie mit der bitteren Süße der Melancholie überzieht.

*

Für ihr letztes Konzert 1976 komponierte die Rock-Gruppe The Band – als Teil einer epischen, sechsteiligen Suite, die wie Seite 168 selbstverständlich sämtliche Stilarten der US-amerikanischen Volksmusik zu einer Einheit verschmilzt – einen Abschiedswalzer: »The Last Waltz«, ein stimmungsvolles Stück Musik. Sehr beschwingt, sehr melancholisch; vom Vergangenen beseelt, vom Abschiedsschmerz durchweht.

*

The Band war fast zwei Jahrzehnte on the road, als sie sich zum Rückzug entschloß: »Die Straße war unsere Schule. Sie gab uns einen Sinn, um zu überleben, und sie lehrte uns alles, was wir wissen. Vielleicht ist es Aberglaube, aber die Straße hat viele der ganz Großen auf dem Gewissen. Es ist ein verdammt unmögliches Leben«. Am Thanksgiving Day im Herbst 1976 gab The Band ihr spektakuläres Abschiedskonzert nach 16jähriger Bühnen- und Plattenkarriere im Winterland Ballroom in San Francisco vor 5.000 Fans. Von vornherein sollte das Ereignis mehr als nur ein »letztes Konzert« werden: ein Fest. »The Last Waltz«.

Martin Scorsese hat aus »The Last Waltz« einen Film gemacht, einen melancholischen Film,

dessen ganze Haltung die Sehnsucht nach
dem Vergangenen prägt. Er ließ das Konzert
von fünf Kameraleuten filmen; später schnitt er
das über zehnstündige Ergebnis zu einem zweistün-
digen Kinofilm zusammen und montierte zwischen die
Konzertszenen kurze Interviewsequenzen mit den Musikern von The Band: Robbie Robertson, Richard Manuel,
Garth Hudson, Levon Helm und Rick Danko. Im Laufe der
120 Minuten Spielzeit treten als Gäste beim Abschiedskonzert
unter anderem auf: Ronnie Hawkins, Neil Young, Joni Mitchell,
Dr. John, Neil Diamond, Paul Butterfield, Muddy Waters, Eric
Clapton, Van Morrison, Ringo Starr, Ron Wood, Emmylou Harris
und Bob Dylan.

*

Scorceses Film kam im Sommer 1978 in die deutschen Kinos. Ich
habe »The Last Waltz« fünfmal hintereinander, von Montag bis
Freitag, jeweils in der 17-Uhr-Vorstellung im Union-Theater
in Gelsenkirchen, gesehen.

*

The Band gilt als eine der wichtigsten Gruppen der Rock-
szene. Sie gab der Popmusik 1968/69 nach den Lärmorgien
des Psychedelic Rock die leisen Töne zurück. Wenn The Band
aufspielte, klang es, als öffne sich ein amerikanisches Volks-
musik-Archiv: Ein Ragtime-Klavier scheppterte, ein Dixieland-
Banjo meckerte, Bluegrass-Fiddles fiedelten, Rock'n'Roll wurde
mit Folksongs und Gospelchorälen vermischt. Über lange Jahre war
The Band die Begleitgruppe von Bob Dylan; vor allem dadurch
wurde sie weltberühmt.

*

Scorseses Film ist ein Gesamtkunstwerk aus Musik, Licht und
Schnitt. Vor »The Last Waltz« gab es keinen Musikfilm, der die
wundersam euphorische Atmosphäre eines Rockkonzerts so
eindringlich vermittelte. Verschiedene Kamera-Positionen
geben einen Überblick über beinahe das gesamte Büh-
nengeschehen. Die einzelnen Szenen (sprich: Auftritte)
sind sehr gut ausgeleuchtet, kaum etwas findet
im diffusen Dunkeln des Bühnenhintergrunds,
nichts im gleißenden, blendenden Scheinwerferkegel der Spotlights statt. Der Schnitt ist

immer überlegt und kenntnisreich, manchmal distanziert, aber nie hektisch. Scorsese
nimmt sich Zeit, um Entwicklungen aufzuzeigen,
Spannungen langsam aufzubauen. Der Film ist behäbig. Das ganze Konzert ist behäbig. Aber es ist eine
Behäbigkeit, die Würde ausstrahlt, nicht Langeweile.

*

The Band ist ungeheuer gut aufgelegt an diesem Abend im
Winterland. Robbie Robertson, der Lead-Gitarrist, immer
grinsend, mit rotem Seidenschal und goldener Stratocaster; Levon Helm voller Tatendrang hinter dem Schlagzeug; Rick Danko,
der Sohn eines Holzfällers, meist am Baß (obwohl er Dutzende
Instrumente spielt); Richard Manuel, fusselbärtiger Freak an der
Gitarre, und Garth Hudson, der große, alte Mann an der Orgel, der
ganz genau wie ein Wanderprediger aus dem Mittelwesten aussieht. Sie spielen ausschließlich ihre alten Hits, das Material,
das sie berühmt gemacht hat: *Up On Cripple Creek*, *The Night
They Drove Old Dixie Down*, *The Weight* und *It Makes No Dif-
ference*, ein über sechsminütiges Klagelied über eine kalt gewordene Liebe, einer ihrer allerbesten Titel. Diese Musik ist   Seite 170
kompakt, sicher, atmosphärisch. Sie läuft rund wie ein kleiner Dynamo. Danko singt mit viel Gefühl in der Stimme und
voller Inbrunst, Robertson reißt mal aggressiv, mal sanft die
Saiten an, endlich steigt Hudsons Altsaxophon ein, bläst zum
Ausklang ein bewegendes Solo. Selten hat man die fünf so homo-
gen, so nahe beieinander gehört.

*

Es ist das Abschiedskonzert von The Band, aber es ist nicht die
Gruppe, die diesen Film beherrscht, es ist Bob Dylan. Was Scorsese
vor Dylans Erscheinen – er taucht erst gegen Ende auf – anbietet,
ist die Vorstellung verschiedener Musiker, die Präsentation un-
terschiedlicher Temperamente mit ihren Spleens und Ticks in
ihrem jeweiligen Umfeld. Die Kamera fängt den bekifften
Neil Young ein, der bei Joni Mitchell auf Tuchfühlung
geht, ohne die beiden vorzuführen. Sie zeigt den mas-
kenhaften, bebenden Muddy Waters als das, was er
wirklich ist: die Ikone des Blues. Sie hält Distanz
zu dem steifen Neil Diamond, der unter all den
Rock'n'Rollern tatsächlich deplaziert wirkt.

Aber sie bleibt in jedem dieser Momente
teilnahmslos: sie zeigt auf, ohne zu bewerten.
Das ändert sich, als Bob Dylan die Szene betritt.
Plötzlich wird aus der Dokumentation eine Helden-
verehrung.

*

Dylan lächelt, die Kamera ist nahe an seinem Gesicht. Er
kommt ins Licht, das Publikum rast vor Begeisterung. Er
berührt eine Zuhörerin, die mit ungläubig aufgerissenen
Augen vor der Bühne sitzt, mit einer kurzen, streichelnden Bewegung. Dann schüttelt er den Kopf, als könne er die unwahr-
scheinliche Sympathie, die ihm entgegenschlägt, selbst am wenig-
sten fassen. Der erhabene, goldene Schimmer, der generell über
Scorceses Film liegt, glänzt in diesem Moment besonders heftig. Hier
werden Bilder zu Gefühlen.

*

All das entsteht ohne jede Anstrengung. Der Film braucht
auch jetzt keine ausgefallenen Stilmittel, keine schnellen
Schnitte oder besonderen Perspektiven, um zu zeigen, wie
sehr Dylans Persönlichkeit jeden bewegt: das Publikum, die
Musiker und Helfer, die Roadies, den Kameramann, den Regisseur. Bob Dylan, der Mann, der die Rockmusik revolutio-
nierte; der Magier, dessen Einfluß nach wie vor ungebrochen
ist. Weil man einer leibhaftigen Legende zuschauen kann, wird
aus der beobachtenden Kamera unvermittelt eine Zeitmaschine.
Und aus einem Dokumentarfilm ein Film über die Vergangenheit
und über den Katalysator all der Musik, die an diesem Abend zu
hören war.

Seite 171

Kling-Klänge
und andere Geräusche
oder Kraftwerk und die
gnadenlose Emotionslosigkeit

Am Anfang gab's locker inszenierte Geräusche. Kraftwerk, die Kling-Klang-Freaks aus Düsseldorf, suchten und fanden einen Weg, um sich vom traditionellen Musikbegriff zu lösen. Allerdings arbeiteten sie, im Gegensatz zu den meditativ wirkenden Klangzauberern von Tangerine Dream, noch nicht mit Synthesizern oder Sequenzern, sondern mit traditionellen Instrumenten wie der Farfisa-Professional-Duo-Orgel, Seite 172 Schlagzeug, Querflöte, Gitarre und benutzten zusätzlich klangerzeugende Apparate wie Ringmodulator, Sinus- und Zufallsgenerator, Tonband-Maschinen, Hall- und Echo-Geräte.

Mit der sporadischen Hilfe von Klaus Dinger, Schlagzeug, und Michael Rother, Gitarre, gingen Ralf Hütter und Florian Schneider-Esleben vor wie kleine Jungs, die sich mit großen Augen für technische Zusammenhänge und Funktionen und dem damit verbundenen Geknatter, Gerumpel und Gezische interessierten. Sie ließen sich von Motorengedröhn, Morsezeichen, vom mystisch-verrauschten Stimmengewirr des Kurzwelle-Bandes und von rätselhaften Pieptönen aus dem Weltempfänger verzaubern.

Mit ihren teilweise noch röhrenbetriebenen Frequenzgebern ahmten sie jene Klänge nach, verfremdeten sie oder bauten sie als Live-Lärm direkt in ihre Klangkunst-Werke ein. Sie machten sich Gedanken darüber, wie es wohl klingen könnte, wenn sich der umwickelte Kupferdraht einer Spule bewegen würde. Oder auch: Hat der elektrische Strom eine Melodie? Das Ergebnis ihrer Tüfteleien: In ihrer Frühphase zwischen 1970 bis Mitte 1972 entstanden atmosphärisch-schwebende Instrumental-Stücke wie *Wellensalat*, *Spule* oder *Strom*.

»Uns interessieren die Phänomene der Akustik auf der ganzen Welt, und das ist es, was wir jetzt vermitteln können. Am besten wäre es, wenn die Leute aus unseren Konzerten 'rausgehen und die Geräusche um sich herum nicht mehr als Lärm empfinden (natürlich nur solche, die nicht gehörschädlich sind), sondern als ganz normale Umweltgeräusche betrachten würden. Die Welt ist voll Musik.« Mit diesen Überlegungen knüpften die Kraftwerk-Musiker an einer These an, die schon Jahrzehnte vorher, nämlich zwischen 1913 und 1931, von den italienischen Futuristen angegangen wurde. Für die Maler- und Musiker-Gruppe war jeder Lärm, der mit der beginnenden Technisierung in der Welt einherging, das Maß aller Dinge:

Seite 173

»Besingen werden wir die vielfarbige, vielstimmige Flut der Revolution in den modernen Hauptstädten; besingen werden wir die nächtliche vibrierende Glut der Arsenale und Werften, die von grellen elektrischen Lichtern erleuchtet werden; die gefräßigen Bahnhöfe, die rauchende Schlangen verzehren; die Fabriken, die mit ihren sich hochwindenden Rauchfäden an den Wolken hängen ...«, hieß es in dem Gründungsmanifest der Futuristen. Die Begeisterung der Akteure ging sogar so weit, daß sie die »Geräusche des modernen Krieges« als eine Art Erneuerungs-Sinfonie hochlobten und analog dazu den aufkeimenden Faschismus begrüßten.

Einer ihrer Mitglieder, der sich allerdings von Krieg und Faschismus distanzierte und später dafür von den Futuristen ausgeschlossen wurde, war Luigi Russolo. Er beschäftigte sich nach seiner malerischen Phase, in der farbsprühende Bilder wie *Die Arbeit*, *Blitz*, *Fahrender Zug bei Nacht* entstanden, mit Ton-Experimenten und entwickelte Klangtöner. Diese sperrigen Holzkisten mit angeschraubter Grammophon-Tröte und einem empfindlichen, mechanischen Innenleben, benannte er je nach dem Typus des vorherrschenden Tones »Berster«, »Dröhner«, »Zischer«, »Gurgler«, »Knisterer«, »Reiber« oder »Summer«. Später konstruierte Russolo gar ein kom-

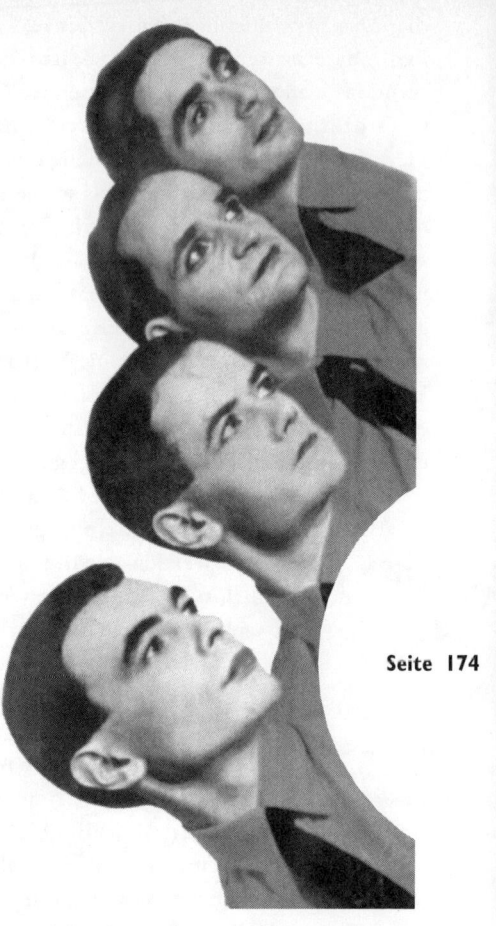

plettes Geräusch-Harmonium, mit dem vom »Schrei« bis zum
»Murmeln des Baches« insgesamt zwölf Stimmen auf einmal
spielbar waren.

»Eine moderne Großstadt muß man mit offenen Ohren
durchqueren, um den Sog des Wassers, der Luft oder des
Gases in den Metallröhren, das Brummen der Motoren,
die zweifellos wie Tiere atmen und beben, das Klopfen der Ventile, das Auf und Ab der Kolben, das
Kreischen der Sägewerke, die Sprünge der
Straßenbahn auf den Schienen, das Knallen

der Peitschen, das Rauschen von Vorhängen
und Fahnen, den Krach der Jalousien der Ge-
schäfte«, sagte Russolo, dessen dynamisch-kra-
chige Kompositionen – die entweder für Streich-
quartett und bis zu 27 Geräuschtönern oder allein für
18 Töner konzipiert waren – meist wenig Gnade bei den
Besuchern fanden: Die Kraftwerk-Konzerte spielten sich
in »einer aufgeheizten Atmosphäre zwischen Gebrüll und
pflanzlichen Wurfgeschossen« ab, so ein Zeitungsbericht: »Es
gab regelmäßig Schlägereien, die Musiker wurden von der
Bühne gezerrt und verprügelt.«

Das passierte bei den Konzerten in den noch jungen 70er Jahren
nicht. Im Gegenteil: Klanggewitter wie das mit Bombenlärm ange-
reicherte *Vom Himmel hoch* oder *Ruckzuck*, ein früher Gassenhauer,
in dem ein sehr kurz angeblasenes Flöten-Riff und rückwärts
eingespielte Melodiefetzen dominierend sind, wurden über-
schwenglich bejubelt: Das sei eine politische Musik, die kriti-
siere und parodiere und im Zusammenhang des gesellschaftlichen Umbruches gesehen und beurteilt werden müsse.

»Geräuschkunst ist das Leben selbst«, sagte schon 1920 der
deutsche Dadaist Richard Huelsenbeck. Eine Meinung, der
sich viele internationale Neuerer anschlossen, in der Hoff-
nung, die Klang-Avantgarde weiter nach vorn zu treiben. Die
Maschinen-Kunst der Bauhaus-Zeit wurde mit Maschinen-
Musik umrahmt; gleiches erfuhr die Konkrete Kunst, die mit ab-
strahierten, linearen und – nach heutiger Denkungsart – sphärischen
Tonfolgen begleitet wurde.

**Minimale Stukturen in der Musik zeigen sich
auch in der Covergestaltung.**

Oskar Sala, ein Berliner Musiker, sorgte beispielsweise dafür mit seinem Trautonium, das Raum- und Schlagwerkeffekte und, wie er selber einmal sagte »Töne aus dem Zwischenreich der Klänge und Geräusche«, realisieren konnte. Unter der Leitung von Paul Hindemith entstanden die Trautonium-Prototypen, die erstmals 1930 eingesetzt wurden. Sala führte den Instrumentenbau weiter, entwickelte Ende der 40er Jahre das Mixtur-Trautonium, mit dem er Filmmusiken (u. a. für Hitchcocks »Die Vögel«) und dramatische, klangfarbige Untermalungen für Industriefilme, unter anderem zum Thema Stahlgewinnung, einspielte. Die scharfen Zischgeräusche, die entstehen, wenn glühendheißer Stahl mit kaltem Wasser abgeschreckt wird, simulierten Rausch- und Hüllkurvengeneratoren. Diese Klangmodule des Trautoniums ähneln in ihrer Funktionsweise denen der Synthesizer. Das Mixtur-Trautonium ist zweimanualig aufgebaut, hat aber keine Tastaturen, sondern zwei drahtumsponnene Darmsaiten, die auf Kontaktschienen gedrückt werden. Pro Fingerdruck erklingt ein Ton, der mit Reglern beliebig verändert werden kann. Sala entwickelte allerdings Seite 176 nicht nur Geräuschkulissen, sondern nutzte die vielseitigen Möglichkeiten seines Trautoniums, um mehrstimmig aufgebaute Suiten klassischer Prägung zu komponieren und zu spielen.

Oskar Sala (stehend) und Alfred Hitchcock bei Trautonium-Tonübungen für »Die Vögel«.

In den 50er Jahren betrat Karlheinz Stockhausen die Szene und sorgte mit seinen kratzig-
knisternden Kompositionen – die sich manchmal
so anhörten, als würde man mit der Gabelspitze ganz
langsam über einen Porzellanteller gleiten – aus Natur-
geräuschen (Seidenpapier, dünnen Blechplatten, Ham-
merschläge) und Elektronik (verzerrte oder disharmonisch
gedoppelte Celli-Klängen) für Aufregung.
Doch die vielfältigen Versuche, Geräusche aller Art auf mechanischem oder elektronischem Weg in Musik umzusetzten, blieben zumeist unpopulär und immer nur einer kleinen Schar von
Interessierten vorbehalten. Erst Kraftwerk schafften es, das Hörer-
Bewußtsein für synthetisch erzeugte Klangabenteuer zu erweitern
und daraus auch noch eine verkaufbare Massenmusik zu machen.

Doch um dies erreichen zu können, mußten sie sich zunächst von
einigen Generatoren und ihrer bislang reinen Wiedergabe des
real existierenden Lärmpegels lösen. Also zwängten sie nun
die ihnen liebgewordenen Melodien in ein leistungsstärkeres
Sequenzer-Programm und formten mit seiner Hilfe unend-
lich viele pulsierende Tonlinien. Das Rhythmus-Korsett
wurde ebenfalls gestrafft.

Nach »Kraftwerk 1« und »Kraftwerk 2« erschien 1973 »Ralf
& Florian«, auf der eben jene pulsierenden, sehr musikalischen
Sequenzen zu hören waren. Auf dieser wesentlich zugäng-
licheren LP offerierten die Musiker eine noch sanft klingende Vi-
sion von der sich öffnenden Wunderwelt der Technik: Plötzlich gab's
flink arbeitende Mikroprozessoren, Taschenrechner, nimmermüde
Industrie-Roboter, Farbfernseher, Laser-Strahlen, Digitaluhren
mit schlagsicherem Glas und – es schien sogar möglich, die Kern-
spaltung zu kontrollieren, um unbegrenzte Energien für alle Gelegenheiten daraus zu schöpfen.
Eine klare Sache also: Die Zukunft war noch nie so nah wie
jetzt, und ich glaubte fest daran, daß es nicht mehr lange
dauern würde, bis Warp-Antrieb, Holo-Räume und Replikatoren, wie ich es vom »Raumschiff Enterprise« bereits seit einiger Zeit gewohnt war, Wirklichkeit
werden würden. Die Grenze zum nächsten Jahr-
tausend schien bereits überschritten, und in der
neuen Zeit traf man auf Kraftwerk, die für

jene Ära schon die passenden musikalischen Hymnen einübte.

Auf der dritten Platte gab's zwar immer noch viel Gesirre und Gezirpe, verirrte Blockflöten-Töne, Vogelgezwitscher, hallende Rückkopplungen und mäandrische Melodieverzerrungen. Doch Hütter und Schneider-Esleben präsentieren auch schon struktierte liedhafte Weisen mit fröhlich hüpfenden Melodiefolgen. Der monotonschabende Rhythmus dieser Stücke erinnerte mich immer an die neue Fräsmaschine mit Steuerungsautomatik, die ich während meiner Schlosserausbildung im Betrieb kennengelernt hatte: Wenn der Fräskopf ganz bedächtig an dem Werkstück nagte, dann klang das nämlich genauso. Auf jeden Fall inszenierten Kraftwerk mit Stücken wie *Klanggebirge* oder *Elektrisches Roulette* muntere Hörbilder, die mir wie die Begleitmusik bei einem Kometensturm vorkamen.

Ihre endgültige Form erhielt die rheinische Kling-Klang-Kunst aber erst mit der rund 22minütigen Fahrt auf der *Autobahn*, 1974 veröffentlicht. Da entwickelten Schneider-Esleben und Hütter aus ihren Apparaturen heraus ein akustisches Manifest: Die Klangwelt des Alltags ist in ihrer Vielschichtigkeit umfassend reproduzierbar. Jetzt zählten die rudimentären Geräuschkulissen vieler Tonkünstler nicht mehr, denn Kraftwerk boten Realität. Für 14.95 DM (mehr kostete die Platte nicht) brauchte man eigentlich nicht mehr aus dem Haus, denn der aufregende Erlebnisbericht versammelte die wesentlichen Eindrücke einer Autofahrt: Hupen, langsam anfahren, Bremsen, Gas geben, überholen und so fort, und verband sie mit dem Rollgeräusch der Räder, dem Sirren vorbeihuschender Bäume oder Straßenschilder zu einer nahezu perfekten Situations-Simulation. Schloß man die Augen, dann kam man sich vor wie auf der A 1 in Richtung Nirgendwo.

Seite 178

Gespannt wartete ich auf den nächsten Coup der Musiker. Doch das zwischenzeitlich mit Wolfgang Flür und Wolfgang Bartos wieder auf Quartettgröße angewachsene Ensemble enttäuschte, weil es sich an sein weltweit erfolgreiches *Autobahn*-Muster klammerte, nur ein wenig die Rhythmen verschob und mehr Effekte für die Stimmen einsetzte. Neu war

**Brave Lehrlinge der Elektronik:
Ralf & Florian.**

jetzt nur, daß sie ihre kinderliedartigen Melodien mit Texten unterlegten, die allerdings in ihrer Banalität nicht mehr zu unterbieten
waren (*Neonlicht / schimmerndes Neonlicht / und wenn die Nacht
anbricht / ist diese Stadt aus Licht*).

Die ab 1975/76 folgenden Konzeptplatten »Radioaktivität«,
»Transeuropa-Express« oder »Mensch-Maschine« waren für
mich uninteressant geworden. Es machte mich nicht mehr
Seite 179 froh, eine künstlich erzeugte Fahrt mit dem TEE erleben zu
wollen, oder den Fahrrad-Parcours bei der *Tour De France*.
Diese Musik, die mir noch vor kurzer Zeit so revolutionär
daherkam und im Zusammenhang mit einer anregenden Vi-
sion stand, mochte ich nicht mehr. Der Grund lag auf der
Hand, denn die fragwürdige Maschinen-Philosophie Kraftwerks
(Motto: »Wir sind die Kinder von Wernher von Braun und Fritz
Lang«), die fortan wesentlich stärker als die Musik in den Vordergrund trat, mit der konnte ich nichts anfangen.
Kraftwerk kultivierten in Form, Inhalt und persönlichem Habi-
tus die Mär, daß der Mensch nur als Diener des Genius Energie
ein glücklicher Mensch sei. Nein, daran glaubte ich nicht, daran
glaubten auch viele andere nicht. Vielleicht, weil ich Holo-
Decks, Replikatoren und Warp-Antriebe doch nicht mehr
haben wollte, da mich der Technik-Wahn und seine Folgen ins Grübeln gebracht hatten. Sicherlich spielte es
auch eine Rolle, daß sich in meiner, also in der wirk-
lichen Welt, erste Grüppchen formierten, die um
keinen Preis Atomkraft haben wollten.
Kraftwerk allerdings waren schon so tief in

ihre mechanisch-elektronische Parallel-Welt eingetaucht, daß sie für alternative Entwicklungen keine passenden Worte mehr fanden oder auch nicht finden wollten (vielleicht arbeiteten sie sogar für die Atom-Lobby?). Im Gegenteil: *Durch stetigen Zerfall entstehen radioaktive Strahlen aus dem Urankristall,* dichteten sie 1975 und unterlegten diesen Satz mit einer monotonen Chorstimme. Was sollte das? Noch schlimmer der Text zum Stück *Radioaktivität:*

Radioaktivität
für dich und mich im All entsteht
Radioaktivität
strahlt Wellen zum Empfangsgerät
Radioaktivität
wenn's um unsere Zukunft geht
Radioaktivität
für dich und mich im All entsteht
Radioactivity
discovered by Madame Curie
Radioactivity
is in the air for you and me ...

Eine Antwort dazu blieben sie mir schuldig. Denn die vier schotteten sich vor der Außenwelt ab, machten ein großes Geheimnis um ihren Lebens- und Arbeitsstil, veröffentlichten ab und an verwirrende Pamphlete zur Lage der Musik unter Berücksichtigung der besonderen Bedeutung technischer Ereignisse wie der Computer-Entwicklung, vermieden ansonsten den Umgang mit der Presse.

Am Ende veröffentlichten sie nur noch einen sehr konstruierten, uninspirierten und unangenehm kühl kalkulierten Elektro-Pop, der sich wichtig machte und sehr ernst nahm, dem allerdings der Witz und die Spontaneität der frühen Jahre fehlte. Diese Musik beeinflußte zwar später viele Rockmusiker wie Eno, David Bowie, Devo, Yellow Magic Orchestra und wie sie alle hießen. Sie änderte aber nichts an der Tatsache, daß die in Rille gepreßte gnadenlose Emotionslosig-

keit Hörern und Kritikern gleichermaßen
angst machte.

Und wenn Kraftwerk, was selten geworden war,
konzertierten, dann installierten sie auf der Bühne
ihre in vielen Jubelliedern besungene schöne neue Welt
als ideologisch abgesicherten Mikrokosmos der keim-
freien Künstlichkeit, in dem der Mensch ausschließlich als
Roboter zu funktionieren hat.

Ein erschreckendes Szenario ...

**Romantisch-kitschiges Mäntelchen
für nüchtern-nackte Technik.**

Wo der Landvogt zur E-Gitarre singt
Kleine rockmusikalische Stilkunde

Ein Blick in den Veranstaltungskalender eines Szenemagazins reicht aus – schon stelle ich fest, daß sich mit den angegebenen Musikrichtungen der Bands dieser Tage kaum noch etwas anfangen läßt. Die Zahl austauschbarer wie schönklingender Worthülsen für das, was Musiker tun, ist in den letzten zwanzig Jahren erheblich angewachsen. Die Form bestimmt nun mal den Inhalt. Ergebnis für den interessierten Hörer: totale Verwirrung und Kaufverweigerung.

Seite 182

Ein Beispiel von vielen: Da grinsen mich aus einem Foto heraus vier gutgekleidete junge Männer trotzig, aber nett an. Aha, denke ich, die spielen sicherlich etwas Ruhiges, vielleicht so ein wenig Blues zum Träumen und Schunkeln. Doch weit gefehlt. Laut Info hantiert dieses Männer-Quartett mit *Wave 'n' Pop* und *Countrybilly*-Einflüssen und beackern sie in *hippiesker* Tradition. Die Wurzeln jenes *Revival-Rocks* seien jedoch im *Ethno-Beat* zu finden, auch wenn ein wenig *Psychedelic* der späten Sixties mit anklingen würde. Daß diese Gruppe auch noch *Hip* ist, ihren *Indie*-Erfolg ohne *Hype* geschafft hat, versteht sich natürlich von selbst.

Ich wälze das Wörterbuch: *Wave* heißt Welle, *Pop* heißt Populär, und *Revival* heißt Wiederbelebung. Aber *Countrybilly*? Ist das vielleicht ein Landvogt oder gar ein Bauernknecht?

Und wenn ja, was hat der dann mit der *populären Welle des wiederbelebten Hippies* oder wie auch immer zu schaffen? Wie paßt das zusammen?

Und überhaupt: Was hat das alles noch mit
Musik zu tun?
Ich erinnere mich an ein Musikmagazin, das für
sich den Anspruch eines Insider-Blattes einnimmt,
also mit den mannigfaltigen Begriffen vertraut ist und
mir sicherlich bei der Lösung des Rätsels helfen kann.
Doch – o Graus – das Blättern bringt noch mehr unerklär-
liches Durcheinander. Da dröhnt höllisch-heißer *Speed-Metal-
Punk* aus den Zeilen, und der schreibende Enthusiast ergötzt
sich an *Hip-hop-*, *Rap-*, *House-* und *Raggamuffin'*-Rhythmen,
läßt auch nicht die Kraft von *Techno-* (einstmals auch *Tekkno*
geschrieben), *EBM*-Sounds (*Electronic Body Music*) und *Industrial-
Musik* außer acht und lobt eine junge *Thrash*-Band, die mit interessanten *Cult-* und *Hardcore*-Elementen auf sich aufmerksam macht.

Ich brauche wohl nicht zu erwähnen, daß mit keiner Silbe auch
nur irgendeine Erklärung zum Inhalt dieser wahnsinnig anregenden Wortschätzchen gegeben wird.

Wie schön war sie doch, unsere Zeit in den 70er Jahren. Da
paßte meine Musik in drei Schubladen. Bei *Boogie-Woogie*,
Blues und *Rock'n'Roll* wußte ich genau, was passieren wird.
Auch bei *Klassik-Rock*, *Hard-Rock*, *Soul*, *Funk*, *Fusion* und
Reggae war der Fall ganz klar. Da gab's an der Musik, die erklingen wird, einfach nichts zu deuten. Doch schon kurze
Zeit danach, so ab 1977, brachen meine Schubladen auseinander, da die Klassifizierungen bedeutungsschwerer wurden und
immer mehr Platz beanspruchten.
Gliederte ich früher meine Platten nach *Rock*, *Blues* und *Jazz* ins Re-
gal ein, so habe ich mich heute dazu entschlossen, die Tonträger in

alphabetischer Folge zu reihen. Trends kommen und gehen, und ich habe keine Lust dazu, meinen Bestand vierteljährlich neu zu ordnen.

Auf *Pub-Rock* folgte *New Wave* und *New Electronic* oder *New Romantic*. Dann hieß es auf einmal *Punk* und *Fun-Punk* und *Garagen-Rock*, und ehe man sich daran gewöhnt hatte, spielte man schon längst *Post-Punk*. Aus dem *Post-Punk* wurde *Seattle-Rock*, dann *Grunge*, den es derzeit aber auch schon nicht mehr gibt, dafür ist eben *Post-Grunge* absolut beliebt. Es gab *No Wave-Musik* und *Fake-Jazz*, es gab *Psychobilly* und *Rock-A-Billy*. Der *Hard-Rock* mutierte zum *Heavy-Metal* und gebar jede Menge Bastarde: *Gothic-Metal, Black-Metal, White-Metal, Speed-Metal, Thrash-Metal* und so weiter. Wenn's hart, schnell und laut werden sollte, nannte die Band das *Crossover*. Allerdings gibt's diese Kategorie auch in weiten Bereichen der *World-Music*, nur wird da nicht laut, schnell und hart gerockt, sondern einfühlsam mit *Rai, Zydeco, Swamp-Sounds* oder sonstigen Stilen aus dem Grenzbereich zwischen Orient und Okzident improvisiert. Höre ich jedoch ab und an in diese so geheimnisvoll chiffrierte Musikstilistik hinein, dann hallen mir stets altvertraute Byrds-, Doors-, Deep Purple- oder Led Zeppelin-Klänge entgegen – Musik, die einstmals den Stempel *Underground* oder *Progressive* erhielt, letztlich aber nie etwas anderes war als *Beat* und *Rhythm'n'Blues*.

Lustig wird's, wenn wir all diese hübschen Worte, die zumeist anglo-amerikanischen Musikern Würde und Hochachtung verleihen können, auf deutsche Interpreten übertragen. Immerhin nährten sich dann solche bodenständige Bekenntnisse eines Peter Maffay oder Wolfgang Niedecken aus dem Fruchtwasser des *Bluesgrass-Rock*, geschmackvoll verfeinert mit einem Schuß *Poser-Metal*. Und jene schlichten Berg- und Tal-Lieder der volkstümelnden Musikanten wären doch nichts anderes als *gitarrenorientierter Country-Pop*. Mit diesem Etikett versehen, wären sogar Lieder von Heino oder den Wildecker Herzbuben durchaus gesellschaftsfähiger. Oder?

Auftritt:
Neil Young
Der kalifornische Kanadier
im Fernsehen

Westdeutschland, Mitte der 70er Jahre. Als einen der wenigen Berichte über die populäre Musik zeigt das Dritte Programm des WDR-Fernsehens ein Portrait des US-Superstars Neil Young. Zwischen Minden und Siegen freuen sich die Fans seit Tagen auf die Ausstrahlung, denn der Beitrag verspricht eine der raren Chancen zu werden, das große Idol einmal lebendig zu erleben; lebendiger jedenfalls als auf den paar Fotos, die manchmal in den Musik-Illustrierten und auf den Platten-Covern abgebildet sind. Außer einigen Gastspielen im Frühjahr 1976, die die meisten Jugendlichen nicht bezahlen konnten, hatte sich der stille Musiker in Deutschland bislang nicht blicken lassen.

Seite 185

»Neil Young kommt im Fernsehen.« Mehr als ein Versprechen, eine bloße Programm-Ankündigung ist dieser Satz die wortgewordene Erwartung. Neil Young, dessen Legende die geschniegelte Aura der stutzerhaften Rock-Kultur in den Schatten stellt; der Held der Woodstock-Jahre, der sein Hippie-Image mehreren Häutungen unterzog und sich zur Mitte der 70er als kompletter Musiker präsentiert, der nicht nur tolle Songs schreibt, sondern vor allem über eines verfügt: Ausstrahlung.

Angesichts seiner schillernden Persönlichkeit können die anderen Größen um ihn herum beinahe vergessen werden. Steven Stills, David Crosby, Graham Nash, die Jungs von Crazy Horse oder die Studio-Crew The Stray Gators, die auf »Harvest« und »Time Fades Away« zu hören ist – möglicherweise

würden sie ebenfalls in dem TV-Portrait zu
sehen sein, vielleicht sogar zu Wort kommen.
Kann sein, wäre vielleicht sogar interessant. Aber
das Licht, das Neil Young um sich verbreitet, das
deckt sie alle zu.

Schließlich beginnt die Sendung; es handelt sich um einen
Dokumentarfilm, der ganz offenbar auf Youngs Anwesen im
Laurel Canyon, Kalifornien, gedreht worden und anscheinend kurz nach der Fertigstellung von »Harvest« entstanden
ist, jenem unerreichten Album, das Neil Young als Solo-Star
weltweit den Durchbruch brachte.

Als Young zum erstenmal zu sehen ist – er grinst mit einem clow-
nesken Lächeln in die Kamera, hebt die Hand, als wolle er die Zuschauer begrüßen –, da schlägt das bei den Halbwüchsigen im Wohnzimmer vor dem Fernseher wie ein Blitz ein. Die Bilder aus
Youngs Privatsphäre – er spielt mit einem Hund, besucht den
Opa, der ihn zu *Old Man* inspiriert hatte, fährt mit dem Pick-
Up-Truck aus *Out On The Weekend* durch die Gegend – setzen
die Herzen der Fans in Flammen. Es ist das verzehrende
Feuer der leidenschaftlichen Hingabe an ein unerreichbares   Seite 186
Idol. Eine 17jährige fängt unvermittelt an zu weinen; ein
kaum älterer junger Mann in Flickenjeans und ausgewasche-
nem Hemd stammelt immer wieder: Es ist Young. Das ist
wirklich Neil Young.

Es war wirklich Neil Young, der verschlossene Eigenbrötler. Ein
Mann von vielleicht 24 oder 25 Jahren, der so jung wirkt wie auf den
immer gleichen Fotos, die von ihm veröffentlicht werden: Ein hage-
rer Mensch mit indianischen Gesichtzügen, langen, schwarzen Haaren und diesem schmuddelig-nachlässigen Aufzug mit dreimal
gewendeten Jeans, ausgelatschten Boots, T-Shirt und Arbeiter-
hemd. Er strahlt eine jugendliche Magie aus, seine Bewegungen
sind sanft und gelassen, und wenn er in seinem angenehmen,
breiten Westcoast-Akzent spricht, dann ist seine Stimme
warm und weise, und die Jugendlichen hängen an seinen
Worten, als wären sie die Offenbarung (selbst wenn sie
nur die Hälfte davon verstanden).

Neil Young ist Emotionalität. Und das macht ihn
so faszinierend. Bis dahin hatte man keinen Musiker gehört, der mit soviel Ausdruck, soviel

Neil Young, der gefühlvoll
musizierende Rock-Rebell.

innerer Bewegtheit seine Lieder gesungen hat. Im Film sind
auch Konzertausschnitte zu sehen: Young als kleine Person,
die auf einer riesigen Bühne fast verschwindet, ganz allein im
Scheinwerferkegel, die mit dem Perlmuttrand besetzte Martin
DS 28-Gitarre unter dem Arm, umtost vom Geschrei aus 5.000
oder mehr Kehlen. Er singt und spielt *Sugar Mountain*, *Broken Ar-
row*, *Cowgirl In The Sand* und schließlich die depressive Ballade
Down By The River, in der es in romantischer Todessehnsucht heißt:
Be on my side/I'll be on your side/Together we may get away ...
Alle, denen das an diesem denkwürdigen Nachmittag aus dem
6-Watt-Lautsprecher ihres Fernsehgerätes heraus entgegen-
tönt, haben Tränen in den Augen, als Neil Young mit seiner
klagenden, wunden Stimme den Refrain hervorpreßt:
Down by the river/I shot my baby – dead.
Meine Güte, als ob er wirklich ein Killer wäre ...

Bier und alte Lieder

Oldie-Konzert 1994:
Bittersüße Zeitreise für Nostalgiker

Die Bochumer Ruhrlandhalle leuchtet. Und es leuchten die Augen von Heidi und Gerd und Klaus genauso wie jene der zweitausendneunhundertsiebenundneunzig anderen, die an diesem dunklen Herbstabend in Bochum mit von der Partie sind. Alle drängeln vor der Halle, weil alle fixiert sind auf die »Golden Oldie Night«, die hier gleich anfangen soll. Mit den »Stars von gestern« lockten überall die Plakate, und als Heidi und Gerd ihn neulich fragten, ob er nicht mitkommen wolle, hat Klaus spontan ja gesagt. Zwar hat er nach der Schicht gewöhnlich wenig Lust zum Ausgehen und guckt lieber Fernsehen, aber heute ist (arbeitsfreier!) Samstag, und das »Aktuelle Sport-Studio« nimmt er diesmal auf Video auf.

Seite 188

Die drei hätten sich beinahe verpaßt, weil der Andrang ganz enorm ist. Irgendwie sind sie mit dem Pulk 'reingerutscht; vorbei an den stabilen Türhütern; vorbei an den Ständen mit den Schallplatten, Songbüchern und T-Shirts der grinsenden alten Helden; vorbei am Büfett – Bulette 2,50, Kotelett 2 Mark – bis vor den Bierstand, wo sie erstmal haltmachen. Kleines Pils 3,50; jeder hat eins bekommen und sich dann in die Halle gezwängt. Der erste Eindruck: Das ist voll hier! Sie sitzen und stehen überall, vor der Bühne ist gar kein Durchkommen. Stickige Luft, Zigarettenqualm, Dunst überall und Atemnot wegen der beißenden Trockeneis-Schwaden, die von der Bühne in den Saal flocken. Es ist laut und es ist warm. Scheppernde Beat-Musik. Casey Jones singt *Don't Ha-Ha*.

Klaus hat diese Musik lange nicht gehört.
Aber der Beat ist noch derselbe wie vor 20 Jahren, als sie im Jugendheim danach tanzten. Diese
blecherne Gitarre, dieses Gefiepe und Geziepe alter
Marshall-Verstärker, dieser akustische Trip in ein tech-
nisch längst überholtes Zeitalter – das ist es, das Klaus,
Gerd und Heidi sofort gefangennimmt. Aber Heidi ist
schon wieder weg, frisches Bier holen, und Klaus sieht Gerd
von der Seite an: Der starrt auf die Bühne mit Augen, die jetzt
schon aussehen wie hartgekochte Eier mit Graffitis drauf.
Heidi verteilt die neuen Pullen. Auch bei den Nachbarn zur Linken ist Nachschub eingetroffen. Es hat den Anschein, daß hier alle
und ausschließlich Bier trinken – die Leergut-Batterien auf den
Gängen zum Klo sprechen Bände. Alle quatschen durcheinander,
prosten sich zu und gucken ab und zu zur Bühne, wo gerade Herman's Hermits zugange sind. Wieder der Beat, wieder das kehlige Johlen der zweitausendneunhundertsiebenundneunzig.
Sie begrüßen jede bekannte Melodie wie einen Sechser im
Lotto.

Seite 189   Diese rasende Begeisterung infiziert sie alle, aber die Leute
sehen nicht so aus, als könnten sie zuhause zu ähnlicher
Form auflaufen. Auch Klaus, Gerd und Heidi nicht; sie sind
die besten Kunden von Gottschalk & Co., und ihre kulturel-
len Aktivitäten beschränken sich gemeinhin auf zweimal Kino
im Monat. Aber heute ist ein anderer Tag, und sie bringen sich gegenseitig in Fahrt. Der Dicke, der den superbreiten Hemdkragen immer noch über dem Revers trägt, wie es 1972 in Mode kam; dieser
Bär mit den kahlen Stellen auf dem Kopf, dessen fuchtelnde täto-
wierte Arme aussehen wie eingerollte Landkarten; das Glieder-
bündel im Jogging-Anzug, deren schlaksiger Körper ohne er-
kennbares System zur Musik hin- und herwippt. Der Saal
kocht. Aber was ist hier eigentlich los?
Es ist einfach kein profanes Rockkonzert, zu dem man geht
und sich überraschen läßt: Das Unvorhersehbare wird
gerade ausgeblendet. Das Schreien wird zum Brüllen,
wenn Herman's Hermits *No Milk Today* spielen, aber
die Fieberkurve fällt sofort, wenn die Gruppe was
anstimmt, das nicht so bekannt ist. Das hier ist
das Oldie-Wunschkonzert aus dem Radio,

aber in bewegten Bildern. Es geht nicht um Botschaften, sondern um Stimmungen. Die Leute wollen keine Mitteilungen, sie wollen Atmosphäre. Sie suchen etwas, das nicht den Geist angreift, sonden die Seele massiert. Und diese Massage hier ist schwer nostalgiegeladen.

Klaus hat zehn Minuten vor dem Bierstand zugebracht, bis die Reihe an ihm war, und dabei fast den Anfang von Middle of the Road verpaßt. Ja, sie sind es wirklich! 1972, dem Jahr der ersten pubertären Verwirrung, galt Middle of the Road Klaus als endgültige Lösung der popmusikalischen Formel. Die Songs des Quartetts waren simpel und melodisch – ideale Pop-Songs – und Sally Carr Klaus' absolute Lieblingssängerin. Jetzt steht sie keine zehn Meter von ihm weg, singt *The Talk Of All The U.S.A.* und richtet damit in Klaus' Seelenleben allerhand an.

Er fühlt sich, als sei er komplett in Butter verpackt. Sallys Stimme ist wie früher, als er wochenlang mit heißen Händen herumlief, bis er sich traute, Heike von nebenan die Single »nur so« zu schenken. Sie hat ihn dabei so komisch angesehen, danke gesagt, und ihr Augenaufschlag war ein ungeheuerliches Versprechen. Aber dann war sie mit Frank zur Stadtranderholung weg, während Klaus mit den Eltern nach Norderney mußte. Zwei Wochen später hatte sie sein Geschenk vergessen, aber dafür ihren ersten Freund.

Seite 190

Was aus Heike wohl geworden ist? Klaus hat sie nie wiedergesehen, aber jetzt, wo Sally Carr singt, lacht ihr Gesicht so deutlich vor seinen Augen, als wäre sie eben erst gegangen. In seinem Kopf klopft die Vergangenheit an und will nochmal angesehen werden: Die einsamen Winterabende in seinem Zimmer, als Sally Carr vom Bravo-Poster lächelte; die immer viel zu kurzen Sommernachmittage mit Heike und der Clique im Freibad (als Sallys Stimme aus dem Recorder tönte); die scheuen Küsse mit Marina, die seit Jahren in Bestwig wohnt, zwei Kinder hat und Middle of the Road schon damals doof fand.

Die Leute um ihn herum sehen genauso aus, als bekämen sie es auf einmal auch mit jeder Menge Gedankenschrott zu tun, den nie einer abgefahren hat. Viele träumen vor sich hin, manche tanzen. Hinten, wo's schummerig ist, küssen sich welche,

Sorgen beim Oldie-Konzert für Seelen-
massage: Middle of the Road.

Seite 191

und Klaus guckt weg, als auch Heidi und Gerd anfangen zu schmusen. Sally ist immer noch in Lichterglanz getaucht. Sie steht so schön hinter dem Torbogen aus Luftballons an der Rampe und singt ihr altes Lied: *Was a little bit lonely. Was a little bit sad. Was a little bit lonely until you came back ...* Klaus spürt, wie es seinen Rücken hinunterläuft, und nimmt noch einen Schluck. Bier und alte Lieder sind eine gespensti- sche Kombination, wenn man dazu neigt, von Alkohol melan- cholisch zu werden. Und als Sally in den Refrain einsteigt, faßt es Klaus so heftig an, daß er, wie alle, mitsingen MUSS: *O Soleil, Soleil. Soleil, Soleil, Sol-ey, Sol-ey ...* Immer und immer wieder, bis der letzte Applaus im Jubel verklingt.

Als alles vorbei ist, ist es mitten in der Nacht, und nachdem sich Heidi und Gerd händchenhaltend in Richtung Taxi verabschiedet haben, steht Klaus allein vor der Halle und sieht den Leuten hin- terher, die sich in der Nacht verlieren. Als das Licht vorm Ein- gang ausgeht, läuft er los, hört den Wind in den leeren Straßen und Sallys sanfte Stimme irgendwo in seinem Kopf: *O Soleil, Soleil. Soleil, Soleil, Sol-ey, Sol-ey ...* Müde vom Bier hört er sie ganz deutlich, und dann merkt er, wie der beginnende Sonntag anfängt, seine Krallen nach ihm auszustrecken. Noch dreißig Minuten bis zu Hause. Und noch dreißig Stunden bis zur nächsten Schicht.

Was sonst noch geschah...

Schlagzeilen aus aller Welt (1978 / 1979)

1978

– An der spanischen Costa Blanca verunglückt und explodiert ein Tankwagen mit Propylen auf der Straße neben einem von belgischen, französischen, holländischen und deutschen Urlaubern bewohnten Campingplatz. Der Feuersturm überrast den Platz und fordert 180 Tote sowie 600 Verletzte.

– Der Ministerpräsident von Baden-Württemberg, Hans Filbinger, tritt auf Druck der Öffentlichkeit zurück. Es war bekanntgeworden, daß Filbinger noch kurz vor Ende des Zweiten Weltkrieges als Marinerichter an Todesurteilen gegen Wehrmachtssoldaten mitgewirkt hat.

– Im Landsitz des amerikanischen Präsidenten, Camp David, finden Friedensgespräche zwischen Israels Ministerpräsident Menachem Begin und dem ägyptischen Präsidenten Anwar as-Sadat statt. Jimmy Carter unterschreibt die ausgehandelten beiden Verträge als Zeuge. Sadat und Begin erhalten für ihre Bemühungen den Friedensnobelpreis.

– Zum Jahreswechsel wird ganz Norddeutschland durch heftige Schneefälle lahmgelegt. Etwa 150 Orte werden von den Außenverbindungen abgeschnitten, 80 Gemeinden sind ohne Strom. THW und Einheiten der Bundeswehr versorgen die Eingeschlossenen mit dem Nötigsten. Am Neujahrsmorgen herrscht jedoch in Teilen Schleswig-Holsteins strahlender Sonnenschein, so daß bei Fahrverboten und meterhohen Schneewänden ein Neujahrsspaziergang der anderen Art gestartet werden kann.

1979

– In Bremen zieht zum ersten Mal eine neue Partei ins Landesparlament ein: DIE GRÜNEN.

– Eva Rühmkorf, ehemals Direktorin einer Jugendstrafanstalt, übernimmt als erste Frauenbeauftragte der Bundesrepublik die Hamburger »Leitstelle für die Verwirklichung der Gleichstellung der Frau«.

– Das Wort des Jahres lautet »Nachrüstung«. Hintergrund: Die Nato beschloß, mit Pershing II-Raketen aufzurüsten, wenn Moskau die SS-20 nicht abrüstet.

– Europa hat mit Maggie Thatcher den ersten weiblichen Regierungschef. Die ehemalige Chemiestudentin und Steueranwältin wird britische Premierministerin.

– Heinz Erhardt, Schauspieler und Humorist, stirbt im Alter von 70 Jahren.

– Die amerikanische vierteilige Serie »Holocaust« wird in den Dritten Programmen des deutschen Fernsehens ausgestrahlt. Am Beispiel einer jüdischen Familie wird die Verfolgung und Vernichtung der Juden im Nationalsozialismus gezeigt. Dabei wird Dokumentarmaterial in die Spielfilmszenen eingebaut. Nach jeder Sendung können die Zuschauer beim Fernsehen anrufen und ihre Meinung sagen. Etwa ein Drittel aller bundesdeutschen Fernsehgeräte ist eingeschaltet.

– Der Schiitenführer Ajatollah Khomeini kehrt aus dem Pariser Exil in den Iran zurück. Der Schah muß den Iran verlassen. »Islamische Volksgerichte« verhängen Hunderte von Todesurteilen, die Rechte der Frauen werden drastisch beschränkt, man spricht vom Übergang einer Diktatur des Schah zu einer Diktatur Khomeinis. Dennoch spricht sich die Bevölkerung in einer Volksabstimmung für die künftige Staatsform von Khomeinis »Islamischer Republik« aus.

Seite 193

– Im Kernkraftwerk bei Harrisburg in den USA ereignet sich der bisher schwerste Störfall in einem Atomkraftwerk. Die Bewohner werden evakuiert, kehren jedoch etwa eine Woche später wieder zurück, obwohl etwa 1,5 Millionen Liter »leicht verseuchtes« Kühlwasser in den Susquehanna Fluß geleitet worden sind und der Abbau der Radioaktivität noch Jahre in Anspruch nehmen wird.

– Der ugandische Staatschef Idi Amin wird entmachtet und flieht nach Libyen. Seinem Terrorregime sind nach Angaben von amnesty international etwa 300.000 Menschen zum Opfer gefallen.

– Zum ersten Mal findet eine Direktwahl zum europäischen Parlament statt.

Acht Protokolle
aus dem Deutschen Herbst
Demokratische Lieder
gegen den Überwachungsstaat

Eins

Lieder können vielleicht nicht die Welt verändern, aber sie können Partei ergreifen. Und durch die, die sie singen, können sie die Meinung derer artikulieren, die dagegen sind. Es gibt harmlose Lieder und es gibt solche, die verstören und aufrütteln. Es geht hier um die kritischen Lieder, die verzweifelt, witzig, hart, böse und parteiisch etwas aussagen: Daß nämlich einem die Welt, so wie sie ist, nicht gefällt. Daß es hier ein Leiden gibt an der Zeit, der Gegenwart. Und daß sie eine bessere Welt haben wollen. So oder so.

Seite 194

Zwei

Das war 'ne heiße Märzenszeit
Trotz Regen, Schnee und alledem.
Jetzt aber, da es Blüten schneit,
da ist es kalt, trotzalledem.
Trotzalledem und alledem,
trotz Wien, Berlin und alledem.
Ein scharfer, kalter Winterwind
durchfröstelt uns, trotzalledem.
(Text: Ferdinand Freiligrath, Musik: Überliefert aus der Zeit der 1848er Revolution).

Erst wurde es kalt. Dann wurde es noch kälter in Deutschland.
Seit 1972 ging eine systematische Hysterie

um in den Kreisen, die sich für diesen Staat
verantwortlich fühlten. Die Terror-Aktionen
der Baader/Meinhof-Bande am Beginn des Jahrzehnts, die Attentate der RAF, schließlich 1977
der »Deutsche Herbst« mit der Schleyer-Ermordung,
der Flugzeug-Entführung, den angeblichen Selbstmor-
den von Ensslin und Raspe in Stammheim. Dazu die ge-
walttätigen Auseinandersetzungen um Kernkraftwerke, die
Schlachten um die Baustelle in Brokdorf, wo Kugelschreiber
und Apfelkuchen plötzlich als Waffen deklariert wurden.
Da zeigte der Staat die Zähne; da wurde deutlich, wer die Macht
im Staate hat. Das wurde auch im Alltag ganz augenfällig: Die
Polizei patrouillierte nicht mehr im Streifendienst, sondern immer
mit zwei Mann, Doppelstreife; Waffen wieder offen tragen; neue,
kriegstüchtige Ausrüstung, Schlagstock, Reizgas an der Koppel;
auf den Autobahnbrücken standen sie mit Maschinenpistolen;
Razzien, Auto-Durchsuchungen. Diese Haltung, daß alles
überall durch potentiell jeden gefährdet sein kann, hat bei
den Staatsorganen und Polizisten ziemlich viel verändert in
der Einstellung gegen die linke Szene überhaupt. Plötzlich
glaubten viele, der Terrorismus habe dazu beigetragen, daß
jede linke Tätigkeit von vornherein unter Terrorismus-Ver-
dacht fallen müsse. Wenn man es exakt faßt, war mit der Zeit
die ganze Gesellschaft verdächtig geworden.

Drei

Notiz auf einem Flugblatt des selbstverwalteten Jugendzentrums
KOMIC vom Sommer 1979:
»In einem Runderlaß vom 16. August 1978 verfügten Innenminister, Kultusminister, Justizminister und der Minister für Arbeit,
Gesundheit und Soziales, ähnlich wie zuvor in anderen Bun-
desländern, auch für Nordrhein-Westfalen die Einführung
der Jugendpolizei.
Offizielle Begündung ist die Bekämpfung der ansteigen-
den Jugendkriminalität. Im täglichen Leben zeigt sich
aber, daß der Jugendliche von der Jugendpolizei nur
stärker kontrolliert, überwacht, bespitzelt und
datenmäßig erfaßt wird.

Weiterhin sollen Sozialarbeiter zur vertrau-
ensvollen Zusammenarbeit mit der Jugendpolizei verpflichtet werden. Es ist schon mehr als einmal passiert, daß der nette Kumpel in der Diskothek
neben einem ein ›JuPo‹ war, der zwei Tage später die
Razzia leitete.

Nach der immer stärker werdenden Kontrolle in Schule und
Betrieb soll jetzt also auch die Freizeit der Heranwachsenden
erfaßt werden.«

Vier

1975 veröffentlichte Hannes Wader die LP »Volkssänger«, die seine
Anhängerschaft zunächst überraschte. Anscheinend ganz gegen den
herrschenden Zeitgeist der kritischen Generation gewendet, sang
Wader, ein Vorzeige-Linker jener Tage, keine hart an der politischen Gegenwart orientierten Texte mehr, sondern Lieder aus
der Zeit der Bauernkriege um 1550 oder aus der Zeit der
1848er Revolution. Er besann sich zurück und hatte doch die
Zukunft im Blick. Denn in einem Staat, in dem das aus der
68er Bewegung hervorgegangene Diskutieren und Intellek- Seite 196
tualisieren in Permanenz anscheinend nichts mehr voran-
brachte, blieben immer noch die alten Lieder als wehrhaftes
Mittel gegen den stärker werdenden Druck von oben. Jene alten Lieder, wohlgemerkt, die aufgrund ihres offensiv demokratischen Charakters nicht von den Nazis korrumpiert worden waren. Sie hatten ihre Relevanz behalten, artikulierten nach wie vor den
Zorn der da unten gegen die da oben.

Fünf

Zwei Lieder aus der »Volkssänger«-LP von Hannes Wader:

In dem Kerker saßen/zu Frankfurt an dem Main
Schon seit vielen Jahren/sechs Studenten ein.
Die für die Freiheit fochten/und für das Bürgerglück
und für die Menschenrechte/der freien Republik.
Doch sie kamen wieder/mit Schwertern in der Hand
Auf, Ihr deutschen Brüder/jetzt geht's fürs
Vaterland

**Liedermacherei ade, Hannes Wader
agiert nun als Volkssänger.**

Jetzt geht's um Menschenrechte/und für das Bürgerglück
Wir sind doch keine Knechte/der freien Republik.

Seite 197   *(»Die freie Republik«, Text und Musik: volkstümlich, um 1850)*

Ob wir rote, gelbe Kragen/Helme oder Hüte tragen,
Stiefel tragen oder Schuh'
Oder ob wir Röcke nähen/und zu Schuhen Drähte drehen,
das tut, das tut nichts dazu.
Aber ob wir Neues bauen/oder Altes nur verdauen
wie das Gras verdaut die Kuh.
Ob wir in der Welt was schaffen/oder nur die Welt begaffen,
das tut, das tut was dazu.
*(»Das Bürgerlied«, Melodie »Prinz Eugen, der edle Ritter«; Text
volkstümlich, um 1848)*

Sechs

Es gab im Frühjahr 1976 ein Radio-Konzert im WDR,
da war Hannes Wader Gast in der Reihe »Matinee
der Liedersänger«. Damals waren gerade die LPs
»Plattdeutsche Lieder« und »Volkssänger« erschienen. Das waren ganz neue Töne, die er da
anschlug. Wir erinnerten uns gut an diese

anspruchsvollen, vielschichtigen Sachen wie *Der Tankerkönig, Ich hatte mir noch soviel vorgenommen* oder *Talking Böser Traum Blues*, die Wader in den Jahren zuvor gesungen hatte. Aber das war jetzt 'was anderes, das war einfacher und es brachte die Dinge doch auf den Punkt. Vor allem das *Bürgerlied*, das ist damals sehr gut angekommen in Kreisen, die sich auf die demokratische Tradition in Deutschland beriefen angesichts eines immer dominanter werdenden Staates, der mit Rasterfahndung, maschinenlesbarem Personalausweis und Großem Lauschangriff ganz offenbar den Krieg im innern, die Hatz gegen die Bevölkerung zu inszenieren begann.

Sieben

Ein anderer engagierter Liedermacher jener Jahre ist Walter Moßmann, Jahrgang 1941 und musikalischer Exponent der Anti-AKW-Bewegung *(Auf welcher Seite stehst Du, he/ Hier wird ein Platz besetzt/Wir wehren uns gegen den Dreck/nicht morgen, sondern jetzt!)*.

Im Gegensatz zu Wader ist Moßmanns Haltung zu den tra- Seite 198

ditionalistisch-demokratischen Liedern eher zwiespältig:
»Das alte ›Bürgerlied‹ behandelt ein Thema der Französischen Revolution, die Gleichheit der ›Citoyens‹ (Staatsbürger) trotz Unterschiede des Standes, der Bildung und des Reichtums. Das war für die feudalen Verhältnisse im Deutschland des frühen 19. Jahrhunderts revolutionär. Und das Ziel dieser Gleichheit wird auch genannt: Leistung – *Aber ob wir Neues bauen, oder Altes nur verdauen ...*

Nach 1918 aber wurde dieses Lied in der Arbeiterbewegung nicht mehr gesungen. Warum? Wir haben ja die bürgerliche, formale Freiheit vor dem Gesetz – aber genügt uns das? Machen nicht die ökonomischen Unterschiede zwischen Lohnabhängigen und Besitzern von Produktionsmitteln diese ›Gleichheit‹ der Menschen wieder kaputt? Und was ist aus dem ›Schaffen‹ geworden? Leistung, die sinnlose Produkte hervorbringt, oder schädliche, die den Arbeitenden zerstört ... Also: Ich kann die alte Fassung nicht mehr singen ...

Wenn das ›Bürgerlied‹ bei den Folk-Festi-

vals erklingt (und oft mitgesungen wird),
dann vermutlich nicht wegen der Idee von 1845.
Vielleicht weil der Zwiefache ganz gut klingt, vielleicht, weil es angenehm ist, an einer fortschrittlichen
Tradition anzuknüpfen, oder vielleicht, weil sich bei
diesem Lied ein Gefühl von Einigkeit einstellt, die wir ja
oft genug bitter vermissen im Alltag ... Zuhause sind diese
Liedfassungen wohl vor allem bei Festivals, wo die wirkliche
Gemeinsamkeit in der Tatsache besteht, daß alle eine Eintritts-
karte gekauft haben, Musik hören wollen und viele unzufrieden
sind mit den politischen Verhältnissen in ihrem Alltag. So ein progressiver Touch liegt über jeder Festival-Wiese, allerdings bleibt es
dort bei einer Art Feierabend-Stimmung, denn der Alltag fängt am
Montag erst wieder an.«

Acht

Ich wußte nicht, wie er hieß, ich wußte nicht, wer er war, ich
wußte gar nichts, aber er hatte schon die ganze Zeit neben
mir gestanden, drinnen, als das Konzert noch lief. Na ja, wir
Seite 199 guckten uns eben beide die Gruppe Liederjan an, die war ja
damals unwahrscheinlich angesagt in Folk-Kreisen. Die kamen aus Hamburg und hatten diesen kahlköpfigen Sänger,
Jörg Ermisch, der Krummhorn spielen konnte, das war echt
exotisch. Und die hatten diese demokratischen Lieder, alte Lieder aus der Zeit von vor hundertfünfzig Jahren, was weiß ich, aber
die hatten immer noch ihre Bedeutung.

Wie viele Leute sind da wohl gewesen, bei dem Liederjan-Konzert?
Bestimmt 200, das Jugendzentrum war regelrecht vollgestopft. Sie
saßen da und hörten zu, das war ja sehr engagiert, was da vorgetragen wurde, das war ja auch unsere Haltung, damals. Viele waren mit der Politik, die da lief, eben nicht einverstanden.

*Aber der Typ, von dem Du gesprochen hast, was ist mit dem pas-
siert?*
Das Konzert war vielleicht zur Hälfte vorbei, da hieß es
auf einmal: »Die Bullen machen eine Aktion draußen.«
Das wurde über Lautsprecher bekanntgegeben. Das
Jugendheim, wo das Konzert stattfand, das war
schon drei- oder viermal durchsucht worden
von der Polizei, wegen Drogen und angeb-

licher Unterwanderung durch den »Kommunistischen Bund« KBW, und angeblich sollten sich da Terroristen versteckt halten, was natürlich alles Quatsch war. Jedenfalls haben Liederjan sofort aufgehört zu spielen, und gefragt:»Was ist da los, was ist das für eine Geschichte mit den Bullen?«, aber keiner hat so richtig Antwort gekriegt, weil auf einmal alle aufstanden und auf die Straße liefen.

Der Junge, der neben Dir saß, auch?

Ganz genau. Wir wurden nach draußen gedrückt, es war ja ziemlich voll in dem Saal, und da sahen wir auch schon, daß im Eingangsbereich die Bullen standen.

Wie waren sie gekleidet? Wie Streifenpolizisten ungefähr?

Oh, sie sahen gefährlich aus. Lederanzüge, weiße Schutzhelme mit Visier, so hohe Schutzschilde aus Plexiglas vor dem Bauch und Schlagstöcke in der Hand. Sie sahen echt aggressiv aus.

Was passierte dann?

Die Leute drängten nach draußen, das müssen so hundert Jugendliche gewesen sein, ein paar sind natürlich auch drinnen geblieben. Aber die anderen, die rausströmten, die wurden **Seite 200** von den Bullen schon empfangen: »Da rüber gehen!« kommandierten sie, »Ihr bewegt Euch nicht von der Stelle.« Irgend jemand sagte, sie machen eine Razzia in dem Jugendheim. Das muß man sich mal vorstellen. Am 1. Mai, dem Tag der Arbeit, Feiertag, als da im Jugendzentrum ein kulturelles Programm ablief, da kommen die auf die Idee und machen eine Razzia. Ja, und der Typ, der immer noch neben mir stand, weil wir gemeinsam von der Menge rausgedrückt worden sind, der kriegte das gar nicht so schnell geregelt, wie die Bullen ihn anschrieen. Er schüttelte sich und wollte weglaufen, und einer der Bullen schlug ihn auf den Mund, und er fiel zurück in die Menge, direkt neben mich.

Der Polizist hat ihn zuerst geschlagen?

Ja, ich hab's genau gesehen. Der Typ wollte sich davonmachen, der war ja nicht auf Randale aus, aber die Bullen packten ihn und führten ihn ab. Als die anderen in der Menge das mitkriegten, ging natürlich das Geschrei los: »Sie haben ihn geschlagen«, »Die Bullen haben einen Jungen verprügelt«, und so

Die neue Party-Uniform für heiße Herbstabende kommt bei den Ordnungshütern sehr gut an.

weiter. Das machte die Stimmung noch aggressiver als sie es ohnehin schon war. Ein paar waren bestimmt darunter, die hätten sich das schon gewünscht, so eine kleine Keilerei mit den Bullen. Die fingen dann an auch zu schieben von hinten, so daß wir vorne direkt vor die Schutzschilder der Bullen gedrückt wurden.

Wie lange hat das gedauert?

Das ging ziemlich schnell, aber es ging noch weiter. Irgendwie schaffte es die Menge, sich auseinanderzuziehen, und die ersten liefen weg, weil sie Schiß kriegten. Da blieben hinterher nur noch ein paar übrig, dreißig vielleicht, die standen den Bullen gegenüber. Welche von denen waren ins Jugendheim hineingelaufen, und von hinten konnte ich sehen, daß sie auch von da welche im Polizeigriff abführten. Die anderen Jugendlichen standen vor dem Gebäude und pfiffen und riefen »Zick, zack, Bullenpack«, »Deutsche Polizisten/Mörder und Faschisten«; manche hatten auf einmal Steine in der Hand. Das wurde immer bedrohlicher.

Was war mit den Musikern? Wo waren sie zu dieser Zeit?

Einmal habe ich den Jörg Ermisch gesehen, wie er am Eingang stand und mit einem der Polizisten redete, und dabei immer den Kopf schüttelte, diesen kahlen Schädel. Hinterher haben sie mit uns zusammengesessen und gesagt, das sei in Hamburg, wo sie herkommen, genauso, da seien die Bullen ähnlich aggressiv wie hier.

Das war also noch nicht das Ende der Polizei-Aktion?

Nein, nein. Als die Gruppe da stand und pfiff und protestierte, da zogen sich die Bullen auf einmal dicht zusammen. Dann ging alles ganz schnell. Auf einmal spritzten alle auseinander, und die Bullen rannten einzeln hinter den Leuten her. Das sah wie im Film aus, wie sie die Jugendlichen durch die Fußgängerzone hetzten. Ein paar haben sie auch schnell eingefangen. Die wurden dann hingeschmissen, mit verdrehten Armen auf dem Rücken, und abgeführt. In einer Seitenstraße parkte eine Seite 202 »Wanne«, so ein grüner Polizei-Laster, da wurden die eingesperrt.

Wieviel Jugendliche sind da verhaftet worden?

Weiß ich nicht genau. Zehn, vielleicht.

Wie weit warst Du weg von alledem?

Ungefähr zehn, zwanzig Meter danebben.

Du hättest auch verhaftet werden können?

Kann sein. Es sah nicht so aus, als hätten die Verhaftungen Methode gehabt. Aber ich habe mich abseits gehalten. Ich wollte auch dazwischengehen, als die Bullen anfingen, auf die Jugendlichen einzuprügeln, … aber ich hatte Angst. Ich hatte Angst, einen Knüppel abzukriegen, und auch verhaftet zu werden.

Und was haben die Leute getan? Hat irgend jemand eingegriffen?

Viele haben einfach nur geschrien, weil die Situation so bedrohlich war. Ich glaube, die meisten hatten Schiß. Außer den Bullen hatte keiner Waffen, da hat sich niemand getraut dazwischenzugehen. Hinterher, als die Polizei abrückte, da sind wir an-

deren zum Präsidium marschiert, 50, 60
Leute, und haben uns davor aufgebaut. Da
wußte man mittlerweile auch, wer verhaftet worden war, und daß sie wahrscheinlich nur die Persona-
lien aufnehmen werden, und die Leute dann wieder
rauslassen.
Ihr seid alle zum Polizeipräsidium gegangen?
Ganz genau. Da haben wir so eine Art Mahnwache gehalten,
für die Jugendlichen, die sie mitgenommen hatten. Drei oder
vier Stunden haben wir da gestanden; ich weiß noch, es war ein
kalter, regnerischer Abend. Aber die meisten haben ausgehalten.

Seite 203

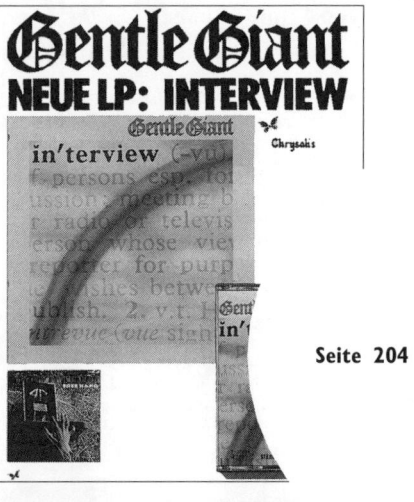

Das Elend der Samstag-Nacht

Disco-Musik auf dem Prüfstand

»Das Herz gibt allem, was der Mensch sieht, hört und weiß, die Farbe.«
  (Pestalozzi)

»If I can't have you/I don't want nobody, Baby/If I can't have
you/a-ah-ha ...« (Yvonne Elliman/The Bee Gees)

Seite 205

0. Saturday Night Fever

Vertrauliche Überstunden in der Tanzschule, so, daß es keiner merkt. Tanzen können wie Tony Manero, wie John Travolta in »Saturday Night Fever«. Der Held der Samstag-Nacht im schneeweißen Seidenanzug mit offenem Kragen. Die behaarte Brust, das goldene Kettchen, der muskulöse Hals. Fesch, der Typ. Ein Schönling unter all den anderen angetrunkenen Damen und Herren in der Diskothek »2001 Odyssee«, aber selbstbewußt. Einmal so tanzen können, so aussehen, sich so fühlen. Einmal anders sein als der Alltag.

»Saturday Night Fever« ist der mit Abstand erfolgreichste Tanzfilm aller Zeiten geworden. Abermillionen von Menschen haben diesen Film gesehen, Abermillionen von Menschen haben den Soundtrack gekauft. »Saturday Night Fever« hat 1977 die Disco-Music endgültig salonfähig gemacht. Es ist versucht worden, den Film soziologisch auszulegen, als Sinn-

Tanzen als dramatische Inszenierung: Sheila B. Devotion.

bild für den Lebenshunger des Tagelöhners aus Brooklyn, der gegen alle Widerstände die Passage hinein in die fröstelnde Geborgenheit Manhattans schafft. Indiz: Tony Manero, der mit seiner Partnerin Stephanie (Karen Gorney) über die Brooklyn Bridge tanzt.

Aber das Symbol bleibt leer, die herausgelesenen Zeichen sind Bluff. Der Film wird zu keiner Kunst, auch nicht nach dem zwanzigsten Ansehen. Er bleibt pure Unterhaltung. Der Seite 206 Film machte viele Leute reich und einige sehr reich: Robert Stigwood, den Produzenten, John Travolta, den Hauptdarsteller. Und die Bee Gees, die den Löwenanteil der Filmmusik komponierten. Jene Brothers Gibb, die bereits Ende der 60er Jahre mit *New York Mining Desaster 1941*, *Words* und *Massachussetts* zu mehrfachen Millionären geworden waren. Sie stiegen nach *Saturday Night Fever* in Gehaltsklassen auf, von denen 99 Prozent der restlichen Welt nicht mal träumen kann.

1. Blick in die Geschichte

1.1. Ursprünge

Disco-Music entstand aus der Soul-Music. Die Soul-Music war die erste originäre Musik, die das schwarze Amerika seit dem Blues hervorgebracht hatte. Mitte der 60er Jahre nahm die Motown-Music (Mo-Town, Motor Town = Detroit, Michigan) ihren Aufschwung, brachte Leute wie Isaac Hayes, Ike

& Tina Turner, James Brown, Sam Cooke,
Otis Redding, Sly & Family Stone, die Su-
premes hervor, machte sie zu Superstars.

Soul-Music war Tanzmusik, Körpermusik. Sie war
ekstatisch, wild, ungezügelt. Man schwitzte dabei. Sie
wollte, im Gegensatz zu Teilen der progressiven Rockmusik
jener Tage, nicht politisch sein, obwohl sie manchmal ein ra-
dikales Statement nicht scheute *(Say it loud/I am black/and
I am proud!)*. In erster Linie brachte sie Geld ein.

1.2. Ohne Namen
Überstunden, um sich die Geschichte der Disco-Music anzulesen.
Kaum Quellen, nur wenige Spuren. Motown, Soul Music, Black Music als Basis. Dann: Immer mehr Diskotheken entstehen, eine Er-
findung der 60er Jahre aus Frankreich. Neumodische Tanzsäle
voller Lichtgewitter, quadrophonischer Sounds und spiegeln-
der Tanzparketts. Sie sind enorm erfolgreich, vor allem in
Amerika. Die Diskotheken erfinden den Typus »Plattenauf-
leger« neu: Sie werden zu Disc-Jockeys, die gezwungen sind,
ihr Publikum die ganze Nacht über bei Laune zu halten.
Überstunden mit Cocktails und Longdrinks. Bier war noch
nie ein Getränk für die Diskothek.

Seite 207

Disco-Music kannte man ursprünglich unter dem Namen Party-
Music, Tanz-Musik für die Schwulen-Bars in New York, Los Angeles
und San Francisco. Es gab eine Disco-Music, eine Party-Music, bevor die Bee Gees *Saturday Night Fever* erfanden. Das gerät leicht in
Vergessenheit. Disc-Jockeys mixten sich aus leichten Soul-Titeln
und Popularmusik Party-Music zusammen, um einen klingen-
den Spannungsbogen für den Abend, die Nacht zu bekommen.
Einstieg, Intensität, Entspannung, Pausen, Wiederbeginn:
Die Diskotheken-Nacht als dramatische Inszenierung, als
Fluß von Musik, von Gefühl, von Rhythmus. Disco-Music, Körper-Musik.

Papa Was A Rolling Stone, Law Of The Land von
Norman Whitfield / The Temptations, 1972
und 1973 veröffentlicht, als gute Beispiele

für Party-Music/frühe Disco-Sounds. The Temptations, auch The Commodores oder The Crusaders, machten Disco-Music, bevor es diesen Namen gab.

1.3. Der Beat, der Ekel

Wie weit war ein durchschnittlicher Rock-Fan vom Ekel entfernt, als er Tag um Tag im Sommer 1978 vertat, ohne aus *Stayin' Alive*, *Ma Baker* und *Fly Robin Fly* schlau zu werden?

Lothar, damals 20: »Ich weiß noch, 1977 muß das gewesen sein, da gab's mal eine Disco-Fassung von *Don't Let Me Be Misunderstood*. Da hat sich mir förmlich der Magen umgedreht. Das war doch dieser alte, eindringliche Titel von Eric Burdon & War, und jetzt war diese tragische Nummer plötzlich zu einem stampfenden, kastagnetten-klappernden Etwas geworden.«

Glutrot geht die Sonne unter / Wunderbar. Doch irgendwas / ist da, was mich deprimiert und runterzieht. / Und der Grund ist bald gefunden / denn im Autoradio / läuft seit Stunden so ein Disco-Schweine-Beat ...

Seite 208

... singt der als links & aufgeklärt eingestufte Hannes Wader im Titelstück seiner LP »Wieder unterwegs« (1979). Die Zeilen fordern bei seinen Auftritten auf der 79/80er Tournee durch die Bundesrepublik jedesmal lautstarken Zwischen-Applaus heraus, so daß der Sänger sein Lied fast an jedem Abend für eine knappe Minute unterbrechen muß.

Typisch Disco: Ein durchgehender Beat von 120 bis 130 Taktschlägen pro Minute. Das monotone Klopfen der Bass-Drum und simple Vokalchiffren wie *Get Up And Boogie*, *He's crazy like a fool*, *Night Fever, Night Fever, Night Fever*. Die Reduktion als prägendes Mittel der Gestaltung.

Rudimentäre Melodien, die Qualität der Orchestrierung und das Niveau der Gesangstexte bleiben zweitrangig. Man konnte sich ekeln vor den vielen Wiederholungen. Disco-Music war im-

Früher wurde dieses Foto häufig mit dem Spruch »Folter für Travolta« übermalt.

mer anders und immer gleich. Es gab keine Liebe in dieser Musik, nur kalte, unpersönliche Eleganz. Massen-Musik für die Massen-Diskothek der Massen-Nacht. Musik, die nach Make-up riecht und Deo-Rollern. Musik, die aussieht wie Satinhosen mit Schlag und hochhackigen Schuhen. Musik, die schmeckt wie ein warm gewordener Gin Tonic. Süßliche, einlullende Musik. Musik, die zur beherrschenden Kraft der 70er Jahre auf sämtlichen für Plattenfirmen zugänglichen internationalen Märkten wurde.

2. Exkurs: Im Versteck

Sabine, damals 19: »Ich ging in diesen Nächten immer schon früher hin, um zu sehen, wie die Leute auf die Tanzfläche kamen, wie sich die Diskothek langsam füllte, wie sie alle anfingen zu tanzen zu Klängen, die sie kaum jemals zuvor gehört hatten. Es war wie eine Art Versammlung, eine Versamm-

lung in der Anonymität. Der Raum, in dem
die grellen Lichter pausenlos zuckten, war so
groß. All diese Tänzer, Hunderte müssen das gewesen sein, verliefen sich fast darin, sie tauchten im Ge-
wühl unter, waren spät nachts als einzelne Gesichter
kaum noch auszumachen. Es herrschte eine Art von Aus-
gelassenheit, die fröhlich erscheinen konnte, aber trotzdem
gefühllos war. Es herrschte starker Konkurrenzdruck. Wer
sieht am tollsten aus, wer tanzt am besten, am aufreizendsten?
Es wurde kaum geredet, die Musik war zu laut. Ich glaube, die
meisten gingen überhaupt nur aus, weil sie sich verstecken wollten.
Es war ein Versteckspiel, das in aller Öffentlichkeit funktionierte.
Es war der paradoxe Zwang, den ich auch manchmal verspürte: Weil
ich mich vor mir selbst, meinem Leben und allen anderen Menschen
verstecken wollte, ging ich samstags tanzen.«

3. Sortierungen

3.1. Made in Germany Seite 210

Disco-Music aus den USA: das Vorbild, der Standard. Edler
ausstaffiert, gediegener aufgezogen, teurer produziert als der
Rest. Wie alles, was aus Amerika kommt, auch diesmal wieder
meist mehr Form als Inhalt. Aber voller Glanz und Glitter,
Show und Pose. Beeindruckend und anziehend für Menschen, die
empfänglich sind für den glamourösen Schein, der die unansehnlich
gewordene Wirklichkeit überblendet.

Disco-Music aus England, Frankreich, Spanien, Holland, Belgien,
Luxemburg, Italien: vernachlässigenswert, unerheblich. Nur
Fußnoten der Geschichte.

Disco-Musik aus Deutschland: ein Verkaufserfolg, weltweit.
Frank, damals 17: »Du kannst Dir das nicht vorstellen, was
das damals für ein Schock war, als man zum ersten Mal
Boney M. hörte oder Donna Summer. Diese eintöni-
gen, klatschenden Beats. Diese schlichten Rhythmen und komischen Melodien. Schrecklich. Das
Ganze klang so furchtbar ... synthetisch,

wie ein Kunstprodukt. Ohne Leben, ohne
Gefühl, ohne Seele. Und diese Disco-Lala war
in Deutschland produziert worden.«

1978 wird Boney M. die erfolgreichste Band in England,
Deutschland, Benelux. Der Produzent Frank Farian singt
die meisten Titel selbst, drei Sängerinnen und ein Sänger
sind nur Staffage für die Ideen des findigen Produzenten.
Disco-Musik made in Germany wird zum Qualitätssiegel:
Donna Summer: *Love To Love You, Baby.* Boney M.: *Daddy Cool.*
Supermax: *Love Machine* werden in Deutschland eingespielt (Mu-
nich-Sound) und millionenfach verkauft. *Fly Robin Fly* von Silver
Convention war 1975 der erste in Deutschland produzierte Song,
der Nummer eins in der US-Hitparade wurde. Produzent und Tex-
ter Michael Kunze (Pseudonym Stephan Prager), der mit dem
Komponist/Arrangeur Silvester Levay die Silver Convention-
Hits möglich machte: »Wir haben den Amis Coca-Cola
verkauft.«

Nicht mehr die Musiker sind es, die die Musik herstellen,
sondern Produzenten, denen die Musiker/Darsteller zu Ge-
fäßen für ihre Vorstellungen werden. Frank Farian (Boney

**Frank Farians spektakuläre
Goldesel-Truppe: Boney M.**

M.); Giorgio Moroder (Donna Summer);
Michael Kunze (Silver Convention, Penny
McLean); Neil Rodgers / Bernie Edwards (Chic);
Jacques Morali (Village People). Disco-Musik, nicht
nur aus Deutschland, trägt zur Entpersönlichung der
Musik von den Musik-Hörern bei. Sie betont den Charak-
ter des Kunstprodukts, der Ware.

3.2. Philly-Sound

Christiane, damals 16: »Klar, haben wir gerne getanzt. Aber es
gab anfangs nur diese Rock-Sachen, *Sympathy* von den Stones oder
Indian Reservation oder *Proud Mary*; das hatten wir irgendwann total über. Aber plötzlich tauchte all diese neue Musik auf, Philly-
Sound, das war mal was anderes. Das war richtig schwungvoll, und
man konnte dazu auch prima Foxtrott tanzen, und nicht nur
diese wilden Verrenkungen wie die Hippies früher.«

Philly-Sound als erste eindeutige Ausprägung der neuen Popular-Musik, auch sie noch vor dem »Fieber der Samstag-
Nacht«, mit einer Glanzzeit in den Jahren 1974 bis 1976.

Noch einmal ist Barry White auf dem Fernsehschirm zu sehen: Eine massive Gestalt, ein Farbiger von vielleicht dreieinhalb Zentnern, der Klavier spielt und mit geschlossenen Augen
in ein über den Tasten installiertes Mikrophon nuschelnd singt:
Girl, I don't know, I don't know, I don't know why I can't get enough of
your love, Babe ... Seine Augen sind geschlossen, Schweißperlen tropfen von seiner Stirn; im Aschenbecher verglimmt eine schlanke,
weiße Zigarette. Das alles ist die Probe für eine TV-Aufzeichnung.
Für den Regisseur setzt Barry White sich nochmals und nochmals
in derselben Art und Weise hin und murmelt seinen monotonen
Sprechgesang nochmals und nochmals; immer wieder tönen
die verschwenderischen Geigen-Arrangements, die seinen
Gesang untermalen, vom Tonband. Barry White ist gedul-
dig, arrogant, schläfrig. Er und seine Musik sind eins,
symbiotisch. Das macht ihn so erfolgreich: Er selbst
ist das Produkt, das er verkaufen will.

3.3. Entschärfter Soul

Massenweise andere Disco-Produkte daneben; dasselbe Strickmuster, immer neu variiert. Entschärfte Soul-Kompositionen, verzuckert von Geigenschmelz, zum Teil falsett-hoher Gesang. Von den Songautoren, Producern und Unternehmern Kenny Gamble und Leon Huff sowie Thom Bell (Arrangeur) in den Sigma Studios von Philadelphia International Records als schwarze, federnd-elastische Tanzbeats gegen die Vorherrschaft der weißen, schnulzigen Teeny-Stars lanciert. Alles eingängig und rhythmisch, nicht zu anspruchsvoll. *T.S.O.P. (The Sound of Philadelphia)* des Gambel/Huff-Hausorchesters MFSB (»Mothers, Fathers, Sisters, Brothers«) als eine der ersten Produktionen dieser Serie, die der gesamten Bewegung den Namen gab: Philly-Sound.

Seite 213

Zahllose andere Titel, die die Philly-Sound-Masche erfolgreich nachstrickten, sind heute Standard-Platten der anschwellenden Disco-Blüte in den Mittsiebzigern, als schwarzen MusikerInnen der massive Einbruch in die weißen Hitlisten gelang: *I Will Survive* (Gloria Gaynor), *Me And Mrs. Jones* (Billy Paul), *Rock Your Baby* (George McCrae), *Love Train* (The O'Jays), *The Hustle* (Van McCoy), *Rock The Boat* (Hues Corporation), *When Will I See You Again* und *Dirty Ol' Man* (The Three Degrees), *Disco Stomp* (Hamilton Bohannon), *Shame, Shame, Shame* (Shirley & Company), *That's The Way I Like It* (K. C. And The Sunshine Band), *Never Can Say Good-Bye* (Gloria Gaynor), *Love Theme* (Love Unlimited), *Car Wash* (Rose Royce).

4. Anpassung / Abflachung

Disco-Music: Massen-Musik. Bei wöchentlich mindestens zwei neuen Disco-Produktionen, wann muß es die etablierten Bands treffen, wann werden sie sich umstellen, anpassen, einpassen in den bestimmenden Trend der Zeit? In welcher Nacht wird der Plattenspieler splittern, wenn es sich nach Disco anhört, aber es in Wirklichkeit eine Rockband ist?

Fame, Coup der 75er David Bowie-Produktion »Young Americans«, oder *One Of These Nights*, 1975 von den Eagles eingespielt, hören sich schon verdächtig nach rhythmisiertem Discotheken-Pulver an. Die Rolling Stones veröffentlichen 1978 »Some Girls« und 1980 »Emotional Rescue«, LPs, die von vielen Disco-Beats durchsetzt sind, die faszinierende Tanznummern auf dem Höhepunkt der Disco-Mode sind, ohne den Verlust der Rhythm-&-Blues-Tradition. So geht es also auch.

Soul Music / Party Music / Philly-Sound / Disco made in Germany / Saturday Night Fever – das ist die Entwicklung zwischen 1971 und 1978. Mit dem Ergebnis, daß die Musik immer populärer, immer massenwirksamer wurde. Sie flachte ab. Immer weniger originelle Kompositionen, immer mehr Disco-Hits von der Stange. Immer mehr schlechte Schlager, denen dem Trend der Zeit gemäß der typische Dance-Beat aufgepfropft wird – was weder dem einen noch dem anderen bekommt (Amanda Lear: *Queen Of China Town*; Johnny Wakelin: *In Zaire*; Carl Seite 214

Penny McLean, die deutsche Disco-Queen, mit Breitschlaghosen vor historischer Kulisse.

Douglas: *Kung Fu Fighting*, Exile: *Kiss You
All Over*, John Paul Young: *Love Is In The Air*,
Marianne Rosenberg: *Er gehört zu mir*; LaBelle:
Voulez-Vous Couchez Avec Moi?, La Bionda: *One For
You, One For Me*, Patrick Hernandez: *Born To Be Alive*,
Baccara: *Sorry, I'm A Lady*, Hot Chocolate: *So You Win
Again*).

Disco-Musik als industrielle Methode, die bestens absetzbar
ist; als reine Unterhaltungsmusik zu sich selbst gekommen. Aus-
gefeiltere Computer-Technik ermöglicht schnelle, problemlos zu
arrangierende Kompositionen, im Tonstudio nach dem Baukasten-
System zusammengesetzt, als immer neue Häppchen für die Kund-
schaft, den Markt (Donna Summer: *I Feel Love*).

5. Orientierungen

Seite 215
Die zusehends beliebiger werdenden Disco-Produktionen
fordern zum Ende der 70er Jahre dreierlei heraus: Persiflage,
Modifikation, Innovation.

5.1. Verspottung
Fix fabrizierte Disco-Music, nur unter dem Aspekt der Ver-
kaufbarkeit entworfen, hergestellt, vermarktet, schafft eine un-
durchsichtige Ödnis, in der sich nur noch der Witz Bahn brechen
kann. Disco-Titel werden von cleveren Show-Leuten neu aufgenommen oder neu komponiert, und verkaufen sich als Witz-Platten fast
genausogut wie die Originale (Rick Dees & His Cast Of Idiots:
Disco Duck, Disco Tex & The Sex-O-Lettes: *I Wanna Dance Wit
Choo*). Andere Aufnahmen nehmen sich aus der vorgeblich iro-
nischen Distanz des Themas an und walzen es endültig platt
(Frank Zander: *Disco Polka*, Gottlieb Wendehals: *Herbert*).

5.2. Umformung
Disco-Music fließt als neugeschaffener Bestandteil
in die Pop- und Rockmusik ein, setzt als berei-
cherndes Element Akzente in den Aufnahmen
von als progressiv eingestuften Gruppen.

Künstler wie David Byrne, David Bowie, die Rolling Stones, Eno nutzen die Disco-typischen durchgehenden Beats, um ihre Stücke interessanter zu gestalten. Damit wird Disco-Musik zu Beginn der 80er Jahre nunmehr seriös. Sie bereichert die Rockmusik allgemein; gibt beispielsweise trendsetzenden Bands wie den B 52's, Eurythmics oder den Talking Heads wichtige Impulse.

5.3. Neuerung

Auch die Disco-Music selbst bleibt nicht stehen. Immer mehr Produzenten und Musiker artikulieren ihre Unzufriedenheit mit der Versandung des Genres, fordern neue Entwicklungen und treiben sie voran.

Nile Rodgers und Bernie Edwards, die seit 1977 mit ihrer Gruppe Chic erfolgreichen, glatt produzierten Edel-Disco-Kitsch abgeliefert hatten (*Dance, Dance, Dance / Yowsah, Yowsah, Yowsah; Le Freak*), als Vorreiter. Spätestens mit der 1981er Chic-LP »Stage Fright« hatten Rodgers/Edwards sich von der Hülle des allzu Beliebigen gehäutet, stellten sie nun Disco-Music auf hohem Niveau vor, die schnell unter dem neugeprägten Begriff »Dancefloor Music« subsumiert wurde.

6. Hinein in die 80er Jahre

Viele Verästelungen seit dem Ende der 70er Jahre, die eine Vielzahl von interessanten, anspruchsvollen Disco-/Dancefloor-Alben hervorbrachten.

Grace Jones, die seit 1977 die modische Inkarnation der Disco-Welle war. Mit der New Yorker Trend-Diskothek »Studio 54« als Plattform griff sie mit reinem, im $\frac{4}{4}$-Takt pulsierendem Sex-Sound zähnefletschend und peitschenschwingend an. Sie hob sich selbst bald aus dem Stadium der Disco-Eintagsfliege heraus; durchsetzte ihre Songs mit Disco-,

Michael Jackson, so, wie ihn
Gott einst erschaffen hat.

Pop-, Rock- und Reggae-Impulsen, avancierte mit »Warm
Leatherette« (1980) und »Nightclubbing« (1981) zum Su-
perstar, zum Nachtpfauenauge der veränderten Samstag-
Nacht des neuen Jahrzehnts.

Michael Jackson war eine seltene Mischung aus Naivität und
rigorosem Perfektionismus. Anfang der 70er Jahre als Kinder-
star groß geworden, später als integraler Bestandteil der Jackson
Five zum Enterainer vervollkommnet, wurde er Anfang der 80er
Jahre zum wichtigsten Exponenten der Tanzmusik. In Zusammenarbeit mit dem Produzenten Quincy Jones profilierte sich Jackson
im Studio als Musik-Magier. Das 1979 entstandene Album »Off
The Wall« schoß als furios flammendes Finale der Disco-Ära in
die Hitparaden; die Nachfolge-LP »Thriller« (1982) voller pu-
bertärer Kiekser, hechelnder Unschuld, Murmeln, Stöhnen
und Schluckauflauten gilt bis heute als das Vorzeigepro-
dukt des modernen Dance-Sounds. Er hatte sich nach fast
zehn Jahren Evolution von der Disco-Musik emanzi-
piert.

Was sonst noch geschah...

Schlagzeilen aus aller Welt (1979)

1979

– Beim Admiral's Cup, der inoffiziellen Weltmeisterschaft der Hochseesegler, kommt es während des Fastnet Race zur Katastrophe. Bei schwerem Wetter geraten alle Segler gleichzeitig in Seenot und sind zum Teil schlecht ausgerüstet oder zu unerfahren in Seenot-Situationen. 23 Boote müssen aufgegeben werden, und 17 Segler ertrinken.

– In einem selbstgebastelten Heißluftballon gelingt zwei Familien aus der DDR die Flucht in fast 2.500 Metern Höhe. Die Ballonhülle haben sie in mühevoller Kleinarbeit selbst zusammengestückelt.

– Die USA avanciert zum Feindbild Nummer 1 im Iran. Etwa 400 Iraner besetzen die amerikanische Botschaft in Teheran und nehmen die Mitarbeiter als Geiseln. Vor der Botschaft werden die US-Flagge und eine Stoffpuppe, die Jimmy Carter darstellt, verbrannt.

– Die Sowjetunion fällt in Afghanistan ein, um »brüderliche Hilfe« zu leisten. Die USA streichen daraufhin die Lieferung von 17 Millionen Tonnen Weizen an die UdSSR, stoppen den Export wichtiger Technologien und nehmen die Waffenlieferungen an den Nachbarn Pakistan wieder auf.

Seite 218

– In Brüssel wird der Nato-Doppelbeschluß verabschiedet. Er sieht die Stationierung von amerikanischen Mittelstreckenraketen mit atomarem Sprengkopf auf europäischem Boden vor.

– Der Friedensnobelpreis geht an Mutter Teresa für ihr Engagement in den Armenvierteln Indiens.

– Der ehemalige Studentenführer Rudi Dutschke stirbt an den Spätfolgen einer Schußverletzung in Dänemark.

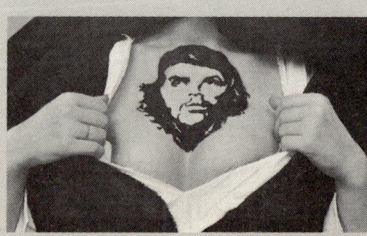

... ein wahrhaftig revolutionäres
Dekolleté ...

Major Tom
Michas langsames Sterben

Micha starb an einem Dienstag. Es sei früh am Morgen gewesen, als man ihn ein paar Meter von der Trinkhalle entfernt gefunden habe, an der er sich so oft mit dem alten Huchtig getroffen hätte.

Ich lernte Micha kennen, als er mit seiner Fender-Gitarre durchs Haus ging, bei allen Mietern klingelte und jemanden Seite 219 suchte, der mit ihm musiziert. Ein kräftig gebauter Kerl, mit nackenlangem strähnigem schwarzen Haar, Seitenscheitel links, einem runden Gesicht und wässerigen, farblos wirkenden Augen, die mich müde anschauten. Wir gingen in den Keller. Dort hatte er in der ehemaligen Waschküche seinen Marshall-Turm deponiert und seine abgewetzte Stratocaster. Ich baute mein Drumset auf, und schon ging's los. Wir spielten drauflos, spielten laut, hatten jede Menge Spaß. Schon kurze Zeit später standen bereits die Nachbarn vor der Tür. Wie die tobten! Wir grinsten uns vielsagend an, holten nochmals zum satten Schlag aus, machten dann aber doch alles aus, gingen die zwei Treppen hoch in Michas Wohnung.

Komische Räume. Nirgendwo ein Poster an der Wand. Das Wohnzimmer wirkte wie ein Warteraum. War kahl und kühl. Vier Matratzen dienten als Sitzgelegenheit. Davor stand der kleine Beistelltisch, den Micha mit Silberfolie überzogen hatte. Darauf klebten vier klobige Kerzen. Der Plattenspieler thronte auf zwei Mauersteinen. Ein paar Eloy-Scheiben lagen verstreut auf dem runden Flokati-Teppich. Wir hockten uns auf den Boden. Micha suchte Zappa. Wir hörten *The Torture Never Stops*, und ich erzählte ihm von meiner Lehre, von meiner Band. Micha lauschte mit gesenktem Kopf, nickte hin und wieder und sagte nichts. Wir hörten die Zoot Allures zuende und verabredeten uns für den nächsten Tag.

Im Korridor muffelte es süßlich. Ich tastete mich durch die dunkle Diele und schob die halboffene Wohnzimmertür auf. Die Kerzen brannten auf Sparflamme, und trotz des nachmittäglichen Sonnenscheins hatte er die dicken roten Vorhänge vor den Fenstern zugezogen. Er stierte mich aus glasigen, halbgeschlossenen Augen geistesabwesend an. Das Hemd hing aus der Hose, sein Gesicht glänzte fettig. Er grinste, versuchte was zu sagen. Doch die gemurmelten Sätze kamen nur schwer über seine Lippen. Mehr lallend als sprechend, meinte er, daß er sich unheimlich gut fühle.

Dann gibbelte er, prustete herum, verschluckte sich. Ich hockte mich hin. Der Duft, die Dunkelheit, die honigzäh dahinfließenden Eloy-Klänge – ganz schön beklemmend. Micha guckte durch mich hindurch, gab kieksende Laute von **Seite 220** sich, kniete sich auf den Boden und schaukelte seinen Oberkörper vor und zurück. Erst langsam, dann immer schneller. Ließ sich mitten in der Bewegung zur Seite wegfallen und knallte mit der Schulter gegen den Plattenspieler. Was ihn aber weiter nicht störte. Rappelte sich wieder auf und schaukelte weiter. Um irgendwas zu sagen, fragte ihn irgend etwas Belangloses. Ich glaube, ich fragte ihn nach der Platte, die da gerade gelaufen war. Micha ließ die Augen geschlossen, blieb stumm. Zwar bewegte er die Lippen, sagte aber nichts. Mir war das zu dumm, ich stand auf und ging.

Ein paar Tage später kam er zu mir, wollte sich Platten ausleihen, Poster und Musikzeitschriften angucken. Er sah frisch aus, war gut gelaunt, interessiert, ausgelassen und erzählte. Daß das mit einer seinen vielen Bewerbungen endlich mal geklappt hätte. Daß er wohl einen Boten-Job bei der Stadtverwaltung bekomme. Was denn letztens mit ihm los gewesen wäre, wollte ich wissen. Er rauche manchmal ganz gerne ein bißchen Gras, sagte Micha. Das sei nämlich ein irres Gefühl, der

Körper würde ganz leicht. »Kennst du dieses angenehme schlaffe und entspannte Gefühl,
wenn du dich nach fünf Hin- und Rück-Bahnen
im Schwimmbad auf die Wärmebank legst?« Genauso
hätte er sich gefühlt. Und wenn man dann noch die richtige Musik dazu auflegt, die elektronischen Sachen oder
Eloy oder auch »New Leaf« von East of Eden, dann käme
man echt gut drauf. Im Rausgehen sagte er, daß er eine Fete
mit ein paar Freunden machen würde, und daß ich ruhig vorbeikommen könnte.
Ich war der erste. So nach und nach trudelten die vier ein. Stadt-
bekannte Gesichter, die ich von meinen Kneipenzügen her flüchtig
kannte und über die einige meiner Freunde nur hinter vorgehaltener
Hand redeten: DAS SIND DEALER!
Träge hockten sie auf dem Boden, guckten herum und schwiegen
sich aus. Micha kramte Bowies »Space Oddity« heraus, die anderen nickten. Dann zog er die Vorhänge zu, machte Kerzen
an, ging zu seinem Folientisch und fingerte aus der Schub-
lade ein schokoladentafelgroßes Päckchen heraus. Plötzlich

kam Bewegung in die Leute.
»Frisches Zeug, Alter?«
»Jau!«
Micha fuhr sich mit der Zunge über seine spröden Lippen.
Das Quartett glotzte gierig auf die braune Masse. Micha brach
ein Stück heraus, verschloß den Rest sorgfältig in der Plastiktüte.
Er suchte sich seinen Mörser, zerstieß die Substanz zu kleinen Krü-
meln und klebte anschließend acht Zigarettenblättchen aneinander.
Er vermengte die Krümel mit dem trockenen Tabak seiner Ca-
mel Zigaretten und drehte mit geübten Fingern einen großen
Joint. »Nimm«, sagte er zu mir. Ich wollte nicht. »Mach' doch«,
drängte Micha. »Nein«, sagte ich nochmals, hob abwehrend die
Hände. Die anderen lachten, waren ganz schön nervös. Das
unförmige Ding ging jetzt mehrmals 'rum, bis nur noch ein
glimmender Stummel übriggeblieben war. Bowie sang die
Geschichte von *Major Tom*, und alle waren mucksmäus-
chenstill, wiegten sich im Rhythmus der Musik.
Nein, ich habe noch nie Haschisch probiert, sagte
ich Micha später. Ich hätte Schiß davor. »Weißt
du, es gibt zwei Dinge, die ich nicht mag:

Abhängigkeit und Kontrollverlust. Deshalb rühre ich kein Dope an. Mir reicht es schon, wenn ich jeden Tag zu einer Arbeit muß, die mir überhaupt nicht gefällt. Das ist eine Scheiß-Abhängigkeit. Und außerdem mag ich's gar nicht, so drauf zu sein, wie du es beim letzten Mal warst.« Das sei doch alles Blödsinn, meinte Micha. »Du kriegst klasse Bilder in die Birne, dadurch lösen sich auch Spannungen im Körper, du wirst freier, offener, kreativer. Bewegungen bekommen eine ganz andere Bedeutung. So wie bei mir: Ich fühlte mich wie ein Ping-Pong-Ball, der von einem zum anderen Lautsprecher fliegt. Und als die Platte aus war, hat mich das gar nicht gestört, weil du manchmal gar keine Musik brauchst, weil du selber Musik bist.« Und er drehte sich um, drückte mir ein paar münzengroße Klumpen in die Hand: »So'n piece hat einfach eine stärkere Wirkung. Kannst du mir glauben. Und ist im Monat auch viel billiger als das Bier von der Bude«, rechnete er mir vor. »Hier, für dich. Sonderpreis.« Ich schüttelte den Kopf. »Kannst du aber ruhig nehmen, ich habe genug davon.« Ich schaute ihn fragend an. Und dann erzählte er, daß er mit dem Zeug handeln Seite 222 würde, weil das eine Menge Geld bringt und immer frischen Stoff und daß man dufte Leute dabei kennenlernt. Den Job bei der Stadt hätte er schon wieder geschmissen. Das habe sich nicht gelohnt, und er brauche jetzt endlich nicht mehr jeden Morgen um sechs Uhr 'raus.

Es sprach sich schnell herum, daß Micha ein wichtiger Kurier und Dealer für die Stadt geworden war. »Micha, ich geh' heute ins Klaus-Schulze-Konzert. Komm' doch mit.«

»Keine Zeit!«

»Micha, ich fahre mit ein paar Freunden zur belgischen Küste schwimmen.«

»Kein' Bock!«

»Micha, ich kenne ein paar Musiker, mit denen könnten wir eine Band gründen und solche Sachen machen, wie wir sie damals im Keller gemacht haben.«

»Ich will nicht.«

Micha hätte auch gar nicht gekonnt. Er habe seine Fender und den Marshall versetzen müssen, weil er günstig an eine Lieferung Stoff ge-

David Bowie als Ziggy Stardust.

kommen sei, und die habe er sich von keinem wegschnappen
lassen wollen. Jetzt säße er auf der Ware, die er im Schließfach
im Bahnhof deponiert habe. Aber er würde sie zur Zeit
nicht los, da das Rauschgift-Dezernat einen Tip bekommen hätte und nun die Szene durchleuchten würde und
so fort und so fort.
»Das macht mich ganz schön rappelig!«
Micha wird immer mehr zu Bowies Major Tom,
dachte ich oft. Verläßt seine Kapsel freiwil-

lig, um sich antriebslos in die unendlichen Geheimnisse des Universums zu verlieren. Der Junge hatte nur noch Sinn für seine Drogengeschäfte. Kaufen. Ausprobieren. Verstecken. Verkaufen. Und das Ganze von vorn.

Als ich nach einer tollen Bade-Woche aus Belgien zurückkehrte, hatte Micha wieder eine Phase, in der er kaum ansprechbar war. Er schluckte neuerdings irgendwelche Kopfschmerz-Pillen und hatte »Optipect« für sich entdeckt, Tropfen gegen Grippe, die es nur auf Rezept gab und die ich auch im Schrank aufbewahrte. »Kodein törnt gut«, sagte Micha vielsagend und grinste. Ich berichtete kurz, daß wir in Belgien endgültig beschlossen hätten, eine Band aufzumachen. Und einen Proberaum gäbe es auch schon. »Was ist jetzt mit dir?« Nein, die Gitarre hätte er noch nicht auslösen können ... Ginge im Moment alles nicht ... Neue Lieferung stünde an ... Und das mit dem »Optipect« müßte man im großen Stil ... Rezepte besorgen ... Und irgendwie sei er nicht gut drauf ...

Micha langweilte mich. Und nicht nur mich. »Laß' den doch«, sagten die anderen. Laß' den doch machen, der spinnt **Seite 224** doch total. Viel zu oft traf man Micha nun auch an der Trinkhalle in der Uhlandstraße, wo er schon morgens mit dem Huchtig und den Jungs, die bei seiner Fete waren, soff. Später am Abend, so um sieben Uhr herum, zwängte er sich in seine Dealer-Klamotten: rote Stiefel mit hohem Absatz und eine weiße Samtcordhose, die er sich, wie es auch sein Idol David Bowie machte, über den Stiefelhals rollte, zog dazu die enge, hellbraune Fransen-Lederjacke übers weiße T-Shirt, legte sich das untertassengroße Peace-Amulett um den Hals. Dann machte er die üblichen Runden. Seine besten Kunden warteten im U-BO und im Treff, manchmal gab's auch interessierte Leute im TAO, und dann ging er auch dorthin. Hier kassierte er ab und an harte Prügel, wenn er sie mit gestrecktem Stoff linkte. Aber das machte Micha nichts aus. Ihm war das ziemlich egal, solange er sein Zeug verkaufen konnte.

Als ich mit der Band im Kunst-Museum den ersten Auftritt hatte, stand Micha an der hinteren Säule und guckte zu. Er sah schlecht aus und atmete schwer. In der Pause fragte ich ihn, wie er

»Christiane F.« – ein Film, der aufrütteln sollte. Tatsächlich griffen aber immer mehr Jugendliche zu weichen und harten Drogen.

das findet, was wir da spielen. »Macht mich nicht an«, meinte er lakonisch und hatte wieder diesen glasigen Blick. Wie er das denn meine, wollte ich wissen. »Was ihr da macht, gibt mir nicht den richtigen Kick. Ich brauche eigentlich jetzt etwas Ruhiges, nicht so'n Hardrock-Krach.« Und dann wollte ich ihn überzeugen, daß das kein Hardrock-Krach sei, sondern Melodie-Rock, und daß wir an diesen Stücken fast jeden Abend intensiv gefeilt, einzelne Passagen auf Tonband aufgenommen und uns gemeinsam dazu passende Melodien überlegt hätten. »Ganz schön blöd, das ist doch viel zuviel Arbeit. Hättet ihr mal lieber was geraucht, dann wären bessere Ideen gekommen.« Ich wurde sauer: »Du mit deinem Rauchen! Was ist denn mit dir, du kriegst doch gar nichts mehr auf die Reihe!« Von wegen: Frei. Offen. Kreativ. »Du bringst doch nur doofe Sprüche!« Micha winkte ab.

Ich traf mich kaum noch mit ihm. Was sollte ich noch mit ihm reden? Bei ihm drehte sich alles um die Drogen. Ich weiß noch, als ich ihm von unserem Urlaub in der Bretagne erzählte, von den Abenden am Zeltplatz-Lagerfeuer, als wir ein paar

Engländer getroffen hatten und gemeinsam musizierten und diesen herrlichen süffigen Wein dazu tranken. Und später dann, alle Mann hoch, singend und tanzend an der malerischen Felsenküste von Concarneau entlanggingen und wir uns wie im Himmel gefühlt haben, da unterbrach er mich unwirsch: »Die wahren Abenteuer sind im Kopf. Und sind sie nicht im Kopf, dann sind sie nirgendwo«, zitierte er André Heller und rollte sich einen Joint und legte sich wieder die »Dawn« von Eloy auf.

Ich zog bald aus der Stadt fort und hörte nur ab und an, was mit Micha los sei. Mal hieß es, er säße im Knast, jetzt hätte man ihn doch gepackt. Dann wieder, daß er auf Entzug sei, daß er mit einem Kreislaufkollaps ins Krankenhaus eingeliefert worden wäre und daß er immer verrücktere Dinge tue, da er schon seit einiger Zeit auch LSD nehme. Genaues wußte keiner. Wollte wohl auch keiner wissen. Mich interessierte es auch nicht.

Als man mir die Todesanzeige schickte, war ich aber doch geschockt. Es sei früh am Morgen gewesen, als man ihn ein paar Meter von der Bude entfernt fand, an der er sich so oft mit Seite 226 dem alten Huchtig getroffen hätte. Und zwar habe Micha im Gebüsch am Bahndamm gelegen und die Nadel hätte noch im Arm gesteckt.

Jessica in Gipperich
Mit dem Rockpalast leben

Sauerland, mein Herz schlägt für das Sauerland,
begrabt mich mal am Lennestrand,
wo die Misthaufen qualmen, da gibt's keine Palmen.
Sauerland, mein Herz schlägt für das Sauerland,
begrab' mein Herz im Lennesand,
wo die Mädels noch wilder als die Kühe sind.

(Rockgruppe Zoff, Iserlohn)

Wir sitzen am Frühstückstisch, kauen bedächtig die frischen
Brötchen mit Marmelade, gucken noch müde durch das halb
geöffnete Fenster. Durch den Spalt drängt sich kühler Morgen-
nebel hinein, schwebt noch eine Weile über der Butter, stößt dann
an die Kaffeekanne, löst sich auf und hinterläßt ein paar Tropfen am
Griff. In der Ferne begrüßen die drei Kühe von Bauer Maiworm, einem unserer Nachbarn, den Tag, muhen nacheinander ihre Müdig-
keit heraus. Unser Hund schläft noch. Denken wir. Doch Judith
ist schon wach, leckt emsig über ihre Vorderpfoten, gähnt dann
ausgiebig, reckt sich, reckt sich nochmals und – legt sich wieder
hin.
Ich mache das Fenster weiter auf, suche mir aus dem Stapel
die Cassette mit dem »Rockpalast«-Auftritt von Mothers-
Finest, den Hartmut gestern abend aufgenommen hat.
Er nickt aufmunternd. Das war ein Konzert! Mein
lieber Mann, da hatte Rockpalast-Rüchel aber mal
ein gutes Händchen! Das war Power-Rock, wie
ich ihn noch nie gehört hatte! Mothers

Finest spielten zum ersten Mal in Europa und lieferten eine knallige Funk-Fusion-Rock-Show ab, die uns nicht auf den Stühlen hielt. Alles tolle Leute in der Band, aber besonders beeindruckt waren wir von der stimmgewaltigen Joyce Kennedy, die im hautengen, schwarzen Trikot und mit Federbüscheln an den Füßen wie ein Irrwisch über die Bühne fegte.

Ich schiebe die Cassette in den Radio-Recorder, spule sie so lange vor, bis das Einleitungsgequatsche von Albrecht Metzger vorbei ist, öffne das Fenster nun ganz, setze mich wieder, schmiere mir ein zweites Brötchen, freue mich auf die fetzigen Songs *Baby Love* und *Can't Fight The Feeling* und *Love Changes* und genieße, wirklich: G-E-N-I-E-S-S-E, die friedliche und stimmungsvolle Landschaft, die sich hinter der schmalen Straße vor unserer Haustür auftut: ein riesiges Feld mit saftigem, grünem Gras, dazwischen ein Bach, dessen sanfter Strom sich glucksend an den Steinen bricht. Er mag vielleicht sechzig Meter entfernt sein, aber seine murmelnde Melodie klingt bis in unsere Küche, vermischt sich mit den hastigen Rhythmen der Band. Und weiter hinten, dort, wo Judith gerne Hasen jagt, wo auch der Seite 228 Berg flach ansteigt und von einem dichten Wald bekront wird, äsen gerade ein paar Rehe. Eine Idylle wie im Bilderbuch! Ich muß wohl in diesem Moment einen seligen Ausdruck im Gesicht haben, denn Hartmut grinst, nippt an seiner Tasse, schüttelt leicht den Kopf, als ob er meine Gedanken gelesen hätte.

Als die allererste Rockpalast-Nacht gesendet wurde, wohnten wir noch in der Stadt. Rory Gallagher, Little Feat und Roger McGuinns Thunderbyrds guckten wir zusammen mit der Clique in der viel zu engen Wohnung vom Ulli. Es gab Pils und Erdnüsse, Chips und Käse, Gulaschsuppe und Schokolade. Wir waren wirklich gut gerüstet. Hatten morgens alles eingekauft und hockten dann auch schon zusammen, hörten uns quer durch »Dixie Chicken«, »Feats Don't Fail On Me« und »Last Record Album« von Little Feat, unserer Favoritenband. Wir waren schon ein verschworene Gemeinschaft, die es sich da in der Juli-Nacht 1977, 23 Uhr Ortszeit, vor dem Bildschirm bequem machte, um die Großereignis-Premiere aus der Essener Grugahalle zu

Live im Rockpalast: Mother's Finest
mit der quirligen und stimmgewaltigen
Joyce Kennedy.

verfolgen und mit lautstarken Kommentaren zu begleiten.
In wieviel Wohnungen mag sich an diesem Abend wohl ähn-
liches abgepielt haben? Fast fünf Stunden Live-Musik – ohne
daß da irgendwer reinredete, abgesehen von »Tschörmän Tele-
wischn Praudli Prisentz«-Albrecht und seinem Volksschul-Eng-
lisch. Moderator Metzger, ebenso sein Kollege, dessen Namen ich
nicht mehr weiß, machten bei den Interviews in den Umbaupausen
den Eindruck, daß sie hoffnungslos überfordert waren. Was wohl
auch an der Wichtigkeit dieser ersten Rockpalast-Nacht lag. Ich
glaube, an diese Eurovisions-Sendung waren acht oder neun
Länder angeschlossen. Da guckten in der Nacht vom 24. auf
den 25. Juli zig Millionen Menschen zu! Gut, da kann man
schon mal wackelige Beine kriegen. Trotzdem. Da hätten
sich doch Peter Rüchel und Christian Wagner, der Regisseur, der es liebte, seine Kameramänner stets ganz nah
an die Stars zu plazieren, Profis holen können.
Parallel zum Fernseh-Bild gab's im Radio den Ste-
reo-Ton, und es hätte alles so schön sein können, wenn nicht die Sicherung der Endstufe

von Ullis Anlage durchgeknallt wäre. Natürlich passierte dies kurz vor der Sendung, als wir
noch mal in die Irish-Tour von Gallagher reinhör-
ten, und deshalb konnten wir die ganze Nacht nichts
in Stereo hören, mußten uns mit dem Fernsehton be-
gnügen. Aber wir schlossen die zwei Boxen an die Flim-
merkiste an, hatten zwar trotzdem nur den Mono-Sound,
bildeten uns dabei ein, daß wir unterm Dach an der Herner
Straße den gleichen Raumklang hätten wie die 5.000 Leute in
der Grugahalle.

Mir kommt es schon wie eine Ewigkeit vor. Dabei liegt der erste
Rockpalast erst etwas mehr ein halbes Jahr zurück. Als wir es uns gestern nacht beim zweiten Rockpalast in aller Stille und nur zu zweit
vor dem kleinen, geliehenen Farb-TV bequem machten, ständig an
der Antenne fummelten, um einen guten Empfang zu bekommen, redeten Hartmut und ich darüber, wie schnell wir unseren
Entschluß, aufs Land zu ziehen, doch wahrgemacht hatten.
Das ging ja fast von heute auf morgen. Das etwas windschiefe
Bauernhäuschen hatte fünf Zimmer, Garten und einen Stall,
den wir zum Proberaum ausbauen wollten. 280 Mark Miete Seite 230
im Monat! Dafür gab's in der Stadt nicht einmal eine or-
dentliche Drei-Zimmer-Wohnung. Den Job gekündigt, ein
paar Sachen zusammengepackt, die Autos beladen, und dann
ab ins Sauerland. Und in Gipperich fühlten wir uns sauwohl.
Nicht deshalb, weil wir Ökos waren. Nein, wir waren schon richtige Stadtjungs, Thekenturner und so.

Und während ich noch an Ullis Wohnung denke, an Gallagher, der
letztes Jahr wie um sein Leben spielte und später sagte, daß dies sein
bestes Konzert in seiner Laufbahn gewesen sei, und im gleichen
Moment die Funk-Sounds von Mothers Finest durch die kaffee-
duftende Küche ballern, ziehen all die Leute an meinem geisti-
gen Auge vorbei, die ich wirklich nicht mehr hören noch sehen
wollte: die penetranten Besserwisser und unzuverlässigen
Kiffer, die schnorrenden Weltverbesserer und haltlosen
Trinker, die sprücheklopfenden Gerichts-Azubis und
die karrieresüchtigen Beamtenanwärter. Ich mochte
auch diese Fragen nicht mehr: Welche Kneipe nehmen wir heute? Weiß' nicht, schlag du was vor.
Ins Konzert? Ins Jugendheim? Ach nee, da

gibt's immer Ärger mit den Rockern. Also
doch Kneipe? Weiß nicht, ist auch egal. Musik
hören. Quatschen über die Arbeit. Trinken und
träumen. Dann wieder herumziehen. Quatschen
über die Arbeit. Hartmut und ich fühlten uns jedenfalls
wie die Geier aus dem Dschungelbuch, die schlapp auf
dem Ast saßen und auf irgendwas Außergewöhnliches warteten. Daß man allerdings selber aktiv werden muß, das war
uns jetzt klar.
Dicky Betts, der Gitarrist von den Allman Brothers, spielte gestern als letzter Act. Und er brachte mit seinen Great Southern-
Musikern zwar eine federnde und relaxte Südstaatenmusik, spielte
natürlich auch das unverwüstliche *Jessica*, konnte aber gegen Joyce
Kennedy und ihre Dampf-Crew nicht so recht bestehen. *Jessica* – wie
oft hatte ich diesen Song mit den zweistimmigen Gitarren-Sätzen
schon gehört. Und jedesmal spürte ich ein Kribbeln in der Ma-
gengegend, und es kam mir dann vor, als müßte ich jetzt und
sofort aufspringen und ... ja, genau das war der Punkt. Und
was? Diesmal war das anders.

Seite 231   Opa Trimbach von nebenan hatte endlich mal Zeit, um mir
zu zeigen, wie man mit der Sense umgeht. Morgen mittag
stand ein Treffen mit Franz Dölke an, einem handwerklichen
Allroundtalent, der den Motor von unserem VW-Bully repa-
rieren wollte, und der Abend war auch schon verplant. Stefan,
der Maurerlehrling aus Feldmannshof, hatte endlich alle Mate-
rialien beisammen, um den Fußboden im Stall, der mein Proberaum
werden sollte, in einen schwimmenden Estrich umzuwandeln. Und
dann wollten noch ein paar Musiker vorbeikommen, die sich auf
meine Anzeige gemeldet hatten.
Was ist mir nicht schon alles durch den Kopf geschossen, wenn
ich Musik hörte. Ganz bestimmte Musik hörte. Eben auch *Jessica*. Einfach mal weglaufen, alles hinter sich lassen, etwas
Neues wagen. Einfach so. Und jetzt, am frühen Morgen,
wird mir wieder klar, wie wichtig es gewesen war, aus der
Stadt zu ziehen. Ich freue mich ungemein auf das, was
noch alles kommen wird.
Die herrliche Landschaft im Sauerland, die Leute,
die wir hier schon kennengelernt hatten, der
Proberaum direkt neben der Küche, der

morgendliche Waldlauf, frische Eier und
Milch vom Bauernhof zwei Häuser weiter – all
diese Einzelbilder formten sich zu einem spannen-
den Film, dessen Ende noch vollkommen offen war.
Und ausgerechnet *Jessica*, diese alte Nummer, spielt den
Soundtrack dazu. Ändern werden wir uns wohl nicht. In
der Kreisstadt gibt's schließlich auch Kneipen. Aber es gibt
andere Schwerpunkte, andere Dinge, die wichtiger geworden
sind. Das klingt kitschig? Mag sein. Aber es ist wahr: Hartmut
zog doch genau so wie ich ruhelos durch die Stadt. Und was
macht er heute? Ist ständig und meist stundenlang mit seiner Schä-
ferhündin Judith im Wald unterwegs. Ich weiß noch, wie er vor ein
paar Tagen auf dem Fensterbrett saß, mit seiner Nagelschere andächtig und akkurat die Spitzen seiner Haare schnitt und dabei nach-
denklich und mit träumerischem Blick aufs Beet starrte, das er in
tagelanger Kleinarbeit und immensem Spaß angelegt hatte. Als
ob die Erdbeeren dadurch besser wachsen würden.
Ich bin ja jetzt wirklich mal gespannt, wie's bei uns auf dem
Lande weitergeht. Und in knapp sechs Monaten, also im September, soll die dritte Rocknacht übertragen werden.   **Seite 232**

Tampons können ungezwungen kickern, ein Bison interessiert sich für Hausmusik, und alle Hippies fliegen nach San Francisco … die Werbung und das neue Lebensgefühl.

Musik-Express-Aktion
»Leser malen ihren Lieblingsstar«

Seite 234

Von oben nach unten
und von links nach rechts:
Rick van der Lingen (Ekseption);
Karl Dall; Mireille Mathieu;
David Cassidy; Rory Gallagher;
Mick Taylor (Stones);
Frank Zappa; Jimi Hendrix

RORY GALLAGHER

Die 30 wichtigsten LP's der 70er Jahre

Von ABBA bis Wishbone Ash

Abba: Arrival (1977)

Das schwedische Quartett mit den Sängerinnen Anni-Frid und Agnetha und den Musikern Benny und Björn wurde nach dem Überraschungserfolg beim 74er Grand Prix de la Chanson schnell zu DER Hitparadengruppe überhaupt: Fortan gehörte der Rest der 70er Jahre der Viererbande aus Jonköpping. Eingängige, leicht konsumierbare Einspielungen für den Sofortverzehr wurden das Markenzeichen und verkaufsträchtige Gütesiegel dieser Gruppe, die trotz allem musikalischen Zuckerguß immer über ein hohes Maß an künstlerischer Qualität und gesanglicher wie produktionstechnischer Raffinesse verfügte. Auch die Stücke auf »Arrival« sind vorzügliche Beispiele schlichter, effektvoller Pop-Musik. Die LP enthält neben dem als Instrumentalnummer aufgezogenen Titelstück so bekannte Hits wie *Dancing Queen*, *Knowing Me, Knowing You* und *My Love, My Life*.

Seite 236

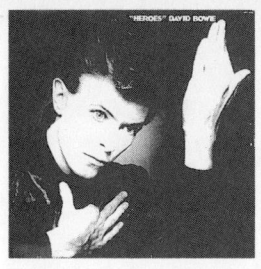 

David Bowie: Heroes (1978)

Nach den trendsetzenden Glam-Rock-Eskapaden um seine
Kunstfigur »Ziggy Stardust« und dem Ritt auf der hochschwap-
penden Disco-Welle mit seiner »Young Americans«-LP, machte das
Chamäleon des Rock mit »Heroes« 1978 die nächste Verwandlung
durch. Es entstand eine unterkühlte, zunächst spröde wirkende
Einspielung, die Bowie allerdings sowohl als Sänger wie als
Komponist in Höchstform präsentiert. Elektrisch verstärk-
ter Hard-Rock und Gratwanderungen durch die Klippen
elektronischer Verfremdungstricks verquicken zu sich einer

Seite 237

homogenen Einheit. Zu den erinnerungsträchtigen Kern-
stücken auf »Heroes« zählen neben der Titel-Nummer das
rhythmisch-federnde *Joe, The Lion*, das technoid-frostige *V 2
Schneider* und das melancholisch verschattete *Sense Of Doubt*.

Birth Control: Live (1974)

Als das Live-Doppelalbum des Quartetts erschien, hatte die Band be-
reits einige personelle Umbesetzungen, aber auch schon fünf erfolg-
reiche Jahre hinter sich: Mehrere ausverkaufte Tourneen im In- und
Ausland (Birth Control spielte als erste deutsche Band bei der
MIDEM in Cannes), beste Pop-Poll-Notierungen und drei
Studio-Platten belegten dies. Bernd Noske (Drums, Gesang),
Bruno Frenzel (Gitarre, Gesang), Peter Föller (Baß, Gesang)
und Zeus B. Held (Orgel, Gesang), die oft als »Pioniere des
Deutsch-Rock« apostrophiert wurden, spielten bluesigen
und sehr straighten Hardrock in bester anglo-amerika-
nischer Tradition. Auf den späteren Studio-Platten
neigten sie allerdings häufig dazu, ihre Rocknum-
mern mit komplizierter Rhythmik, vielen Key-
board-Sounds und mehrfach überlagerten

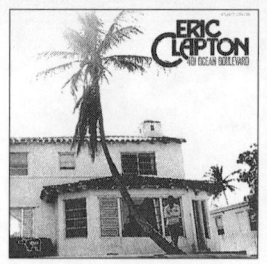 

Gitarrenspuren aufzupeppen. Live allerdings setzte Birth Control stets auf pure Power. *The Work Is Done, Back From Hell* und vor allem *Gamma Ray* waren immer eine gute Garantie für ein schweißtreibendes Rock-Konzert – noch weit bis in die späten 70er Jahre hinein.

Eric Clapton: 461 Ocean Boulevard (1974)

Begierig griffen die Fans zu, als Eric Clapton nach eher enttäuschenden Versuchen und einer längeren Kunstpause mit »461 Ocean Boulevard« anno 1974 sein Comeback einläutete. Die Platte bietet nicht das ganz zwingende E. C.-Material, aber die zurückhaltende Spielweise der alten »Slowhand« macht manches faule Ei wett und andere Titel zu echten Sammlerstücken. Seien es Adaptionen wie Johnny Otis' *Willie And The Hand Jive* und *I Shot The Sheriff* aus der Feder Bob Marleys oder Eigengewächse wie das romantisierende *Please Be With Me* mit Yvonne Ellimans jubilierendem Gesang und das zum Ende hypnotisch um sein melodisches Zentrum kreisende *Let It Grow* – Claptons gitarristisches Feingefühl ist immer bemerkenswert.

Seite 238

Cockney Rebel: The Psychomodo (1974)

Die zweite Veröffentlichung der britischen Combo mit Steve Harley (Gesang), Stuart Elliott (Drums), Paul Jeffreys (Baß), Milton Reame-James (Keyboards), Jean-Paul Crocker (Geige, Gitarre) präsentierte mit *Mr. Soft* einen wundervollen Hit im schlichten Umta-Umta-Rhythmus, verfeinert mit dem bedeutungsvollen Summen eines Männerchores, der glatt vom Schwarzen Meer hätte stammen können.

Die Rebels favorisierten nie nur den reinen Rock. Ihre harmonische Tonkunst verband Elemente aus Caféhaus-Musiken mit hüpfenden Honky-Tonk-Phrasen, stilvollen Geigenmelodien und fiebrig-flirrenden Akustik-Gitarren-Balladen, die von symphonischen Klängen melodramatisch umrahmt wurden. Eine eigenwillige Zuhör-Musik, und Harleys näselnde Stimme, mit der er sehr manieristisch arbeitete, war sicherlich das ungewöhnlichste Organ der 70er Jahre.

Colosseum: Live (1970)

Seite 239
Die beständig wie unter einem imaginären inneren Feuer brennende britische Jazz/Rock-Formation bietet auf den vier Seiten dieses Doppel-Albums alles, was die Herzen der Freunde des zupackenden Musizierens auch 25 Jahre später noch höher schlagen läßt. Jon Hiseman (Drums), Dave Greenslade (Orgel), Dick Heckstall-Smith (Saxophon), Mark Clarke (Baß), David »Clem« Clempson (Gitarre) und Sänger Chris Farlowe artikulieren auf kompakten und kraftstrotzenden Nummern wie *Walking In The Park*, *Skelington* oder *Lost Angeles* in beispielhafter Manier ihr musikalisches Verständnis: dem Jazz entlehnte Improvisations-Methoden ohne Substanzverlust in den Rock-Kontext zu übersetzen. Das Ergebnis ist eine hochenergetische Musik von seltener Brillanz.

Deep Purple: Machine Head (1972)

Die bereits 1968 von Jon Lord (Orgel) formierte Band aus London erprobte anfangs ihr Können mit Aufnahmen, die reinster Klassik-Rock waren. Aber erst in der seit 1970 bestehenden Besetzung mit Lord, Ian Paice (Drums), Roger Glover

(Baß), Ian Gillan (Gesang) und dem dämonischen Gitarristen Ritchie Blackmore fand sie endgültig zu sich selbst. Fortan intonierte das Quintett dichten, hetzenden Rock'n'Roll, der bei aller Schnörkellosigkeit immer Stil hatte und auch bei Hochgeschwindigkeits-Nummern nicht ins Trudeln geriet. Das Album »Machine Head« ist so etwas wie das Filetstück dieser Band: Die LP versammelt Purple-Klassiker wie *Highway Star, Never Before* oder *Smoke On The Water* und ist bis heute eines der wegweisenden Hardrock-Alben geblieben.

Dire Straits: First Album (1978)
Seite 240

Wie ein kleiner Frischluft-Tornado brauste die Debüt-LP der Band um den Gitarristen Mark Knopfler 1978 über die musikalische Szenerie, die staubtrocken und immer unwesentlicher geworden war. Spielfreudig und mit einem ganzen Schwung exquisiter Knopfler-Kompositionen ausgestattet, machten sich die vier Frischlinge Mark und David Knopfler (Gitarren), John Illsley (Baß) und Pick Withers (Drums) rasch allerorten Freunde. Sie führten viele stilistische Neuerungen ein, obwohl nie etwas anderes gespielt wurde als glasklarer, entspannter Rock. Mit Aufnahmen wie *Six Blade Knife, Water Of Love* oder *Down To The Waterline* wurden Dire Straits für die Fans das, was sie selbst von Anfang an sein wollten: die *Sultans Of Swing.*

Emerson, Lake & Palmer:
Pictures At An Exhibition (1971)

Zum Auftakt ihrer Karriere ließen ELP drei Kanonenschüsse abfeuern – unverkennbares Startsignal für die Gruppe, die niemals kleckerte, sondern immer klotzte. Keith Emerson (Orgel, Syn-

thesizer), Greg Lake (Baß, Gitarre, Gesang) und Carl Palmer (Perkussion) organisierten einen wahnwitzigen Bühnenaufwand und erzeugten eine Musik, die in prachtvollem, kaltem Chrom-Glanz erstrahlte, sich aber gleichwohl millionenfach verkaufen ließ. Dennoch stellt »Pictures At An Exhibition« mit seiner Adaption von Modest Mussorgskis *Bilder einer Ausstellung* das einzigartige Bemühen dar, Rockmusik und Elemente der Klassik ohne fragwürdige Mätzchen miteinander zu verknüpfen. Unterlegt von phantasievoller Lyrik brachten ELP eine Rock-Suite zustande, die neben der instrumentellen Meisterschaft der Musiker gleichmaßen durch ein schlüssiges Konzept, Melodiosität und Rockfeeling bestach.

Fleetwood Mac: Rumours (1977)

Als ausgezeichnete Vertreter des englischen Blues-Revivals bereits in den 60er Jahren gefeiert, vollzogen Fleetwood Mac nach dem Ausscheiden ihres Gitarristen Peter Green (1969) Mitte der 70er Jahre die perfekte Metamorphose. Fortan fungierte die Band als Mainstream-Kapelle der ersten Kategorie, deren makellos arrangierte Songs wie Diamanten unter den Glasmurmeln anderer Hitparaden-Produktionen funkelten. Die Gruppe verfügte mit Christine McVie (Keyboards, Gesang), Stevie Nicks (Gesang) und Lindsay Buckingham (Gitarre, Gesang) über drei hochkarätige Songschreiber, die mit intelligenten Arrangements, treffsicheren Melodien und cleveren Gesangssätzen Maßstäbe setzten. Unter Mithilfe der Ur-Macs John McVie (Baß) und Mick Fleetwood (Schlagzeug) entstanden für den Millionen-Seller »Rumours« Hochglanz-Pop-Stücke à la *Go Your Own Way*, *Second Hand News* oder *Never Going Back*.

J. Geils Band: Full House (1971)

Bluesige Schroffheit und rhythmische Kompromißlosigkeit waren die Peilpunkte dieser aus Boston stammenden Kapelle auf ihrer musikalischen Fahrt durch die Untiefen des Rhythm & Blues. Der harte, fordernde Rock'n'Roll, den J. Geils (Gitarre), Seth Justman (Klavier), Danny Klein (Baß), Stephen Jo Bladd (Drums), Richard »Magic Dick« Salwitz (Mundharmonika) sowie Sänger Peter Wolf auf der Live-LP »Full House« zu Gehör bringen, überzeugte durch stilistische Dichte, war gut ausbalanciert und wurde pointiert präsentiert. Titel wie *First I Look At The Purse*, *Whammer Jammer* oder *Hard Driving Man* sind allerbeste Beispiele des unverfälschten Großstadt-Blues geblieben. Die auf dieser LP dokumentierte Spielfreude hat die Band auf ihren Studio-Alben nie wieder erreicht.

Seite 242

Gentle Giant: Octopus (1972)

Die »sanften Riesen« aus London führten die kammermusikalische Variante des Rock, den Art-Rock, zu einer von der Masse der Zuhörern kaum noch nachvollziehbaren Güte. Gentle Giant produzierte ausschließlich Langspielplatten und waren die Lieblingsgruppe der Kritiker. Free-Jazz und Madrigale, Rondo- und Ostinato-Formen, Folksong-Harmonien und Blues-Rhythmik mischten die Shulman-Brüder Phil und Derek auf ihrer dritten LP zu einer gehaltvollen und überzeugenden Collage moderner Musik. Gemeinsam mit Kerry Minnear (Keyboards, Cello), Gary Green (Gitarre) und Martin Trevor Smith (Drums, Perkussion) schufen die studierten Multi-Instrumentalisten (Flöte, Trompete, Violine, Clavichord, Xylophon, Synthesizer und vieles mehr) hochkünstlerische Miniaturen und

Dramolette. Mit der Zeit verdichteten sie ihre aufregenden und lang dauernden Erkundungsreisen, präsentierten kurze und knappe musikalische Abenteuertrips durch die Welt der Klänge. Das brachte ihnen nur zwei Jahre später mit dem Album »The Power And The Glory« sogar einen kommerziellen Erfolg in Amerika ein.

Nina Hagen Band (1978)

Seite 243

Rock aus deutschen Landen war zum Ende der 70er Jahre eine langweilige Sache: schwülstiger Bombast à la Eloy oder Jane ließen kritischen Reflexen auf das Zeitgeschehen keinen Raum. Dann kam Nina Hagen und räumte auf ihrer ersten LP mit genau diesem Schmock-Rock auf. Ihre Texte redeten die Sprache der Straße und brachten die Frustration der Subkultur im »Deutschen Herbst« auf den Punkt. Der fordernde Gesang und das aggressive Auftreten zertraten die Illusion von der glitzernden, heilen Welt des unbegrenzten Konsums. *TV-Glotzer* entlarvte etwa die bunte Fernsehwelt als Beruhigungs- und Machtmittel der Herrschenden; mit *Unbeschreiblich weiblich* gelang ihr eine emanzipatorische Hymne, die die Frauenbewegung heute noch in Ehren hält. Unterstützt von der Band Spliff spielte Nina Hagen mit ihrem Erstling ein Platte ein, die wegen ihrer zeitgemäßen Rock-Sounds und den treffsicheren Texten Maßstäbe setzte.

Jethro Tull: Thick As A Brick (1972)

Keine Frage: Ian Anderson, der chimärenhafte Anführer dieser britischen Band, hat mit seinem Instrument, der Querflöte, in der Rockmusik wichtige Akzente gesetzt und ihr zusätzliche Ausdrucksmittel verschafft. Angefangen hatten die

Tull als Jazz-Rock-Combo; später schob Anderson in seinen Kompositionen die Jazz-Einflüsse beiseite und machte sich mit seiner blühenden Phantasie auf zu neuen Ufern. Mit »Thick As A Brick« legte Anderson mit seinen gleichfalls dem Skurrilen verhafteten Mitstreitern John Evan (Klavier), Jeffrey Hammond-Hammond (Baß), Martin Barre (Gitarre) und Barrimore Barlowe (Schlagzeug) ein gut einstündiges Opus vor, vollgepackt mit dröhnendem Rock, filigranen Minimalismen, geräuschvollen Collagen und einer Lyrik, die so versponnen war wie ein Sonett von William Shakespeare. Anderson entlockte seiner Flöte Töne von außergewöhnlicher Zartheit. Seine Opfer, die Plattenkäufer, konnten nicht anders: Sie folgten ihm, wohin er sie auch führen mochte.

Seite 244

Little Feat: Dixie Chicken (1973)

Die endlosen Landschaften des Westens waren der Prospekt, vor dem sich die Musik von Little Feat entfaltete. Auf jeder ihrer Platten spielten vermuffte Fernfahrerkneipen, der heiße Asphalt der Freeways oder die stickigen Nachmittage in New Mexico ihre Hauptrollen: Als Chiffren für die andere, die dreckige Seite des amerikanischen Traums von Erfolg und ewiger Jugend. Schon der Name Little Feat war ein Wortspiel. Geschrieben bedeutet er »kleines Kunststück«, ausgesprochen denkt jeder aber an »kleine Füße«. Die Feat verpackten ihre Cinemascope-Lyrik in eine bis dahin ungehörte Kombination aus erdigem Rock und verschiedenen Südstaaten-Sounds. Ganz gleich, was Lowell George (Slide-Gitarre), Paul Barrère (Gitarre), Bill Payne (Keyboards), Richie Hayward (Drums), Kenny Gradney (Baß) und Sam Clayton (Perkussion) auch ablieferten – jede

LP wurde von der Kritik als Meisterwerk des anspruchsvollen
Country-Rock begrüßt. Das Publikum reagierte zurückhaltender, und Little Feat blieb ein ewiger Geheimtip. Trotzdem waren
sie einzigartig. Nummern wie *Dixie Chicken*, *Two Trains* oder *Roll
'Um Easy* beweisen es heute noch.

Mahavishnu Orchestra: Birds Of Fire (1973)

Jazz und Rock waren lange zwei musikalische Pole, die sich
nicht grün werden konnten. Aber zum Beginn der 70er
wurde die Zeit reif, das Unvereinbare miteinander zu ver-
söhnen. Feldforschung in Sachen Fusion-Musik leistete das
Mahavishnu Orchestra, das umständliche Jazz-Phrasierungen mit dem schlichten Herzschlag des Rock in Einklang
brachte. Am Operationstisch standen John McLaughlin (Gitarre), Jan Hammer (Klavier, Mini-Moog), Jerry Goodman
(Geige), Rick Laird (Baß) und Billy Cobham (Drums). Sie verschmolzen Partikel, Phrasen und Tonfolgen des Jazz zu einem neuen
rockmusikalischen Vokabular. »Birds Of Fire« ist ein lärmender, in-
strumenteller Trip in Gefilde, die dem rockgewohnten Ohr bis
dato verschlossen waren. Die komplexe Harmonik der Kompositionen war abstrakt, und, wie alles Neue, gewöhnungsbedürftig.
Titel wie *Birds Of Fire*, *One World* oder *Hope* sind wegen ihrer
brachialen Wucht und ungestümen Spielfreude mustergültige
Beispiel des Jazz-Rock geblieben.

Don McLean: American Pie (1971)

Quasi über Nacht begeisterte Don McLean mit seinem 8-Minuten-Hit *American Pie* die Fans dies-
seits und jenseits des Atlantiks. Die stimmige
Genre-Skizze umriß in einer metaphern-

schweren, aber populären Sprache das Verständnis der ersten Rock-Generation. Der Song um »den Tag, an dem die Musik starb«, wies McLean als Meister des tragisch-melancholischen Stimmungsbildes aus, als der er sich auch auf den anderen Stücken der Platte zu erkennen gibt. Sowohl das an die Adresse des holländischen Malers Van Gogh gerichtete *Vincent* als auch die Balladen-Schwermut von *Crossroads* oder das scheue Liebeslied *And I Love You So* belegen die Ausdruckskraft eines sensiblen Künstlers, der von sich und seinen Liedern sagt: »Ich möchte Songs schreiben, die etwas über die Lage, in der sich Menschen befinden, aussagen. Wenn die Songs wahr sind, werden sie solange gültig sein wie ihre Wahrheit.«

Seite 246

Meat Loaf: Bat Out Of Hell (1978)

Meat Loaf, den »Fleischkloß«, kannte kein Mensch, als er sein Debüt ablieferte – aber das sollte sich bald ändern. Der stabile Sänger garantierte für eine exaltierte Bühnenshow und verwandelte die für ihn von Jim Steinman maßgeschneiderten Kompositionen in Abenteuerreisen durch die Psyche einer pubertierenden Jugend, die unvermittelt in einen Horrortrip umkippen konnten. Das voluminöse Organ Meat Loafs und Steinmans übertreibende Arrangements schlossen einen dämonischen Kontrakt, den alle an musikalischer Urgewalt Interessierten ohne Zögern zu unterschreiben bereit waren. Neben dem Titelstück wurden das sentimentale *Two Out Of Three Ain't Bad* und das eindeutig zweideutige *Paradise By The Dashboard Light* zu Hymnen einer auf sich selbst zurückgeworfenen Jugend.

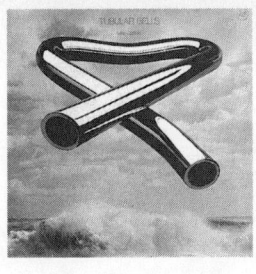

Mike Oldfield: Tubular Bells (1973

Mit seinem Debüt legte der Komponist/Musiker Mike Oldfield
eine rund einstündige Suite vor, auf der kein Gesang und kaum
eindeutig zu klassifizierende Instrumente mehr zu hören waren.
Vielmehr hatte sich der Soundtüftler annähernd drei Jahre in seinem
Studio in Herefordshire vergraben, und aus Rock-, Folk- und
Klassikthemen ein bis dahin ungehörtes musikalisches Destil-
lat gefiltert, das sich bis heute über zehn Millionen Mal verkaufte. Oldfield spielte bis auf wenige Ausnahmen rund
zwanzig Instrumente selbst, von der Gitarre über die Busuki
bis hin zu den röhrenförmigen Glocken, die der Platte ihren
Namen gaben. Soundfarben aller Schattierungen rannen auf
der Ausnahme-LP wie zerlaufene Wasserfarben ineinander
und verschmolzen zu einer schwerelosen, beschwörenden
Musik.

Seite 247

Pink Floyd: Wish You Were Here (1975)

Mit dieser Platte setzten Roger Waters (Baß, Gesang), David Gilmour (Gitarre, Gesang), Rick Wright (Keyboards) und Nick Mason (Drums) den Weg in die verkaufsträchtigen Gefilde fort. Es
wurde ein Millionenseller, aber »Wish You Were Here« kann
auch musikalisch überzeugen. Breit angelegt, entwickelt sich
die Aufnahme zu einem melodisch wie studiotechnisch exakt
ausgeloteten Rock-Stück, das bekannte Floyd-Manieren
wie exotische Techno-Effekte mit simplen Spielformen
verband. Neben dem Titelstück intonieren die Floyd
bizarr-elegische Nummern wie die dreigeteilte Suite
Shine On You Crazy Diamond oder das futuristi-
sche, dröhnende *Welcome To The Machine*.

Roxy Music: For Your Pleasure (1973)

Bryan Ferry (Gesang, Keybords), Andy Mackay (Oboe/Saxophon), Paul Thompson (Drums), Phil Manzanera (Gitarre) und Eno (Synthesizer/Tapes) kreierten einen aufregenden Stilmix aus Dekadenz, Künstlichkeit, Coolness, Dilettantismus und Verspieltheit. Roxy Music war ein Gesamtkunstwerk: Neben der Musik, die sie aus Swing-Sounds, frechem Rock-a-Billy, pfeifenden Elektronik-Klängen und aggressiven Heavy-Metal-Riffs arrangierten, gehörte auch eine ausgefallene Bühnenpräsenz; die Musiker, besonders Ferry, liebten es, ihr Publikum zu schocken: Mal gaben sie sich als harte Rock'n'Roller in Nazi- Uniform, dann wieder hüpften sie in karmesinrot und silber gefärbten Kleidern wie eine Transvestitengruppe über die Bühne. *Do The Strand* und *Editions Of You* waren die Hits dieser zweiten Platte: sehr laute und rhythmisch monoton stampfende Rockknaller allererster Güte. Atmosphärischer und ausgereifter gaben sie sich in Stücken wie *For Your Pleasure* oder *In Every Dream Home A Heartache*. Da zeigte sich bereits im Ansatz, zu welchen Höhenflügen diese Gruppe noch imstande sein wird. Was aber auch in den folgenden Jahren immer mit Ferrys ausdrucksstarkem Gesang zu tun hatte. Er nuschelte seine Weisen mit brüchiger Stimme und lag melodiemäßig stets einen Tick daneben.

Santana: Caravanserai (1972)

Als der erfolgverwöhnte und durch weltweite Millionenumsätze reich gewordene US-Gitarrist Carlos Santana seine fünfte Platte veröffentlichte, war von dem aufregend pulsierenden Soul- und Samba-Feuerwerk der Jahre zuvor nicht mehr viel übriggeblieben. Die *Caravanserai*-Komposition war besinn-

lich, bot als reines Konzeptalbum nur ein überaus stilles und poetisches Klangbild, untermalt von minimalisierter, dennoch ungemein dynamisch-groovender Rhythmik. Inspiriert von den Lehren des Gurus Sri Chinmoy, hatte Santana sein Leben neu gestaltet: Er ließ sich die Haare schneiden, legte weiße Gewänder an, ernährte sich makrobiotisch, beschäftigte sich mit Religion und Meditation. Der Rückzug in die Innerlichkeit war das Programm dieser und auch der nächsten Platte »Love, Devotion & Surrender«, die Santana mit John McLaughlin, der ebenfalls Chinmoy-Anhänger war, einspielte.

Sex Pistols: Never Mind The Bollocks (1977)

Die definitive Platte der britischen Punk-Rock-Bewegung, und eine der radikalsten Einspielungen der Rock-Historie überhaupt. Vier (vorgeblich) dem Musikbusiness wie der Gesellschaft gleichermaßen entgrenzte Jugendliche spielten sich bar jeder musikalischen Kompetenz den Frust von der Seele und avancierten damit zu Heroen des alternativen Jugendkults. Johnny Rotten (Gesang), Glen Matlock (Baß), Paul Cook (Drums) und Steve Jones (Gitarre) hämmern in absurden Tempi ihre meist auf nicht mehr als drei Akkorden basierenden No-Future-Hymnen, die allesamt ungemein skandalträchtig waren und sich noch besser verkauften. Alle Aufnahmen, für die die Pistols berühmt und berüchtigt waren, sind auf dieser Platte versammelt: *God Save The Queen, Anarchy In The UK, Pretty Vacant, Holidays In The Sun* und mehr.

Patti Smith: Easter (1978)

Patti Smith wurde zum Kultstar der gerade erwachsenden Punk-Bewegung, als sie 1975

mit ihrem Debüt »Horses« auf der Bildfläche aufkreuzte. Die exzentrische Total-Künstlerin, die auch als Autorin und Zeichnerin Aufmerksamkeit erregte, mauserte sich bald vom Geheimtip für wenige zum Star für viele. »Easter« markierte 1978 den Höhepunkt ihrer voll aufs Kommerzielle gerichteten Unternehmungen. Mit dieser LP bewies die Hohepriesterin der neuen Musik, daß sie nicht nur die brachialen Rock-Spielformen bedienen, sondern auch ganz gute Schlager schreiben konnte. *Because The Night*, *'Til Victory* oder das an die Gesänge indianischer Schamanen erinnernde *Ghost-Dance* sind einfache Titel, die aber durch die Smith-typische intellektuelle Interpretation gewinnen. Ihre erotischen Metaphern trafen, verbunden mit der kraftvollen Rock-Motorik ihrer Musik, haarscharf den Nerv der Zeit. Im Begleitheft frönt die Dichterin Patti Smith ihrer Vorliebe für Arthur Rimbaud und William Bourroughs, ohne die stilistische Brillanz der Vorbilder zu erreichen.

Seite 250

Cat Stevens: Tea For The Tillerman (1970)

Vor allem weibliche Fans ließen auf die hoffnungslos romantischen Songs Cat Stevens' nichts kommen, der das Image des eigenbrötlerischen Sonderlings kultivierte. Cat, der gebürtige Grieche mit Londoner Wohnung, hatte schon 1967 seine ersten Hits geschrieben; mußte dann aber wegen einer TBC-Erkrankung passen. 1970 kam er zurück; und mit »Tea For The Tillerman« stellte er ein Album vor, das alles versammelt, was ihn jemals ausgezeichnet hat: wunderschöne, sanftmütige Songs, die mit Busuki, Akkordeon, Synthesizer und klassischen Streichern reich instrumentiert waren und von Cats unverwechselbarem stimmlichen Charme veredelt wurden. *Fa-*

ther And Son, Where Do The Children Play? oder *Sad Lisa* erklingen auch heute noch, wenn bei trauter Zweisamkeit das Kerzenlicht ins Flackern gerät.

Al Stewart: Year Of The Cat (1976)

Seite 251

Der schottische Multi-Instrumentalist Al Stewart hatte als Folksänger angefangen, sich dann aber anders orientiert. Seit Beginn der 70er Jahre verfeinerte er sein Singer/Songwriter-Format durch den Einsatz von elektrischen Instrumenten und der Studiotechnik immer mehr in Richtung Kommerzialität. Mit »Year Of The Cat« verfertigte er schließlich im fein austarierten Zusammenspiel mit seiner Gruppe, die sich ausnahmslos aus versierten Studiomusikern rekrutierte, sein sonnigstes und in sich geschlossenstes Werk. Die LP versammelt eingängig orchestrierte Aufnahmen, meist im mittleren Tempo, die alle sehr melodiös gehalten sind und reale Schilderungen mit märchenhafter Fiktion verbinden. Neben dem zum Evergreen avancierten Titelstück ragen die Hitparaden-Nummer *On The Border* und das elegische *Lord Grenville* aus dieser Produktion des anspruchsvollen Soft-Rocks heraus.

Supertramp: Crime Of The Century (1974)

Als die dritte Supertramp-Platte mit den meistgespielten Feten-Hits *School*, *Bloody Well Right* und *Dreamer* erschien, hatte sich die erste Supertramp-Formation nach zwei LPs und einer Skandinavien-Tournee bereits aufgelöst. Die mit der neuen Besetzung Rick Davies (Gesang), Rodger Hodgson (Gesang, Keyboards), Bob Benberg (Drums), John Helliwell (Reeds) und Dougie Thompson (Baß) eingespielte »Crime Of

The Century« schaffte allerdings (und auch mit Hilfe eines immensen Promotionaufwandes) aus dem Stand heraus den Sprung in die europäischen Hitlisten. Der intelligent gestrickte Mainstream-Rock aus Traffic-, Genesis- und Beatles-Versatzstücken war tanzbar, melodiös, war schmusig und progressiv zugleich. Die Fans liebten die Band, die Kritiker mochten sie nicht. »Süße Schwermut, verzuckerte Verzweiflung, blankpolierte Melancholie«, mäkelte »Der Spiegel«, und der »Rolling Stone« schrieb: »Man möchte sie am liebsten mit den ersten Beatles-Alben in einem Zimmer einsperren, bis Supertramp davon überzeugt sind, daß man auch in zweieinhalb Minuten so dynamisch Seite 252 und atmosphärisch sein kann wie in fünf.«

Television: Marquee Moon (1977)

Als die Popszenerie zur Mitte der 70er Jahre kurz vor dem Einschlafen stand, wurde sie durch das Brüllen des Punk aufgeschreckt. Dieser gab gleichzeitig das Startzeichen für eine neue Rock-Spielart, die mit dem verkaufsträchtigen Siegel New Wave belegt werden sollte. 1977, als das Attribut noch nicht erfunden war, spielten Television diese Musik. Im Mittelpunkt der Band stand der charismatische Sänger/Gitarrist Tom Verlaine. Ihm gelangen mit Billy Fiacca (Drums) und Fred Smith (Baß) Songs von distanzierter Schönheit; rauh (*See No Evil*) und bluesig-melancholisch (*Marquee Moon*) zugleich. Der Band blieb zwar der Durchbruch versagt, sie wies aber einer neuen Richtung den Weg: als erste Garagen-Band der Pop-Historie.

Ten Years After: Recorded Live (1973)

Diese Live-Einspielung zeigte das Blues-Rock-Quintett aus Nottingham noch einmal in

Bestform, bevor es auseinanderfiel. Alvin Lee (Gitarre), Chick
Churchill (Orgel), Ric Lee (Schlagzeug) und Leo Lyons (Baß) lie-
fern mit dieser Doppel-LP ein Zeugnis dessen ab, was Ten Years
After live war: eine mit Spielfreude und technischem Können aus-
staffierte Band. Die jagenden Gitarren-Chorusse Alvin Lees, das
rhythmische Fundament von Ric Lee und Leo Lyons sowie Chick
Churchills jazzig phrasierende Orgel veredeln Titel wie *Good
Morning, Little Schoolgirl, You Give Me Loving* oder *Help Me*
zu Schmuckstückchen des Rock'n'Blues. Dabei darf das ge-
nialische *I'm Goin' Home* natürlich nicht fehlen.

Seite 253

Wishbone Ash: Live Dates (1973)

Andy Powell (Gitarre, Gesang), Ted Turner (Gitarre), Martin Turner (Baß, Gesang) und Steve Upton (Drums) bewiesen
mit dieser Live-Einspielung, was Rock-Instrumentalisten zu
leisten vermögen, wenn die Gruppen-Chemie stimmt und das
musikalische Material tiefenscharf ausentwickelt ist. Kennzeichen
dieser ohne modische Mätzchen auf hohem Niveau musizierenden
Formation sind die engverzahnten, zweistimmigen Gitarren-Soli:
Powell und Turner überraschen durch blindes improvisatorisches
Verständnis, melodiösen Einfallsreichtum und spieltechnischer
Eleganz. Mit nachhaltiger Faszination entfalten sich über einem soliden, aber variablen Rhythmus-Background balladesk
anmutende Titel wie *The King Will Come, Throw Down The
Sword* ebenso wie heftige Rocker à la *Blowin' Free* oder
Rock'n'Roll Widow.

Neuigkeiten von gestern

Klatsch & Tratsch aus der Musikszene der 70er Jahre

Januar 1970

Pink Floyd wollen keine Singles mehr herausbringen ... Die Londoner Art Gallery zeigt eine Ausstellung mit Zeichnungen von John Lennon und Yoko Ono ... Star der neuen US-Band The Jackson Five ist der 11jährige Michael Jackson ...

Februar 1970

Paul und Barry Ryan wollen nie mehr zusammen auftreten ... Aynsley Dunbar steigt bei Frank Zappas Mothers of Invention ein ... Jeff Lynne verläßt die Gruppe Idle Race und macht jetzt bei The Move mit ... Die erste Supremes-Single ohne Diana Ross heißt *Up The Ladder To The Roof* ... Roy Wood ist sauer, weil er sich jetzt mit Jeff Lynn den Gesang teilen muß ...

März 1970

In Deutschland steht Frijid Pinks Hardrock-Version von *House Of The Rising Sun* an der Spitze ... Großbritannien meldet Lee Marvin mit *Wandrin' Star* auf der Pole Position ... Die Amis halten es seit sechs Wochen mit *Bridge Over Troubled Water* von Simon & Garfunkel an Nummer 1 aus ...

April 1970

Slade legen sich ein martialisches Skinhead-Image zu, haben aber nur wenig Erfolg damit ... »Live At Leeds« von The Who soll jetzt endgültig im Mai erscheinen ... »Déjà Vu« von Crosby, Stills,

Nash & Young durchbricht die 2.000.000-
Dollar-Verkaufs-Schallgrenze ... Spooky Tooth
lösen sich auf ...

Mai 1970

Eine neue Band entsteigt der Asche von The Nice und
nennt sich Emerson, Lake & Palmer ... John Phillips, Ex-
Mamas & Papas, versucht es jetzt solo ... *American Woman*
von The Guess Who schafft den Sprung an die Spitze der amerikanischen Hitparade ... Die Bluesrock-Band Pacific, Gas & Electric landet mit *Are You Ready?* einen ausgewachsenen Hit ...

Juni 1970

Chicken Shack veröffentlichen ihre LP »Accept Chicken Shack« ...
Marianne Faithfull steht in London in einem Theaterstück von
Somerset Maugham auf der Bühne ... Open Road heißt die
neue Begleitgruppe von Donovan ... Free räumen ein, daß der
Monster-Seller *Alright Now* ganz und gar nicht typisch für
ihre Musik sei ...

Juli 1970

Die noch nicht veröffentlichte neue Bob-Dylan-LP »Self
Portrait« bekommt in Amerika Gold allein durch die Zahl der
Vorbestellungen ... Creedence Clearwater Revival sind die ein-
zige moderne Gruppe, die noch echten Rock'n'Roll spielt ... *In
The Summertime* von Mungo Jerry erscheint und mausert sich zum
Hit des Jahres in Deutschland ... MCA kündigt ein Doppel-Album
mit dem Titel »Jesus Christ Superstar« an ...

August 1970

Der neue Pianist von Jethro Tull, John Evan, sagt, in der Band gehe es so diszipliniert zu wie in der Armee ... Kevin Godley von den Hotlegs räumt in einem Interview ein, den Hit *Neandertal Man* habe er in nur sieben Minuten geschrieben ... Die 14. Rolling Stones-LP, das Live-Album »Get Yer Ya Ya's Out«, erscheint ...

September 1970

Deep Purple spielen erstmals in den Vereinigten Staaten ... 500.000 BesucherInnen amüsieren sich beim Rock-Festival auf der Isle of Wight ... Dort zeigt sich Bob Dylan nach seinem Motorrad-Unfall erstmals wieder auf der Bühne ... Angeblich wollen sich jetzt auch die Everly Brothers auflösen ...

Oktober 1970

Janis Joplin wird heroinvergiftet mit 14 Einstichen im Unterarm in einem Motelzimmer aufgefunden. Ihr drittes Album »Pearl« bleibt unvollendet ... Der unscheinbare Singer/Songwriter Elton John reüssiert im Troubadour-Club L.A. Seite 256 ... »Led Zeppelin III« erscheint in einem tollen Deluxe-Cover ... Die erste Veröffentlichung von Eric Claptons neuer Gruppe Derek & Dominos ist gleich ein Doppelalbum ...

November 1970

Die New Seekers landen mit dem Melanie-Titel *What Have They Done To My Song, Ma?* einen Hit ... Country Joe McDonald behauptet, sein *I-Feel-Like-I'm-Fixin'-To-Die-Rag* sei nicht ein einziges Mal im Radio gespielt worden – und habe sich trotzdem 500.000mal verkauft ... Die Steve Miller Band entdeckt ihre Country-Ader und nimmt in Nashville ihr Album »Number Five« auf ... Christine Perfect steigt nach ihrem Solo-Hit *I'd Rather Go Blind* bei Fleetwood Mac ein ...

Dezember 1970

Nachdem alle Veröffentlichungen nach »Love Grows« Flops waren, will sich die britische Popgruppe Edison Lighthouse wegen Erfolglosigkeit auflösen ... Ex-Beatle George Harrison

kommt mit dem überfrachteten Dreieral-
bum »All Things Must Pass« heraus ... Pink
Flyod wollen ihre neue LP »Atom Heart Mother«
demnächst live vorstellen ... Radio Vatikan spielt
Auszüge aus »Jesus Christ Superstar« ...

Januar 1971
In den USA sprengt das FBI einen Fälscherring und stellt
20.000 Schwarzpressungen, 100.000 illegale Label-Etiketten
und 15.000 gefälschte LP-Cover sicher ... Elton Johns Single
Your Song wird jetzt schon als eine der wichtigsten Singles des Jahres 1971 gehandelt ... Nachdem jeder in seiner angestammten Band
Krach gehabt hat, spielen Bev Bevan (The Move), Tony Iommi
(Black Sabbath) und Robert Plant und John Paul Jones von Led Zep
mit dem Gedanken, eine eigene Gruppe aufzumachen ...

Februar 1971
Die Veröffentlichung der Live-LP von Traffic verzögert sich,
weil Teile des Tonbandmaterials spurlos verschwunden sind
... Frank Zappas Experimentalfilm »200 Motels« darf nicht
in der Royal Albert Hall, London, gezeigt werden ... Richard
Thompson kündigt seinen Abschied von Fairport Conven-
tion an ... Die erste Paul-McCartney-Solo-Single *Another
Day* erscheint unter freundschaftlicher Mithilfe seiner Ehefrau
Linda ... Eric Burdon hat Grippe und sagt seine heißersehnte GB-
Tournee ab ... Curved Air feiern den ersten Geburtstag, aber manch
einer meint, ihre Tage seien von Anfang an gezählt gewesen ...

März 1971
Power To The People, die neue Single von John Lennon/Yoko
Ono, erscheint ... Die Rest-Beatles John Lennon, George Harrison und Ringo Starr dementierten Gerüchte, wonach sie
mit Klaus Voorman als Ersatz für Paul McCartney weitermachen wollen ... Das Stones-Album *Sticky Fingers* erscheint ...

April 1971
Diana Ross übernimmt die Hauptrolle in dem
Billie-Holiday-Film *Lady Sings The Blues*

... Die ersten drei Elton John-LPs werden in den USA vergoldet ... Denny Laine kündigt eine Solo-LP an, ebenso Ringo Starr (*Don't Come Easy*) ... *Butterfly* von Danyel Gérard steht in Deutschland ein Vierteljahr an Nummer 1 ... Eine Familien-Bande kommt in den USA groß 'raus: The Osmonds landen mit *One Bad Apple* ihren ersten Hit und machen den Jackson Five ernsthaft Konkurrenz ...

Mai 1971

Free schwören, daß *Brother Jake* ein ähnlicher Erfolg werden wird wie *Alright Now* ... Die Byrds spielen wieder, aber als einziger vom alten Stamm ist nur noch Roger McGuinn dabei ... Eddie Grant kehrt nach seinem mißlungenen Solo-Projekt zu den Equals zurück ... *Brown Sugar* von den Rolling Stones wird Nummer 1 in Amerika ...

Juni 1971

Auf *Living Without You* von der Earthband-Debut-LP »Messin'« setzt Manfred Mann erstmals einen Synthesizer ein ... *Lady Rose*, die neue Single von Mungo Jerry, darf wegen ihrer Rückseite *Take A Whiff On Me* nicht mehr im britischen Rundfunk gesendet werden ... Carole King meldet sich zurück: Album (»Tapestry«) und Single (*It's Too Late*) stehen in den USA an der Spitze ...

Seite 258

Juli 1971

Co-Co von The Sweet entert die deutschen Hitparaden und ist am Monatsende Nummer 1 ... Peter Frampton löst seine Gruppe *The Herd* endgültig auf ... Olivia Newton-John und Cliff Richard mimen das neue Traumpaar beim Schlager-Festival um die Goldene Rose in Antibes ... Louis Armstrong stirbt ... »Gimme Shelter«, der Dokumentarfilm über die Rolling Stones beim Altamont-Festival, kommt in die Kinos ...

August 1971

Rick Wakeman ersetzt Tony Kaye bei Yes ... *Every Good Boy Deserves Favour* von den Moody Blues führt die britischen LP-Charts an ... »Who's

Next« erscheint und wird von Kritikern und
Fans in den Himmel gelobt ... George Harrison
organisiert das »Concert For Bangla Desh« im
New Yorker Madison Square Garden ... Que tu, que
tu, quetu-quetu-quetu: *Borriquito* von Peret ist der
erste spanische Titel, der in Deutschland Nummer 1
wird ...

September 1971
Soft Machine verlieren ihren Drummer/Sänger Robert Wyatt...
Paul und Linda McCartney melden die Geburt ihrer Tochter
Stella ... Bei ihrem Auftritt in Leicester stellen Yes erstmals ihren
neuen Organisten Rick Wakeman vor ... Die Bay City Rollers pro-
duzieren ihre erste Single *Keep On Dancing* und landen gleich einen
Hit ... Donny Osmonds (13) mausert sich nach seinem Nummer-
1-Hit *Go Away, Little Girl* weltweit zum Teenie-Schwarm ...
Maggie May von Rod Stewart steigt in die britischen Hitlisten
ein ...

Oktober 1971
Die Rod-Stewart-Manie erreicht einen ersten Höhepunkt ...
Maggie May führt in England und Amerika die Hitlisten an
... Duane Allman stirbt bei einem Motorrad-Unfall ... John
Lennon veröffentlicht *Imagine*...Londons neuer Rock-Tempel
»Rainbow« soll mit einem Konzert von The Who eröffnet werden
... Gene Vincent stirbt ... Mick und Bianca Jagger freuen sich über
die Geburt ihres Töchterchens Jade ... *Mamy Blue* von den Pop Tops
läuft ununterbrochen im Radio ...

**Beliebtes Accessoire allerörtchen in den mitunter
schaurig-schönen 70er Jahren.**

November 1971

Colosseum lösen sich auf ... Mit Nazareth aus Schottland betritt eine vielversprechende Blues-rock-Band die Szene ... »Shaft«, der erste Krimi mit einem farbigen Kommissar in der Hauptrolle, wird ein großer Kino-Erfolg. Die Titelmusik von Isaac Hayes landet ebenfalls weit vorn ... Slade tauschen ihr Skinhead- gegen ein Glamour-Outfit ein und haben mit *Coz I Luv You* den ersten Hit ...

Dezember 1971

In Montreux vernichtet ein Feuer die 50.000 Dollar teure Ausrü-stung von Frank Zappas Mothers of Invention ... Deep Purple, die zur selben Zeit in Montreux im Studio sind, setzen dem feurigen Zwischenspiel mit *Smoke On the Water* ein Denkmal ... Die völlig unbekannte Sängerin Daisy Door landet mit *Du lebst in deiner Welt* einen Überraschungs-Hit, nachdem das Lied in der »Kommissar«-Folge »Grauroter Morgen« gespielt worden ist ...

Seite 260

Januar 1972

Benny Hills Witz-Platte *Ernie* ist in England immer noch Nummer 1 ... *I'd Like To Teach The World To Sing* von den New Seekers ist weltweit ein Hit ... »Fireball«, die zweite Deep Pur-ple-LP mit Ian Gillan und Roger Glover, wird veröffentlicht ... King Crimson verlieren Pete Sinfield ... John McLaughlin ist die treibende Kraft hinter der neuen US-Band Mahavishnu Orchestra ... Jack Bruce steigt bei Mountain ein ...

Februar 1972

Rick Wakeman übernimmt den Klavierpart auf Cat Stevens' neuer Single *Morning Has Broken* ... Don McLean landet mit *American Pie* überraschend an der Spitze ... T. Rex feiern mit *Telegram Sam* europaweit Triumphe ... Smokey Ro-binson steigt nach 14 Jahren bei den Miracles aus ... Giorgio Moroders Synthesizer-Projekt Chicory Tip gelingt mit *Son Of My Father* der Einstieg in die Hitparaden ...

März 1972

Der allerneueste Teenie-Star heißt David Cassidy ... Die 15jährige Juliane Werding aus Essen
rollt mit *Am Tag, als Conny Kramer starb* nicht nur
die ZDF-Hitparade von hinten auf ... Neil Young landet mit *Heart Of Gold* seinen ersten und einzigen Single-
Hit ... Die neuformierte Folk-Band America verzeichnet
mit *A Horse With No Name* ein äußerst erfolgreiches Debut ...

April 1972

Terry Knight, Ex-Manager von Grand Funk Railroad, verklagt
die Band auf 29 Mio. Dollar Schadensersatz ... Die Royal Scots
Dragoon Guards beleben *Amazing Grace* mit einer Dudelsack-Ver-
sion neu ... *Could It Be Forever* heißt der erste Hit für David Cassidy,
und Millionen Teenager sagen »ja« dazu ... Ringo Starr landet
mit *Back Of Boogaloo* einen Hit ...

Mai 1972

Dave Greenslade, Ex-Keyboarder von Colosseum, ruft eine
eigene Band unter seinem Namen ins Leben ... *A Whiter
Shade Of Pale*, Welthit von Procol Harum aus dem Jahr
1967, feiert ein Comeback in den britischen Hitlisten ...
Metal *Guru* löst *Michaela* von Bata Illic an der Spitze der
deutschen Hitparade ab ... Elvis sagt, er sei nicht abgeneigt,
was eine Europa-Tournee angehe. Die Fans halten den Atem
an ...

Seite 261

Juni 1972

Graham Bonney besteht seine Pilotenprüfung und bestellt sich
ein viersitziges »Piper Cherokee«-Flugzeug ... The New Seekers
starten in Amerika eine eigene Fernsehserie mit dem Titel
»Wow« ... »Bonanza«-Fans trauern um Dan Blocker, den
Darsteller des Hoss Cartwright. Sein Tod wird erst jetzt
bekanntgegeben ... Heino erhält für seine LPs »Seine
großen Erfolge« und »In einer Bar in Mexiko« je eine
Goldene Schallplatte ... Die Bowie-LP »The Rise
And Fall Of Ziggy Stardust And The Spiders From
Mars« erscheint ...

Juli 1972

Bill Bruford verläßt King Crimson und steigt bei Yes ein ... *Puppy Love* von Donny Osmond ist ein Hit in England ... Neil Diamond sammelt mit *Song Sung Blue* in Deutschland und den USA Punkte ... Gegen die Schule und gegen die Autoritäten brüllen Alice Cooper mit ihrem Millionen-Seller *School's Out* an ...

August 1972

Im Wembley Stadium London findet ein Rock'n'Roll-Revival Festival statt, bei dem Chuck Berry, Little Richard, Jerry Lee Lewis und Bill Haley zeigen, daß sie noch nichts verlernt haben ... Die Underground-Band Hawkwind entert mit *Silver Machine* die Charts ... Les Harvey, Gitarrist von Stone The Crows, muß nach einem auf der Bühne erlittenen Stromschlag immer noch pausieren ...

September 1972

John C. Fogerty löst Creedence Clearwater Revival auf und widmet sich nunmehr seinem neuen Projekt The Blue Ridge Rangers ... *All The Young Dudes*, eine David-Bowie-Komposition für Mott the Hoople, wird ein Erfolg ... *The Loco-Motion*, ein 62er-Hit für Little Eva, kehrt in die Hitparaden zurück ... The Sweet präsentieren ihre neue Single *Wig Wam Bam* in karnevalistischer Indianer-Verkleidung ...

Seite 262

Oktober 1972

Ich wünsch mir 'ne kleine Miezekatze wird Nummer 1 in Deutschland und bleibt dort bis zum Jahresende ... Nach einem Streit in seinem Hotel in Melbourne wird Joe Cocker halbnackt und barfuß eingesperrt ... Wegen zu großer Unstimmigkeiten mit dem Veranstalter sagen The Sweet ihre Deutschland-Tournee ab ... Three Dog Night, Show-Profis aus Amerika, sind mit dem Soft-Song *Black And White* groß im Geschäft ...

November 1972

Nach über 15 Jahren hat Chuck Berry mit *My-Ding-A-Ling* wieder einen Nummer-1-Hit ... Can-Gitarrist Michael Karoli wird mit einem Magendurchbruch ins Krankenhaus eingeliefert ...

Um für ihre Single *Ain't Too Proud To Beg*
Reklame zu machen, hält sich die Sängerin von
Mama Lion, Lynn Carey, ein Löwenbaby an die
nackte Mutterbrust ... Juicy Lucy lösen sich auf ...
Ex-Colosseum-Drummer Jon Hiseman gründet Tempest ...

Dezember 1972

»Born To Boogie«, Ringo Starrs Dokumentarfilm über die
Sommer-Tournee von T. Rex, kommt kurz vor Weihnachten in
die britischen Kinos. In Deutschland wird der Film nicht gezeigt
... Bob Dylan spielt eine Nebenrolle in dem Western »Pat Garrett
& Billy The Kid« und komponiert den Soundtrack dazu ... Die
Plastic Ono Band singt *Happy X-Mas/War Is Over* ... Trotz der weltweit grassierenden Rod-Stewart-Hysterie kann sich der Sänger
überhaupt nicht vorstellen, die Faces zu verlassen ...

Januar 1973

Seite 263

Eric Clapton feiert nach jahrelanger Heroin-Sucht beim
Konzert im »Rainbow« ein umjubeltes Comeback ... »Talking Book« von Stevie Wonder wird mit Superlativen überhäuft ... Luftalarm-Sirenen heulen das neue Jahr ein: *Block
Buster* von The Sweet ist Nummer 1 in Deutschland ... Die
Strawbs kriegen Krach wegen ihrer neuen Single *Part Of The
Union* – angeblich ist der Song gewerkschaftsfeindlich ...

Februar 1973

Emerson, Lake & Palmer gründen das »Manticore«-Label ... Thin
Lizzy präsentieren das alte irische Volkslied *Whiskey In The Jar*
in einer Rock-Version ... Die Osmonds überraschen alle mit
ihrem neuen Album »Crazy Horses«, das ausschließlich Hard-Rock-Titel bietet ... Bernd Clüver aus Hildesheim mutiert
zum *Jungen mit der Mundharmonika* und bleibt es bis zum
Ende seiner Tage ... Elton John hat mit *Crocodile Rock*
Erfolg ...

März 1973

Slade-Bassist Jimmy Lea heiratet im Kreis seiner engsten Freunde die 22jährige Näherin

Luise Ganner ... Folk-Königin Melanie, zur
Zeit auf Urlaub in Jamaika, erwartet ein Baby
von ihrem Mann und Manager Peter Schekeryk ...
Marianne Rosenberg wird mit ihrem Lied *Jeder Weg
hat mal ein Ende* zum Show-Festival nach Tokio eingeladen ...

April 1973

Don McLean bezeichnet die Musik von Donny Osmond und
David Cassidy in einem Interview als »völligen Müll« ... Die erste
LP von Joan Armatrading »Whatever's For Us« erscheint ... Roxy
Music spielen auch auf ihrer neuen Single *Pyjamarama* wieder ver-
rückt: »Erst eine endlose Einleitung und dann massenhaft ausgefal-
lene Einfälle und Effekte«, schreibt die Bravo ... Lou Reed hat mit
Walk On The Wild Side in Amerika einen schönen runden Bestsel-
ler ...

Mai 1973

Fanny heißt die erste rein weibliche Rock-Gruppe ... »Alad-
din Sane« von David Bowie schießt in die Hitparaden ... Seite 264
Debüt der Sensational Alex Harvey Band ... Ronnie Lane
verläßt die Faces ... Jürgen Marcus ist der Shooting-Star
der deutschen Schlager-Szene ... The Sweet mausern sich mit
Hell Raiser von der Bubblegum- zur Rock-Band ... Deodato
kommt mit seiner Synthie-Version von Richard Strauss' *Also
sprach Zarathustra* in die Charts ...

Juni 1973

Suzi Quatro taucht erstmals auf, und alle die sie sehen, sind wie
vom Donner gerührt ... Tetsu Yamauchi ersetzt Ronnie Lane bei
den Faces ... »Tubular Bells« von Mike Oldfield erscheint als erstes Album auf dem neuen »Virgin«-Label für experimentelle
Pop-Musik ... Ian Gillan will angeblich bei Deep Purple
aussteigen ... Cat Stevens kündigt eine neue LP unter dem
Titel »Foreigner« an ...

Juli 1973

Eno steigt bei Roxy Music aus ... Slade sind
nach wie vor eine der erfolgreichsten Glam-

Rock-Bands. *Skweeze Me, Pleeze Me* heißt ihr
neuer Titel ... Roger Chapman will Family
auflösen ... Bryan Ferry von Roxy Music trägt sich
mit Plänen für ein Solo-Album ... Wegen des großen
Erfolgs seiner Single *Fiesta Mexicana* unternimmt Rex
Gildo auf Einladung des Mexikanischen Nationalrates für
Tourismus einen Trip in das Land, das er so verkaufträchtig
besang ... Die Strawbs haben sich aufgelöst ...

August 1973
Jethro Tull wollen keine Interviews mehr geben, nachdem die LP
»A Passion Play« bei den Kritikern nicht sonderlich gut wegge-
kommen ist ... Unfreundlich kritisiert wird auch George Harrisons
neuestes Opus »Living In The Material World« ... Ein neues Gesicht
auf Szene ist der als Clown geschminkte Leo Sayer (*The Show Must
Go On*) ... Ihr erster Hit wurde zum zweiten Mal ein Volltreffer für Fleetwood Mac: *Albatros* zählt in England zu den Top
Ten ...

September 1973
David Essex übernimmt die Rolle des Jesus im dem Musical
»Godspell« ... David Coverdale (Gesang) und Glenn Hughes
(Baß) ersetzen Ian Gillan und Roger Glover bei Deep Purple
... Roy Wood, Ex-The Move, erregt jede Menge Aufsehen mit
seiner neuen Band Wizzard ... Ärger haben die Faces wegen ihres
neuen Bassisten Tetsu. Die englische Musiker-Gewerkschaft weigert
sich, dem in Japan geborenen Musiker die Arbeitserlaubnis zu geben
... *Verliebt und froh und heiter* sind Roy Black und Anita auf ihrer
neuen Platte ...

Oktober 1973
I'd Love You To Want Me von Lobo ist der nächste Song, der
nach einer Ausstrahlung in »Der Kommissar« zum Ver-
kaufshit avanciert ... David Cassidys Day Dreamer löst
das Simon-Park-Orchestra mit Eye Level (die Titelmusik der Serie »Van der Falk«) an der Spitze der
GB-Charts ab ... Mit dem Song *Angie* von der
aktuellen LP »Goat's Head Soup« landen die
Rolling Stones einen ihrer größten Hits ...

November 1973
Ex-Faces Ronnie Lane formiert Slim Chance ...
Bundesaußenminister Walter Scheel verbringt zwei
Sangesstunden im Tonstudio, dann ist die Aufnahme
von *Hoch auf dem gelben Wagen* im Kasten. Das Lied soll
in der nächsten Folge von »3 x 9« vorgestellt werden ...
Ringo Starr hatte schon schönere Songs als *Photograph*, aber
die Verkaufszahlen in England und Amerika sprechen für sich
... Immer mehr Plattenfirmen gehen dazu über, die Produktio-
nen neuer Sänger und Gruppen zurückzustellen. Grund: Als
Folge der Ölkrise werden die Platten knapp ...

Dezember 1973
Bob Marley & Wailers brechen ihre England-Tournee ab, weil sie den
Schnee nicht ertragen ... Mud haben mit dem swingenden *Dyna-*
Mite einen sensationellen Erfolg ... Atlantis haben von ihrem
aktuellen Album »It's Getting Better« das Titelstück als
Single ausgekoppelt ... Slade starten mit *Merry X-Mas, Every-*
body direkt auf Platz 1 durch ... The Who legen mit »Qua-
drophenia« ihre zweite Rock-Oper vor ... *Radar Love* von
Golden Earring steigt in die Hitlisten ein ...

Seite 266

Januar 1974
Erstmals seit 1966 geht Bob Dylan wieder auf Tournee durch
die USA. 6 Millionen Menschen interessieren sich für die 600.000
zur Verfügung stehenden Tickets ... Bad Company, Ableger der Free,
erblickt das Licht der Welt und wird gleich als neue Supergruppe gehandelt ... Rick Wakeman führt in der »Royal Festival Hall« in
London sein Opus magnum »Journey To The Centre Of The
Earth« auf ... Mick Ronson, Gitarrist bei David Bowies Band
The Spiders From Mars, wandelt auf Solo-Pfaden ...

Februar 1974
Shane Fenton tauft sich in Alvin Stardust um und produ-
ziert mit *My Coo Ca Choo* einen ausgewachsenen Hit ...
Tiger Feet von Mud versetzt dem totgeglaubten
Rock'n'Roll eine Wiederbelebungs-Spritze ...
Enos erste Solo-Platte »Here Come The Warm
Jets« erscheint ... *Listen To The Music* bringt

den Doobie Brothers den lang ersehnten
Chart-Erfolg ... John Lennon und Yoko Ono
wollen sich angeblich scheiden lassen ...

März 1974

The Wombling Song von den Wombles treibt sich in den
Hitparaden herum ... Jet mausert sich zum bislang erfolgreichsten Solo-Hit für Paul McCartney ... Vinegar Joe lösen
sich auf ... Phil Spector wird bei einem Autounfall schwer verletzt ... Die Bay City Rollers melden sich mit *Remember* nach
zweijähriger Funkstille zurück ... *Teenage Rampage* von The
Sweet ist in Deutschland für ein Vierteljahr Nummer 1 ...

April 1974

Led Zeppelin eröffnen ihr eigenes Label unter dem Titel »Swan
Song« ... Emerson, Lake & Palmer spielen im Wembley Stadium den, wie sich herausstellt, letzten Auftritt für einein-
halb Jahre ... *Seasons In The Sun*, ein Lied über einen Freund,
der an Leukämie stirbt, wird täglich im Radio gespielt ...
Seite 267 Die Glitter-Band macht sich vom Meister selbständig und
landet mit *Angel Face* ganz weit vorn ... *Seven Seas Of Rhye*,
die Debüt-Single von Queen, erreicht die Top Ten ...

Mai 1974

»Diamond Dogs« von David Bowie erscheint ... Das Konzert von
The Who im New Yorker »Madison Square Garden« ist binnen acht
Stunden ausverkauft ... Elton John und Rod Stewart organisieren
ein Benefiz-Spiel zugunsten des finanziell arg gebeutelten Fußball-
Clubs »Watford FC«. Dessen Vorsitzender heißt: Elton John ...

Nachdem Abba mit *Waterloo* den Grand
Prix d'Eurovision gewonnen haben, geht das
Gerücht um, dies sei die kommende Pop-Gruppe
der 70er Jahre ...

Juni 1974

Yvonne Elliman heißt die Sängerin in der Eric-Clapton-
Band auf der aktuellen USA-Tournee ... The Rubettes, vor-
mals namenlose Session-Musiker, landen mit *Sugar Baby Love*
einen Smash-Hit ... Die Musik-Kritik hält Steve Harley & Cockney Rebel für das nächste große Ding ... Gordon Lightfoot, jahrelang ein Geheimtip der Folk-Szene, steht mit *Sundown* auf Nummer
1 in Amerika ...

Juli 1974

Mama Cass Elliot stirbt in einem Londoner Hotel. Angeblich
ist sie an einem Schinkenbrötchen erstickt ... Crosby, Stills,
Nash & Young haben sich reformiert und gehen wieder auf
Tournee ... Nichts hält ewig: Cockney Rebel lösen sich auf,
Steve Harley macht solo weiter ... *Rock Your Baby* von Seite 268
George McCrae, einer der bekanntesten Disco-Hits aller Zei-
ten, ist in Deutschland unangefochten Nummer 1 ...

August 1974

The Three Degrees machen den durchschlagenden Erfolg des
neuen Philly-Sounds komplett und stehen mit *When Will I See You
Again* an der Spitze ... Patrick Moraz soll Rick Wakeman bei Yes ersetzen ... Gitarrist Ariel Bender steigt bei Mott The Hoople aus und
Mick Ronson für ihn ein ... George Harrison eröffnet sein Label
»Dark Horse«; Splinter heißt die erste Gruppe, die dort veröffentlicht ...

September 1974

Kung Fu Fighting von Carl Douglas wird ein Hit ... Im
Londoner Wembley Stadium geht ein zehnstündiges
Rock-Konzert über die Bühne, an dem neben Jesse
Winchester und Joni Mitchell auch The Band und
Crosby, Stills, Nash & Young beteiligt sind ...
Beim Konzert in Dallas bekommt Gary

Thain, Bassist von Uriah Heep, einen elektrischen Schlag und wird lebensgefährlich verletzt ... »Hergest Ridge« heißt Mike Oldfields zweites Album. Es wird zum durchschlagenden Verkaufserfolg, ohne die Klasse von »Tubular Bells« zu erreichen ...

Oktober 1974
Strahlemann John Denver hat mit *Annie's Song* enormen Erfolg ... Reggae wird gesellschaftsfähig, nachdem Ken Boothe mit dem Softie *Everything I Own* in die Charts kommt ... Die Incredible String Band fällt auseinander ... David Clayton-Thomas ruft Blood, Sweat & Tears wieder ins Leben ... *Eviva España* kegelt nach über drei Monaten schließlich doch wieder aus den deutschen Hitparaden ...

November 1974
Robert Fripp geht nach der Auflösung von King Crimson mit Eno auf Tournee ... Die Allman Brothers und die Eagles geben zwei Benefizkonzerte für die »North American Indians Foundations«. Reinerlös: 105.000 Dollar ... Das Wishbone Ash-Konzert in Hamburg ist ohne Plakatierung bereits vier Wochen vor dem Termin restlos ausverkauft ... John Lennons neue LP heißt »Walls & Bridges« und soll im November veröffentlicht werden ... Can sind unterwegs auf großer US-Tournee ...

Seite 269

Dezember 1974
Barry White grummelt und murmelt sich weiter durch die Hitparaden, diesmal mit *You're The First, The Last, My Everything* ... Mick Taylor kündigt nach fünf Jahren sein Ausscheiden bei den Rolling Stones an ... *Lonely This Christmas* von Mud ist der Weihnachtshit in diesem Jahr ... David Essex landet mit *Gonna Make You A Star* einen noch größeren Hit als mit *Rock On* ... Elton John ist mit einer Cover-Version des Beatles-Klassikers *Lucy In The Sky With Diamonds* erfolgreich ...

Januar 1975

Ralph McTell, Liebling der Folk-Clubs, landet mit *Streets Of London* einen überraschenden Hit in der Pop-Szene ... Das Pasadena Roof Orchestra verhilft dem 20er Jahre Swing zu einem Comeback ... Mick Taylor verläßt die Stones ... *Down Down* heißt der nächste Kracher von Status Quo ... Noddy, Jimmy, Dave und Don wollen Filmstars werden: Slade drehen ihren ersten eigenen Streifen »Slade In Flames« ... *I Can Help* wird zum ersten und einzigen Hit für Billy Swan ...

Februar 1975

Pilot heißt die allerneueste Teenie-Band und *January* ihr allerneuester Hit ... Ginger Baker versucht zum wiederholten Male ein Comeback ... Roxy Music wird in England zur wichtigsten Gruppe des vergangenen Jahres gewählt ...

März 1975

Telly Savalas alias Theo Kojak aus »Einsatz in Manhattan« versucht sich mit der Schnulze *If* erfolgreich als Sänger ... Seite 270 T. Rex sollen sich angeblich endgültig aufgelöst haben ... Gloria Gaynor bringt den alten Four-Tops-Hit *Reach Out, I'll Be There* in einer Disco-Fassung wieder in die Hitparaden ...

April 1975

Teach In gewinnen mit *Ding-A-Dong* den »Grand Prix d'Eurovision de la Chanson« ... David Bowie veröffentlicht »Young Americans« und präsentiert erneut ein neues Image: diesmal als smarter Disco/Soul-Sänger ... Led Zeppelin kündigen eine neue Tournee an und lösen damit Aufregung aus ... Nicht nur Bobby Goldsboro vergießt Tränen über seine *Honey* ...

Mai 1975

»Myths And Legends Of King Arthur And The Knights Of The Round Table« heißt Rick Wakemans neueste Extravaganz. Das bombastische Stück wird in London als eine Art Musical auf Schlittschuhen aufgeführt ... Bachman Turner Overdrive touren durch Europa ... *Autobahn* von Kraftwerk bricht

alle Rekorde ... Alt-Folkie Judy Collins
kommt mit *Send In The Clowns* in die Hitlisten
... Desmond Dekkers *The Israelites* ist wieder in
aller Ohren ...

Juni 1975

Tommy Bolin, Ex-Gitarrist der James Gang, ersetzt Ritchie
Blackmore bei Deep Purple ... David Bowie spielt die Hauptrolle in Nicholas Roegs Science-fiction-Film »Der Mann, der
vom Himmel fiel« ... Elton John Superstar: »Captain Fantastic
And The Brown Dirt Cowboy« erscheint und wird augenblicklich
vergoldet ...

Juli 1975

Mittlerweile sind nicht nur die Amerikaner, sondern auch die
Engländer im *Autobahn*-Fieber, d. h. Single und LP der Gruppe
Kraftwerk sind in die Charts eingezogen ... Ritchie Blackmo-
res neue Band, die er aus Mitgliedern der Gruppe Elf for-
miert hat, heißt Rainbow ... Jerry Lee Lewis wird mit einer
Geldbuße von 10 Pfund bestraft, weil er eine Kellnerin mit
einem Violinbogen geschlagen hat. Die Kellnerin bekam 6
Pfund für die Zerstörung des besagten Bogens aufgebrummt
... Die beiden Ton-Ingenieure und Hobby-Musiker May West
und Jeffrey Culvert landen als Pop-Duo Typically Tropical mit
Barbados den Sommerhit des Jahres ...

August 1975

Die Faces haben ihre Sommertournee durch England abgeblasen,
weil Rod Stewart sich entschlossen hat, in die Staaten überzusie-
deln. Der Grund: zu hohe Steuern in England ... Robert Plant,
Sänger von Led Zeppelin, wird bei einem Autounfall in Grie-
chenland schwer verletzt ... Jack Bruce formiert seine neue
Band, der die Jazz-Pianistin Carla Bley und Ex-Stones Gitarrist Mick Taylor angehören ... Peter Gabriel verläßt
Genesis ...

September 1975

New Yorker Zeitschriften apostrophieren Bruce
Springsteen als den »neuen Dylan« ... Der

»Musikladen« von Radio Bremen, der seit
einem Jahr mit Erfolg gutmütige Pop-Musik auf
den Bildschirm bringt, soll um eine Viertelstunde
erweitert werden ...

Oktober 1975

»Wish You Were Here« von Pink Floyd wird veröffentlicht
... Bob Dylans neues Allstar-Projekt »The Rolling Thunder
Revue« beginnt die Tournee durch Kleinstadt-Clubs in den
USA ... Roger Daltrey, Sänger der Who, soll die Hauptrolle in
Ken Russells Franz-Liszt-Biographie »Lisztomania« übernehmen
... Queens neue LP »A Night At The Opera« ist das teuerste Album,
das bis jetzt in England produziert wurde ...

November 1975

David Bowie kündigt die Veröffentlichung eines Country-Al-
bums an ... Chaos bei Rainbow: Von der ursprünglichen Besetzung sind nur noch Sänger Ronnie Dio und Ritchie Blackmore dabei. Der neue Drummer soll Cozy Powell werden,
neuer Bassist Jimmy Bain ... Schlagzeuger Alphonse Mou-   Seite 272
zon ist bei Larry Corryells Band Eleventh House ausgestiegen ... Greg Lake veröffentlicht seine Solo-Single *I Believe In
Father Christmas* ...

Dezember 1975

Der New Musical Express kürt Bob Dylans »Blood On The Tracks«
zur LP des Jahres ... Joe Walsh ersetzt Bernie Leadon bei den Eagles
... Rod Stewart verläßt nach dem durchschlagenden Erfolg seiner
Single *Sailing* die Faces ...

Januar 1976

Paul und Linda McCartney sind die Co-Autoren von David
Cassidys neuer Single *Tomorrow* ... Leonard Cohen kündigt
ein neues Album an ... Ronnie Van Zant, Sänger von
Lynyrd Skynyrd, wird zum fünften Mal innerhalb eines
Jahres verhaftet ... Donna Summers Stöhn-Platte
Love To Love You, Baby wird nicht im Radio gespielt
... Alice Cooper hat's geschafft: Endlich darf
auch er in Las Vegas auftreten ... Robert

Fripps/Brian Enos neue Co-Produktion
heißt »Evening Star« ...

Februar 1976

Rocky von Frank Farian ist die Nummer 1 in Deutschland ... Marc Bolan hat T. Rex reaktiviert und eine neue
LP namens »Futuristic Dragon« aufgenommen ... Die für
Januar vorgesehene Roxy-Music-Tournee wird auf unbestimmte Zeit verschoben ... Fleetwood Mac übersiedeln endgültig nach Kalifornien ... Ex-Deep Purple Ian Gillan stellt
seine neue Band vor ...

März 1976

Die roten und blaue Beatles-Alben »1962–1966« und »1967–1970«
werden wiederveröffentlicht ... Paul Kossoff, Gitarrist von Free,
stirbt ... Das Höchstgebot für eine einmalige Beatles-Reunion
beläuft sich zur Zeit auf 15 Millionen Pfund ... Hölderlin haben eine neue LP fertig. »Clowns & Clouds« heißt sie ...

April 1976

Allan Ginsberg ist dabei, aus mehr als hundert Stunden Film
über Bob Dylans »Rolling Thunder Revue« eine kinogemäße
90-Minuten-Fassung zusammenzuschnipseln ... Das neue
Stevie-Wonder-Werk namens »Songs In The Key Of Life« soll
noch in diesem Monat erscheinen ... Drummer Dallas Taylor hat
Steven Stills auf 50.000 Dollar verklagt. Es handelt sich um Taylors
Tantiemen-Anteil als Co-Produzent des ersten Manassas-Albums ...

Mai 1976

Der »Bright Tunes«-Musikverlag will Geld von George Harri
son, viel Geld. Sein Titel *My Sweet Lord* soll ein Plagiat der

Nummer *He's So Fine* von den Chiffons sein ... Niemand kann zur Zeit dem Soft-Rock-Hit *Let Your Love Flow* von den Bellamy Brothers entgehen ... Olivia Newton-John soll sich von ihren Freund und Manager Lee Kramer getrennt haben ...

Juni 1976

Elton John und Kiki Dee wollen eine gemeinsame Single herausbringen ... Robin Trower gilt als der »neue Hendrix« ... Bob Marley kommt auf Europa-Tournee ... Angeblich will Frank Zappa das neue Album von Grand Funk Railroad produzieren ... Achim Reichel veröffentlicht »Dat Shanty Alb'm« ... *Ein Bett im Kornfeld*, die deutsche Fassung von *Let Your Love Flow*, löst das Original an der Spitze ab ...

Juli 1976

Kevin Ayers ist mit einer neuen Band, der u. a. Zoot Money (Keyboards) und Andy Summers (Gitarre) angehören, wiederaufgetaucht. Die neue LP heißt »Yes We Have No Bananas – So Get Your Mananas Today« ... EMI veröffentlicht ein Doppelalbum mit 28 Beatles-Uralt-Titeln, das »Rock'n'Roll Music« betitelt wird ... Stevie Wonder wird 25 Jahre alt ... Nach langer Pause gehen Grateful Dead wieder auf Tour durch die USA ...

August 1976

Les Gray, Sänger von Mud, kündigt eine eigene LP an ... Uriah Heep feuern ihren Sänger Dave Byron ... Steve Hillage, Ex-Gong, nimmt eine Solo-LP auf, die Todd Rundgren produziert ... Ende des Monats will Peter Gabriel mit den Aufnahmen für sein erstes Solo-Album beginnen ... Dave Edmunds ist jetzt bei dem Led-Zeppelin-Label »Swan Song« unter Vertrag ... Chick Corea hat Return To Forever verlassen. Ob die Band ohne den Meister weitermacht, ist fraglich ...

September 1976

Das Wembley-Konzert mit Grateful Dead, Santana und New Riders Of The Purple Sage wird abgesagt, weil für die rund 72.000 Plätze nur

11.000 Karten verkauft wurden ... Genesis
kündigen eine Live-LP an mit dem Titel »Second's Out«; die Aufnahmen wurden während
der letzten England-Tournee der Gruppe mitge-
schnitten ... Einer der ganz großen Blues-Sänger ist tot:
Jimmy Reed stirbt Anfang des Monats im Alter von 50
Jahren ...

Oktober 1976

Der aktuelle Hit heißt *Jeans On* von Dave Dundas ... Joe Walsh
ist bei den Eagles wieder ausgestiegen ... Der Beach-Boys-Klassi-
ker *California Girls* wird in den Staaten als Background-Musik für
einen Haarwaschmittel-Werbespot mißbraucht ... Roger McGuinns
neue Band heißt Thunderbird ... Ungewiß ist das Fortbestehen der
Allman Brothers Band, nachdem der Keyboard-Spieler Chuck
Leavell mit den beiden ABB-Drummern Butch Trucks und Jai
Johanny Johanson die Gruppe Sea Level formiert hat ... Phil
Manzanera von Roxy Music produziert die neue australische
Band Split Enz ...

November 1976

Kevin Godley und Lol Creme verlassen 10cc. ... EMI will angeblich die gerade unter Vertrag genommenen Sex Pistols
schon wieder loswerden ... Das Plattencover der neuen Paul-
Anka-LP wird von Andy Warhol gestaltet ... Leonard Cohen hat
sich beim 2001-Verlag klammheimlich zum Bestseller-Autor gemau-
sert: 50.000 Exemplare seines ersten Sammelbandes mit Liedern,
Gedichten und Romanen wurden verkauft ... Ex-Mahavishnu
John McLaughlin stellt seine neue Band Shakti vor ...

Dezember 1976

Bob Marley entkommt in Jamaica mit Glück einem Atten-
tat ... John Lawton, früher bei den Les Humphries Singers
und bei Lucifer's Friend, wird neuer Sänger bei Uriah
Heep ... Mit 89 stirbt Adolf Rickenbacker, Erfinder der
wunderschönen Rickenbacker-Gitarren ... Emerson,
Lake & Palmer sind auf der Suche nach einem
hundertköpfigen Orchester, das sie auf ihrer
Amerika-Tournee begleiten soll ... Aero-

smith ist die am meisten gefeierte Rock-Band
in den Vereinigten Staaten ...

Januar 1977

David Bowies Elektronik-LP »Low« wird veröffentlicht
... Rosko Gee, ehemals Bassist von Traffic, soll für Holger
Czukay den Baß bei Can übernehmen ... Steve Miller kas-
siert für *Fly Like An Eagle* gleich zwei Platin-LPs ... Graham
Parker wird in der Fachpresse als der kommende Star gehandelt
... Yes trennt sich wegen musikalischer Differenzen von Keyboar-
der Patrick Moraz. Angeblich soll Rick Wakeman zurückkehren ...

Februar 1977

Jimmy Page hat die CBS auf zwei Millionen Dollar Schadensersatz
verklagt, weil sie ein von ihm nicht autorisiertes Yardbirds-Live-
Album schon zum zweitenmal veröffentlicht haben soll ...
Rory Gallagher kommt samt Band von einer Polen-Tournee
zurück ... Mingo Lewis, einst Trommler bei Santana und
Chick Corea, trommelt jetzt für die Tubes ... Die neue Alice
Cooper-LP soll »Whiskey And Lace« heißen ...

Seite 276

März 1977

Die Sex Pistols unterschreiben einen Vertrag bei A & M Records ... John Fogerty arbeitet an seiner zweiten Solo-LP für
Asylum Records ... »Works 1« heißt das Doppelalbum, mit dem
Emerson, Lake & Palmer nach längerer Pause wieder von sich reden
machen ... Michael Rother, Ex-Neu, hat seine Solo-LP »Flammende
Herzen« veröffentlicht ... A & M löst den Vertrag mit den Sex Pistols wieder auf ...

April 1977

The Damned müssen ihr Konzert in der »Stirling University«
abbrechen, nachdem Wurfgeschosse auf die Bühne fliegen
... Iggy Pop feiert ein Comeback mit seiner neuen LP »The
Idiot« ... *Lay Back In The Arms Of Someone* von Smokie
ist seit vier Wochen Nummer 1 in Deutschland ... Wegen einer Halsentzündung von Stevie Nicks wird
die Fleetwood-Mac-Tournee auf unbestimmte
Zeit verschoben ...

Mai 1977

Die Sex Pistols haben bei Virgin unterschrieben
... »Time Loves A Hero«, die neue Little Feat-LP,
erscheint ... Die Scorpions zieht es nach Osaka. Wegen der großen Nachfrage sind in Japan gleich mehrere
Konzerte geplant ... Gary Moore ersetzt Brian Robertson
bei Thin Lizzy ...

Juni 1977

God Save The Queen von den Sex Pistols schießt in die britische
Hitparade, obwohl die Single von keiner Radiostation gespielt
werden darf ... Joe Blocker ersetzt Phil Collins als Schlagzeuger bei
Brand X. Collins hat mit Genesis zu viel zu tun ... Crosby, Stills &
Nash sollen angeblich im Herbst auf Europa-Tournee kommen ...
Die Sex-Pistols-Hysterie erreicht in England ihren Höhepunkt
... In New York stirbt im Alter von 52 Jahren Paul Desmond,
von 1954 bis 1967 Saxophonist des Dave Brubeck Quartetts
(*Take Five*) ...

Juli 1977

Elvis Costello gibt seinen Job als Computer-Programmierer
bei einer Kosmetik-Firma auf und arbeitet fortan als Berufs-
musiker ... Die neue Stones-LP heißt »Love You Live« ...
Black Oak Arkansas haben nach 14 Jahren das Arkansas aus
ihrem Namen gestrichen ... *I Feel Love* von Donna Summer ist die
Nummer 1 in England ...

August 1977

Virgin nimmt XTC unter Vertrag ... In England erscheint eine
Zusammenstellung mit aktueller Pop-Musik, die den Titel »New
Wave« trägt ... Elton John ist Stargast der »Muppet Show« ...
Die Boomtown Rats veröffentlichen ihre Debüt-Single *Look-
ing After Number One* ... Helmut Hattler hat seine Solo-
LP fertig; »Bassball« soll sie heißen ... The Heartbrea-
kers, die Punk-Band des Ex-New York Dolls-Gitarri-
sten Johnny Thunders, erhielt vom britischen
»Home Office« die schriftliche Aufforderung,
England innerhalb von 24 Stunden zu verlas-
sen ...

September 1977

Sorry, I'm A Lady heißt der zweite Hit von Baccara, der acht Wochen an Nummer 1 bleibt ... Frankie Miller hat seiner Gruppe Full House ade gesagt ... Rare Earth, Motowns erfolgreichste weiße Band, haben sich reformiert ... Elvis Costellos erste LP »My Aim Is True« erscheint auf Stiff Records ... Richie Havens will ein Musical schreiben, das auf der Lebensgeschichte von Jimi Hendrix basiert ... Nachdem von 23 angekündigten Top-Gruppen nur fünf spielen, setzt das erzürnte Publikum die Open-Air-Bühne in Scheeßel in Brand ...

Oktober 1977

2-4-6-8 Motorway wird erster und einziger Hit für die Tom Robinson Band ... Steve Hackett verläßt Genesis ... Das Sex-Pistols-Debüt »Never Mind The Bollocks« verzeichnet 125.000 Vorbestellungen in England ... John Miles (*Music*) hat das Angebot einer amerikanischen Firma, in einer Fernsehserie James Dean zu verkörpern, abgelehnt ... Jimmy McCullough hat die Wings verlassen und mischt jetzt bei den Small Faces mit ...

Seite 278

November 1977

Contenders heißt die Band, die Ex-Traffic-Schlagzeuger Jim Capaldi formiert hat ... Genesis arbeiten ohne Steve Hackett an einer neuen Studio-Produktion, die »... And Then There Were Three« heißen soll ... Tom Petty auf die Frage, was er von »New Wave« halte: »Ist das 'n Surf Song oder 'ne neue Platte von den Beach Boys?« ... Tony Visconti, As-Produzent (Bolan, Bowie, Thin Lizzy), will eine LP unter seinem Namen herausbringen ...

Dezember 1977

Aus Frankreich stammt die Gruppe DBM (Disco-Beatle-Mania), die Beatles-Songs im Disco-Sound verbrät ... David Coverdale, Ex-Sänger von Deep Purple, soll den Job von Ozzy Osbourne bei Black Sabbath übernehmen ... Stevie Wonder steigt bei der zweiten Zugabe von Elton Johns London-Gig auf die Bühne und jammt mit Elton ... *Mull Of Kintyre* von den Wings ist der letzte Nummer-1-Hit des Jahres ...

**... und Du gehst
zum Friseur ...**

Januar 1978

Mull of Kintyre ist immer noch auf Nummer 1 und wird mit über
zwei Millionen verkaufter Platten die erfolgreichste Single aller Zeiten ... Die USA-Tournee der Sex Pistols wird genehmigt. Johnny
Rotten wird mit dem Ausspruch »Gebt uns eine Chance und wir
zerstören Amerika« zitiert... *Denis, Denis* wird zum Volltreffer
für Blondie ... Terry Kath, Gitarrist von Chicago, erschießt
sich mit einer Schrotflinte ... In der UdSSR soll die erste rus-
sische Diskothek eröffnet worden sein ...

Februar 1978

Eine neue LP, betitelt »Comes A Time«, ist von Neil Young
zu erwarten ... Lothar Meid, Ex-Amon Düül II und Passport,
hat seine zweite LP fertig, die »Einbahnstraße« heißen soll ...
Die längst aufgelösten Procol Harum bekommen den Britannia-
Award mit der Begründung, daß *A Whiter Shade Of Pale* die beste
Single sei, die in den letzten 25 Jahren in England erschienen ist ...
Little Feat wollen ein Live-Doppel-Album mit dem Titel »Waiting
For Columbus« veröffentlichen ...

März 1978

Kate Bush ist die Überraschung dieses Frühjahrs mit ihrem
Debüt *Wuthering Heights* von der LP »The Kick Inside« ...
Moody Blues sind wieder zusammen ... »Saturday Night
Fever« erregt als Film und Soundtrack gleichermaßen
Aufsehen ... Die Sex Pistols haben sich aufgelöst ...
Linda Ronstadt, Dolly Parton und Emmylou Har-
ris arbeiten an einer gemeinsamen LP ... Der
Spruch des Monats kommt von Bruce

Springsteen: »Ich habe die Zukunft des Rock'n'Roll gesehen, und ihr Name war Kraftwerk!« ...

April 1978

Donnie Dacus ersetzt Terry Kath bei Chicago ... *Rivers Of Babylon* von Boney M. wird zum Kassenknüller ... Der holländische Muziek Expres wählt Amanda Lear zum »schönsten Sänger des Jahres« ... David Bowie bekommt die Hauptrolle in dem Film »Just a gigolo« ... »Encore«, das Reunion-Album von Julie Driscoll und Brian Auger, soll noch in diesem Monat erscheinen ...

Mai 1978

Cheryl Ladd, eine der »Drei Engel für Charlie«, nimmt für Capitol Records eine LP auf ... Plastic Bertrand ist mit dem verrückten *Ca Plane Pour Moi* in den Hitparaden ... »Track Records«, das Label, auf dem einst The Who groß wurden, ist mit 70.000 Pfund Schulden pleite gegangen ... Der als Einsiedler bekannte Gerry Rafferty will nach dem unerwarteten Seite 280 Erfolg von Album (»City To City«) und Single (*Baker Street*) wieder auf Tournee gehen ...

Juni 1978

Die Stones überraschen mit dem Disco-angehauchten *Miss You* ... Eno produziert in den USA die neue LP der Talking Heads ... Die Deutschland-Tournee von Thin Lizzy wird wegen mangelnden Interesses in letzter Minute abgesagt ... Als Meat Loaf auf einem US-Airport einen Flug nach New Orleans buchen will, weigert sich der Schalterbeamte, Meat Loaf als offiziellen Namen zu akzeptieren ... Nach fast fünfjähriger Pause soll jetzt endlich die zweite LP der Düsseldorfer Lilac Angels erscheinen ...

Juli 1978

The Vibrators, Punk-Band der ersten Stunden, wollen sich auflösen ... »Dreadlock Holiday« von 10cc. wird veröffentlicht ... Ekseption, Klassik-Rock-Combo aus Holland, haben sich in Originalbesetzung wiedervereinigt ... Schlagzeuger Rod d'Ath

und Keyboarder Lou Martin steigen bei der
Rory Gallagher Band aus ... Sonja Kristina, Ex-
Sängerin bei Curved Air, hat eine Band namens
Escape gegründet ... »Please Don't Touch«, die Solo-
LP des Ex-Genesis-Gitarrist Steve Hackett, erscheint ...

August 1978

Die neue Gruppe von Johnny Rotten heißt Public Image Li-
mited (P.I.L.) ... Nach zwei Jahren Sendepause erscheint wieder eine Who-LP. Titel: »Who Are You?« ... »Als ich *Blowing In
The Wind* hörte, hab ich gedacht, das hat mit 'nem Furz oder so
zu tun.« – Kommentar Johnny Rottens zur aktuellen Europa-Tournee von Bob Dylan ... Devo wirken bei den Aufnahmen zur neuen
Neil-Young-LP mit ...

September 1978

Seite 281

Tom Verlaine löst seine Band Television auf ... Der Record
Mirror tituliert Debbie Harry als »Venus in Blue Jeans« ...
The Slits, erste Frauen-Punk-Band der Welt, warten immer
noch auf einen Plattenvertrag ... Ritchie Blackmores Rain-
bow steht kurz vor dem Split ... Mike Chapman soll in New
York das neue Album von Blondie fertigstellen ... Auch bei
Be Bop Deluxe mehren sich die Auflösungsgerüchte. Gitarrist
Bill Nelson arbeitet an einer Solo-LP ...

Oktober 1978

»Bursting Out« heißt die erste Live-LP von Jethro Tull ... Richard
Lloyd und Tom Verlaine, beide Ex-Television, nehmen Solo-LPs
auf ... Yes gibt es wieder, das neue Album »Tomato« kommt jetzt
in die Läden ... Sid Vicious liegt mit einem Magendurchbruch in
einem New Yorker Krankenhaus ... Die Dire Straits werden
von der Sounds als »Frischluft-Tornado in der verstaubten
Pop-Szene« begrüßt ...

November 1978

Die zweite LP von Kate Bush heißt »Lionheart« ...
Siouxsie And The Banshees müssen einen Auftritt
in Liverpool wegen Gewalttätigkeit im Publikum absagen ... Lowell George kündigt

seine Solo-LP unter dem Titel »Thanks, I'll Eat It Here« an ... The Clash werden ein Benefiz-Konzert für Sid Vicious geben. Der Reinerlös soll für die Verteidigerkosten – angeblich 50.000 Pfund – des Punks verwendet werden ...

Dezember 1978

Boney M. sind mit drei Nummer-1-Titeln (*Rivers Of Babylon, Rasputin, Mary's Boy Child*) die mit Abstand erfolgreichste Gruppe des Jahres in Deutschland ... Kaum ist *Dancing In The City* aus den Hitparaden verschwunden, geht das Duo Julian Marshall/Kit Hayne schon wieder auseinander ... Nach dem Tod von Keith Moon steigt Kenny Jones als Drummer bei den Who ein ... Mike Oldfield schlägt nach dreijähriger Funkstille mit dem Doppel-Album »Incantations« zu ...

Januar 1979

Marie Osmond erklärt, daß sie Olivia Newton-Johns Rolle in dem Film »Grease« »aus moralischen Gründen« abgelehnt habe ... Die einstige Ian Gillan Band heißt jetzt nur noch Seite 282 Gillan ... Genesis bekommen für Verkäufe von über einer Million Pfund von ihrer Plattenfirma Charisma ein Rennpferd geschenkt ... Bei dem Album »The Great Rock'n'Roll Swindle« handelt es sich um die zweite Sex-Pistols-LP mit 20 neuen und zwei alten Titeln ...

**»Große Klappe –
nichts dahinter!!!«**
*(Gehobener Fahrkomfort
wird auch am Volumen des
Kofferraums gemessen.)*

Februar 1979

Der neue Liebling der Pop-Gazetten heißt Joe Jackson ... Nicolette Larson hat mit dem Neil-Young-Titel *Lotta Love* einen Hit ... Sid Vicious stirbt am 2. Februar an einer Überdosis Heroin ... Manfred Mann und seine Earthband haben eine neue Single und ein neues Album fertig ... Brian Conolly taucht in der aktuellen Sweet-Besetzung nicht mehr auf ... »Kiss meet he phantom in the park« heißt der Kiss-Film, der im Hollywood-Vergnügungspark »Magic Mountain« und in der Filmstadt »Culver City« gedreht wird ... Bill Nelson, ehemaliger Führer von Be Bop Deluxe, hat eine neue Band beisammen, die er Red Noise nennt ...

März 1979

Das Pub-Rock-Label »Stiff Records« ist in aller Munde. Die Stars darauf sind Wreckless Eric, Elvis Costello und Ian Dury ... Der »Christliche Verein Junger Männer« in den USA widersetzt sich dem Image-schädlichen Einfluß des Disco-Super-Hits *Y.M.C.A.* der Village People wegen der homosexuellen Anzüglichkeiten ... Patti Smith nimmt ihre vierte LP auf; Produzent ist Todd Rundgren ... Neu-Moslem Yusuf Islam, den Fans besser bekannt unter seinem alten Namen Cat Stevens, bekommt in Malaysia Ärger wegen seiner LP »Back To Earth«: Die Worte »Bismillah-hirrahmannirrahim« (zu deutsch: Im Namen Gottes), die irgendwo auf der Plattenhülle auftauchen, werden als Verächtlichmachung des Islam aufgefaßt ...

April 1979

Bob Dylan »Live At Budokan«, das bislang nur als überteuerter Import zu haben war, gibt's ab sofort ganz offiziell bei CBS ... In England erscheint »Things Your Mother Never Told You« von Wayne County & Electric Chairs mit einem abwaschbaren Cover ... *Heart Of Glass* wird der bislang größte Hit für Blondie ... Elton John und sein Dichter Bernie Taupin vertragen sich angeblich wieder. Mit neuerlicher Zusammenarbeit ist zu rechnen ... CBS muß wahrscheinlich eine Bruce Springsteen-Live-LP herausbringen. In den Staaten ist neben

den vielen Einzel-Live-Bootlegs jetzt auch
ein Drei-LP-Schwarzdruck aufgetaucht ...

Mai 1979

Nach dreizehnjährigem Bestehen wollen sich Fairport
Convention trennen. Hauptgrund dürften die Gehör-
Probleme von Geiger Dave Swarbrick sein ... Die Runaways
haben sich aufgelöst, nachdem Lita Ford und Joan Jett lieber
solo weitermachen wollen ... Peter Tosh wird zum Ehrenbürger
von Atlanta ernannt ... Die Ramones geben in New York ein Benefiz-Konzert, dessen Reinerlös zur Anschaffung von kugelsiche-
ren Westen für die New Yorker Polizei verwendet werden soll ...

Juni 1979

Showaddywaddy ist die erste westliche Gruppe, deren Auftritt
live per Satellit nach Kuba übertragen wird ... Motörhead
legen sich mit der finnischen Polizei an und verbringen einige Zeit im Knast ... Nina Hagen hat ihre Band aufgelöst
und soll jetzt mit Herman Brood liiert sein ... »Duty Now
For The Future« heißt die zweite LP von Devo, die Ende
des Monats veröffentlicht wird ... Eric Clapton heiratet die
Ex-Frau von George Harrison, Patti Boyd ... Pink Floyd
kündigen für den Herbst ein neues Doppelalbum mit dem
Titel »The Wall« an ...

Juli 1979

Are Friends Electric? von Gary Numans Tubeway Army steigt in die
britischen Charts ein ... *So bist Du* von Peter Maffay ist Sommer-
und Jahreshit in Deutschland ... Fleetwood Mac sind immer noch
im Studio und werkeln an der neuen LP. 400.000 Dollar soll die
Produktion von »Tusk« bereits gekostet haben ... »Never Mind
The Bollocks«, die erste LP der Sex Pistols, gibt's jetzt auch als
Picture-Disc ... Bill Haley ist wieder bei »Sonet Records«
unter Vertrag und hat für diese Firma seinen Klassiker
Hail, Hail, Rock'n'Roll neu aufgenommen ...

August 1979

Peter Gabriel und seine einstigen Genesis-Mit-
streiter wollen sich auf Zelluloid verewigen

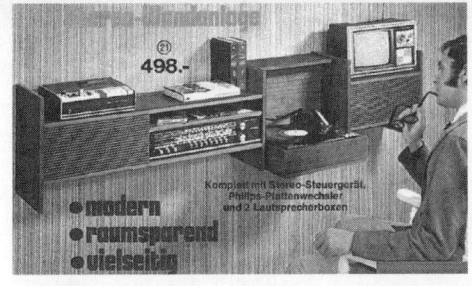

498.-

● modern
● raumsparend
● vielseitig

Was ist das nun eigentlich?
Ein Musik- oder Bücherregal?
Mitnichten!
Die erste Multimedia-Wand?

lassen. Geplant ist eine Verfilmung von »The Lamb Lies Down On Broadway« ... Justin Hayward, Sänger und Gitarrist von den Moody Blues, soll die Hauptrolle in der Musical-Fassung von »Gullivers Reisen« übernehmen ... The Knack landen mit *My Shorona* einen ausgewachsenen Hit ... CBS überrascht die Fans mit der Wiederveröffentlichung eines seit fast zehn Jahren verschollenen Klassikers: Die Debüt-LP von It's A Beautiful Day gibt es zum »empfohlenen Verkaufspreis von 19,90 DM« wieder in den Läden ... Im Alter von 35 Jahren stirbt Van McCoy, der mit *The Hustle* einer der Trendsetter des modernen Disco-Sounds war ...

September 1979

Die Attraktion der Pop-Szene heißt The Police und ihr neues Album »Regatta De Blanc« ... Superstar Peter Frampton soll sich eine eigene Tankstelle zugelegt haben, um immer Sprit für die Tournee-Trucks zu haben ... Queens neue Single *Crazy Little Thing Called Love* imitiert den Rock-Sound der 50er Jahre ...

Oktober 1979

Blondies zweite LP »Parallel Lines« wird mit Spannung erwartet ... Die Stranglers arbeiten an einem Kino-Film, der die Bandgeschichte dokumentieren soll ... Die Reunion-Tournee von Ten Years After wird verschoben ... *Video Killed The Radio Star* von den Buggles ist Nummer 1 in England ... »Wieder unterwegs«, die elfte LP von Hannes Wader, erscheint als seine erste auf dem DKP-eigenen »pläne«-Label ...

November 1979

John Sloman, ehemals Sänger von Lone Star, ersetzt John Lawton bei Uriah Heep ... Phil Spector wird die nächste LP der Ramones produzieren ... Das Konzert von Mitch Ryder im »WDR-Rockpalast« soll als Live-LP veröffentlicht werden ... In einer Umfrage des US-Magazins Billboard haben Led Zeppelin The Knack vom ersten Rang verdrängt ... Kurt Waldheim, Generalsekretär der UNO, möchte die Beatles für ein Reunion-Konzert gewinnen – es soll der Völkerfreundschaft dienen ...

Dezember 1979

Human League bestreiten das Vorprogramm auf der England-Tournee der Talking Heads ... Angeblich wollen sich Emerson, Lake & Palmer auflösen ... Fiddler's Dream, eine unbekannte Folk Band aus Kent, landen mit *Day Trip To Bangor* einen Überraschungs-Erfolg ... Die erste LP der Pretenders erscheint ... Zeit für klerikale Gesänge: »Lieder des Papstes – Johannes Paul II. in Polen« wird veröffentlicht ... »Stiff Records« bieten unter dem Motto »Der Haarschnitt Deines Stars« jedem Käufer der neuen Madness-LP »One Step Beyond« einen kostenlosen Haarschnitt im Madness-Bürsten-Look an ...

Biografien der Autoren

Name: **Jürgen Boebers**
Geboren: **27. 7. 1959**
Herkunft: **Gelsenkirchen-Schalke**
70er Jahre Status: **Der im Neil Young-Look mit Flickenjeans**

Seite 287
und Arbeitshemd. Langjähriges Mitglied der Pickel-Fraktion. Tagträumer mit Hermann Hesse-Faible.
Erstes Musik-Erlebnis: **Saß bereits als Dreijähriger vor der Nordmende-Musiktruhe seiner Eltern und spielte selbständig alte Conny Froboess-Platten ab.**
Stärken: **Gedächtnis. Kann auf Kommando zu jedem LP-Titel aus den 70er Jahren den Interpreten und das Erscheinungsjahr nennen.**
Qualität: **Überbrückte während der Lehre zum Großhandelskaufmann die Langeweile in der Buchhaltung mit der Entwicklung von Multiple-Choice-Tests zum Thema Pop & Rock.**
70er Jahre Sternstunde: **Das besorgte Gesicht seiner Mutter, als sie fragte, ob jetzt der Plattenspieler kaputtgegangen sei (während gerade *Echoes* von Pink Floyd lief).**

Name: **Ulli Engelbrecht**
Geboren: **1. 3. 1957**
Herkunft: **Bochum-Innenstadt**
70er Jahre Status: **Kneipengänger, Konzertbesucher, Festi-**
val-Fan. Kleidung im Sommer und Winter immer gleich: **Seite 288**
Boots (hellbraun), enge Feincord-Hose (rot und blau),
Parka (grün).
Erstes Musik-Erlebnis: **»Penny Lane« von den Beatles. Regte**
die Phantasie beim Lego-Spiel an. Später Melodica-Virtuose,
der fehlerfrei Kirchenlieder, Donovan- und Kinks-Songs darbie-
ten konnte.
Stärken: **Ohren. Demis Roussos, Grand Funk Railroad oder Klaus**
Doldinger konnten bis heute nicht die Gehörgänge verkleistern.
Kann im Schlaf Natur-Klänge von Sample-Sounds unterscheiden.
Qualität: **Erfreut die Mitmenschen mit stundenlangen rockmusi-**
kalischen Klatsch- und Tratsch-Geschichten – besonders erfolg-
reich bei den Kollegen während der Schlosser-Lehre.
70er Jahre Sternstunde: **Die Totenstille in der vollbesetzten**
Schulaula nach dem ersten Auftritt mit der ersten Band
(wegen einer eigenwilligen Interpretation von *Great*
***Balls Of Fire*).**